하나
금융TI
필기전형

KB090907

PREFACE

우리나라 기업들은 1960년대 이후 현재까지 비약적인 발전을 이루었다. 이렇게 급속한 성장을 이룰 수 있었던 배경에는 우리나라 국민들의 근면성 및 도전정신이 있었다. 그러나 빠르게 변화하는 세계 경제의 환경에 적응하기 위해서는 근면성과 도전정신 이외에 또 다른 성장 요인이 필요하다.

한국기업들이 지속가능한 성장을 하기 위해서는 혁신적인 제품 및 서비스 개발, 선도 기술을 위한 R&D, 새로운 비즈니스 모델 개발, 효율적인 기업의 합병·인수, 신사업 진출 및 새로운 시장 개발 등 다양한 대안을 구축해 볼 수 있다. 하지만, 이러한 대안들 역시 훌륭한 인적자원을 바탕으로 할 때에 가능하다. 최근으로 올수록 기업체들은 자신의 기업에 적합한 인재를 선발하기 위해 기존의 학벌 위주의 채용을 탈피하고 기업 고유의 인·적성검사 제도를 도입하고 있는 추세이다.

하나금융TI에서도 업무에 필요한 역량 및 책임감과 적응력 등을 구비한 인재를 선발하기 위하여 고유의 필기전형을 치르고 있다. 본서는 하나금융TI 채용에 대비하기 위한 필독서로 하나금융TI 필기전형의 출제경향을 철저히 분석하여 응시자들이 보다 쉽게 시험유형을 파악하고 효율적으로 대비할 수 있도록 구성하였다.

신념을 가지고 도전하는 사람은 반드시 그 꿈을 이룰 수 있습니다. 처음에 품은 신념과 열정이 취업 성공의 그 날까지 빛바래지 않도록 (주)서원각이 수험생 여러분을 항상 응원합니다.

STRUCTURE

출제예상문제

적중률 높은 영역별 출제예상문제를 상세한 해설과 함께 수록하여 학습효율을 확실하게 높였습니다.

인성검사 및 상식

성공취업을 위한 인성검사를 수록하였으며, 경제·금융 상식 및 다양한 분야의 상식을 엄선하여 요약·정리하였고 출제예상문제를 수록하였습니다.

CONTENTS

PART

I

하나금융TI 소개

01 기업소개 및 채용안내

1 하나금융TI

(1) 소개

하나금융TI는 1990년 창립 이래 은행, 증권, 카드, 보험 등 금융 전문 분야의 다양한 IT 시스템 구축과 운영 노하우를 바탕으로 보다 수준 높은 금융 서비스를 제공하고자 최선을 다하고 있다.

4차 산업혁명이라는 큰 흐름 속에서, IT는 금융을 포함한 모든 산업의 발전과 혁신을 주도하고 있으며 이러한 변화의 시기에 하나금융그룹은 '손님 중심 데이터 기반 정보회사'라는 새로운 비전을 선포하고, 글로벌 디지털 금융그룹으로 변모하고자 노력하고 있다.

따라서 하나금융TI는 이에 발맞춰, 신기술 기반 'Digital Transformation'과 글로벌 진출의 중추적 역할을 하는 핵심 성장 동력이 되고자 끊임없이 도전하며, '함께 성장하며 행복을 나누는 금융'을 적극 실현하기 위해 최선의 노력을 다하고 있다.

(2) 비전/미션

① MISSION : 함께 성장하며 행복을 나누는 금융 GROWING TOGETHER, SHARING HAPPINESS

② 비전 2025 : 하나금융그룹 핵심 성장 동력이 되는 IT 파트너

③ 비전달성을 위한 전략목표 BEST 2025

   ㉠ Best Bank(은행 1위)
- 국내 1위 은행으로의 도약을 통한 안정적 이익 창출 기반 확보
- 손님 기반 강화를 통한 은행입지 제고

   ㉡ Expanding to Global(글로벌 비중 40%)
- 그룹 핵심 성장 동력으로서 글로벌 사업의 획기적 강화
- 저성장/저마진의 국내 시장 환경 극복

   ㉢ Stable Portfolio(비은행 비중 30%)
- 그룹의 안정적 사업 포트폴리오 구축
- 시너지 기반의 진정한 종합금융 서비스 제공

   ㉣ Trusted Group(브랜드 신뢰도 제고)
- 핵심 차별화 기반인 '신뢰'를 전략목표에 반영
- 그룹 차원의 브랜드 이미지 제고
- 금융소비자보호 강화

④ 중장기 전략과제 2020

　㉠ BEST IT SERVICE PROVIDER : 그룹 IT서비스 품질 향상, 금융 IT 전문가 확보 및 양성

　㉡ ENABLER TO GLOBAL : Global IT 커버리지 확대

　㉢ SYNERGY CREATION : 그룹 통합데이터센터 시너지 극대화

　㉣ TECHNOLOGY LEADERSHIP : R&D 강화 및 자체 솔루션 확보

⑤ 전략 방향

　㉠ 금융 IT 전문화

　㉡ Global IT Positioning 강화

　㉢ 그룹 IT 콜라보 확대

　㉣ 디지털 금융의 선도

(3) 핵심가치(POWER on Integrity)

① PASSION(열정) ··· 책임감 있게 최선을 다하고 변화와 혁신으로 더 나은 가치를 추구하는 것

② OPENNESS(열린 마음) ··· 유연하고 편견 없이 사람이나 상황을 이해하고 공감하는 것

③ WITH CUSTOMER(손님우선) ··· 손님을 최우선으로 삼는 마음으로 그들의 필요를 탐구하고 채워주는 것

④ EXCELLENCE(전문성) ··· 최고의 신뢰를 얻기 위해 각자의 분야에서 차별화된 역량을 계발하는 것

⑤ RESPECT(존중과 배려) ··· 개인 역량 발휘와 상호협력을 위한 기본자세로 상대방 입장에서 생각하고 대하는 것

⑥ INTEGRITY(정직·성실·투명) ··· 금융인의 기본적인 윤리로 항상 맡은 바를 정직하고 성실하게 이행하는 것

2 채용안내

(1) 디지털 인재상

하나금융TI 디지털 인재는 디지털 마인드셋 및 한 분야 이상에 대한 전문성을 보유한 융복합 전문가 지향

① Digital Mindset : 디지털 금융환경에 적응, 변화를 리딩하기 위해 요구되는 가치 및 태도

② HuMART = Humanity + sMART(비전 달성을 위한 전문 역량과 리더십을 겸비한 리더)
  ㉠ Humanity(손님 중심 혁신을 통한 신규 가치 창출)
  ㉡ Multi-Player(지속적 학습을 통한 전문성 융합)
  ㉢ Agile Experimenter(실험기반의 민첩한 업무추진)
  ㉣ Risk-taker(기업가 마인드를 통한 사회기업 포착 및 성과창출)
  ㉤ Team Player(내·외부 협업을 통한 시너지 창출)

③ 성과 리더십
  ㉠ 금융업 이해
  ㉡ IT시스템 및 프로세스 이해
  ㉢ 디지털 금융 혁신 이해

④ 조직 리더십
  ㉠ Design Thinking
  ㉡ Computational Thinking

⑤ 혁신 리더십
  ㉠ Data / Business Analytics
  ㉡ New Tech(신기술)
  ㉢ 디지털 금융 방법론(Agile, Lean 등)

(2) 채용전형

① 응시자격

　㉠ 기본사항

- 학력 : 4년제 또는 2년제 대학 이상(기 졸업자 또는 2020년 2월 졸업예정자)
- 연령제한 없음
- 남자의 경우 군필 또는 군 면제자
- 평일(월 ~ 금) 주간 교육이 가능한 자
- 교육시작일 기준 고용보험 미가입자
- 직업훈련 3회 이상 수강자 제외

　㉡ 우대사항

- IT비전공학과(인문, 상경, 사회, 금속, 조선해양 등) 우대
- '국가유공자 예우 및 지원에 관한 법률'에 의한 취업보호 대상자 우대
- '장애인고용촉진 및 직업재활법'에 의한 대상자 우대

② 전형절차

| 지원서 접수 | ⇨ | 서류 전형 | ⇨ | 필기전형 (2020년 1월 중) | ⇨ | 1차, 2차면접 (2020년 1~2월 중) | ⇨ | 교육 | ⇨ | 채용 검진 | ⇨ | 채용 |

02 관련기사

하나금융티아이, 일자리 창출 공로로 '대통령 표창' 수상

하나금융그룹 IT전문 자회사 하나금융티아이는 23일 고용노동부 주관 '2019년 일자리 창출 유공 정부포상' 시상식에서 양질의 일자리 창출 공로를 인정받아 대통령 표창을 수상했다고 밝혔다.

'일자리 창출 유공 정부포상'은 청년고용 확대, 비정규직의 정규직 전환, 노동시간 단축, 일과 삶의 균형 실천 등 양질의 일자리 창출을 위해 노력한 개인과 단체에 포상함으로써 국민적 관심을 제고하기 위한 시상식이다.

하나금융티아이는 '손님 중심의 데이터 기반 정보회사'라는 그룹 디지털 비전에 발맞춰 금융 IT 및 4차 산업혁명에 따른 AI, 빅데이터 등 신기술 분야 전문 일자리 창출을 위한 노력을 지속했다.

특히 최근 3년 간 고용 창출 인력 523명 중 34세 미만 청년 비율이 72% 수준인 379명으로 청년 일자리 창출에 크게 기여했으며 이로 인해 2019년 11월 말 기준 전체 직원 891명 중 만 34세 미만 청년 비율은 45% 수준인 399명에 이른다.

또한 최근 3년 간 기간제 근로자 127명의 정규직 전환과 더불어 채용 연계형 교육생 선발 및 전문 과정 교육을 통해 IT 비전공자 37명을 채용하는 등 다양한 일자리 창출 노력을 인정받아 지난 7월 고용노동부 주관 '대한민국 일자리 으뜸기업'으로 선정된 바 있다.

일과 삶의 균형을 위한 워라밸(Work-life balance) 조성 노력도 높은 평가를 받았다. 하나금융티아이는 노사합의를 바탕으로 유연근무제, PC-OFF제를 통한 정시퇴근, 집중 근무시간 운영, 스마트 회의 등 다양한 시스템을 통해 직원들의 워라밸 실현을 지원한다.

또한 수평적 조직문화 조성을 위한 리버스 멘토링, 사내 인문학 강연과 음악회, 전문 심리 상담 서비스, 예비맘 지원제도 등 직원 행복을 위한 다양한 프로그램도 갖추고 있다.

하나금융티아이 유시완 대표이사는 "시대적 변화에 공감하고 좋은 직장을 만들고자 임직원이 함께 노력해온 덕분에 큰 상을 받게 되었다"며 "앞으로도 양질의 일자리를 지속 확대해 사회적 가치를 창출하는 기업이 될 수 있도록 최선을 다하겠다"고 밝혔다.

-2019. 12. 24.

면접질문 • 하나금융티아이의 사업 영역에 대해 설명해 보시오.

하나금융그룹, 국공립어린이집 지원 사업 4호 「청송 하나어린이집」 개원

하나금융그룹은 4일 오후 청송군과 함께 경상북도 청송군 파천면에 위치한 제4호 국공립어린이집 「청송 하나어린이집」 개원식을 가졌다고 밝혔다.

이날 행사에는 함영주 하나금융그룹 부회장을 비롯해 윤경희 청송군수, 권태준 청송군의회 의장 등이 참석해 어린이집을 둘러보며 원아들과 함께 개원을 축하하는 자리를 가졌다.

청송 하나어린이집은 보육시설이 취약한 농촌지역에 건립되는 하나금융그룹 국공립어린이집 지원 사업의 첫 번째 결실이다.

청송군 파천면 인근은 계속된 아동 수 감소로 그간 운영해 오던 민간어린이집이 경영난으로 폐쇄될 상황이었으나 하나금융그룹과 청송군의 협력으로 매입 후 리모델링을 거쳐 국공립어린이집으로 전환하게 되었으며 이로써 자칫 보육 사각지대가 될 수 있었던 지역에 양질의 보육 환경이 조성되게 되었다.

이날 개원식에서 함영주 하나금융그룹 부회장은 "전반적인 출산율 저하와 인구 감소 현상이 농촌 지역에서는 더욱 심각하다"며 "아이를 잘 낳고 기를 수 있는 보육 환경 조성을 통해 젊은 부부들이 유입되고 농촌의 미래를 이끌어 나갈 수 있도록 보육 취약 지역을 중심으로 한 양질의 어린이집 확충에 더욱 노력하겠다"고 밝혔다.

하나금융그룹은 지난 3월 경남 거제시를 시작으로 4월 충남 홍성군, 11월 서울 강북구에 국공립어린이집 건립을 지원하였고 명동, 여의도, 광주, 부산에 차례로 직장어린이집을 개원하였다.

또한 전국 46곳의 지역에서 어린이집 건립 절차가 진행 중이며 '2020년까지 1,500억 원 규모로 국공립어린이집 90개, 직장어린이집 10개 등 총 100개의 어린이집 건립 프로젝트'를 이행 중으로 저출산 극복 및 여성의 경제활동 지원을 위해 앞장서고 있다.

-2019. 12. 05.

면접질문 • 하나금융그룹의 사회공헌 주요 활동에 대해 설명해 보시오.

PART

II

출제예상문제

01 지각정확성

┃1~5┃ 다음에 제시된 문자를 보고 보기 중 가장 많이 반복된 문자를 고르시오.

강	북	남	서	강
방	장	항	동	방
상	서	당	강	창
남	장	랑	창	상
북	동	서	방	남

1

장　　서　　랑　　상

① 장　　　　　　　　② 서
③ 랑　　　　　　　　④ 상

> Tip　① 장 2개
> 　　　② 서 3개
> 　　　③ 랑 1개
> 　　　④ 상 2개

2

방　　창　　당　　동

① 방　　　　　　　　② 창
③ 당　　　　　　　　④ 동

> Tip　① 방 3개
> 　　　② 창 2개
> 　　　③ 당 1개
> 　　　④ 동 2개

3

항	랑	장	당

① 항 ② 랑

③ 장 ④ 당

 ① 항 1개
② 랑 1개
③ 장 2개
④ 당 1개

4

강	북	상	항

① 강 ② 북

③ 상 ④ 항

 ① 강 3개
② 북 2개
③ 상 2개
④ 항 1개

5

장	창	북	남

① 장 ② 창

③ 북 ④ 남

 ① 장 2개
② 창 2개
③ 북 2개
④ 남 3개

Answer♩→ 1.② 2.① 3.③ 4.① 5.④

┃6~10┃ 다음 제시된 문자열과 같은 것을 고르시오.

6

> 06652812515432534221

① 06652812315432534221　　　② 06652812515432534221

③ 06652812515452534221　　　④ 06952812515432534221

① 06652812<u>3</u>15432534221
③ 0665281251545<u>5</u>2534221
④ 06<u>9</u>52812515432534221

7

> Callanambulanceplease

① Callananbulanceplease　　　② Callanambvlanceplease

③ Callanambulanceplease　　　④ Callanambulancedlease

① Callana<u>n</u>bulanceplease
② Callanamb<u>v</u>lanceplease
④ Callanambulance<u>d</u>lease

8

> 하나금융지주하나은행하나금융투자

① 하나금융지주하나은행하나금융투자

② 하나금융지수하나은행하나금융투자

③ 하나금융지주하다은행하나금융투자

④ 하나금융지주하나은행하나금융두자

② 하나금융지<u>수</u>하나은행하나금융투자
③ 하나금융지주하<u>다</u>은행하나금융투자
④ 하나금융지주하나은행하나금융<u>두</u>자

9

> Theinhibitiontocrime

① Theinhibitiovtocrime

② Theinbibitiontocrime

③ Thcinhibitiontocrime

④ Theinhibitiontocrime

① Theinhibitio**v**tocrime

② Thein**b**ibitiontocrime

③ Th**c**inhibitiontocrime

10

> 15432698720310487592

① 15432698720310467592

② 15432698720310487592

③ 15432693720310487592

④ 15432698720310487532

① 154326987203104**6**7592

③ 1543269**3**720310487592

④ 154326987203104875**3**2

Answer ↦ 6.② 7.③ 8.① 9.④ 10.②

▌11~15 ▌ 다음의 보기에서 각 문제의 왼쪽에 표시된 굵은 글씨체의 기호, 문자, 숫자의 개수를 오른쪽에서 세어 맞는 개수를 찾으시오.

11

> **P**   VDFGSTYJIIOIYHOOPFDG

① 1개   ② 2개
③ 3개   ④ 4개

Tip   VDFGSTYJIIOIYHOO<u>P</u>FDG

12

> **O**   YKUKNGKLOIJNMKLOYGDUO

① 1개   ② 2개
③ 3개   ④ 4개

Tip   YKUKNGKL<u>O</u>IJNMKL<u>O</u>YGDU<u>O</u>

13

> **않**   괴로워하지 않으면 길을 터주지 않는다.

① 1개   ② 2개
③ 3개   ④ 4개

Tip   괴로워하지 <u>않</u>으면 길을 터주지 <u>않</u>는다.

14

| 8 | 285489463586138247 |

① 1개　　　　　　　　　　　② 2개

③ 3개　　　　　　　　　　　④ 4개

 28<u>5</u>4<u>8</u>9463<u>5</u>86<u>1</u>3<u>8</u>247

15

| 亞 | 久而敬之本立道生亞大家自 |

① 1개　　　　　　　　　　　② 2개

③ 3개　　　　　　　　　　　④ 4개

 久而敬之本立道生<u>亞</u>大家自

16~17 다음 제시된 두 글을 비교하여 틀린 문자가 몇 개인지 고르시오.

16

> 여자가 된 곰은 날마다 신단수 아래에서 아이를 갖게 해달라고 빌었고 이를 본 환웅이 곰에게 웅녀라는 이름을 주고 결혼하여 아기를 낳았다. 이 아기가 바로 단군왕검이다.

> 여자가 된 굼은 날마다 신탄수 아래에서 아기를 갖게 해돌라고 빌었고 이를 본 환인이 곰에게 웅녀라는 이름을 주고 결혼하야 아이를 낳았다. 이 아기가 바로 단군왕검이다.

① 5개   ② 6개
③ 7개   ④ 8개

> 여자가 된 <u>곰</u>은 날마다 신<u>단</u>수 아래에서 <u>아이</u>를 갖게 해<u>달</u>라고 빌었고 이를 본 환<u>웅</u>이 곰에게 <u>웅</u>녀라는 이름을 주고 결혼하<u>여</u> 아<u>기</u>를 낳았다. 이 아기가 바로 단군왕검이다.

> 여자가 된 <u>굼</u>은 날마다 신<u>탄</u>수 아래에서 아<u>기</u>를 갖게 해<u>돌</u>라고 빌었고 이를 본 환<u>인</u>이 곰에게 <u>웅</u>녀라는 이름을 주고 결혼하<u>야</u> 아<u>이</u>를 낳았다. 이 아기가 바로 단군왕검이다.

17

> 또한 이러한 다리의 역할 때문에 우리말에는 다리와 관련된 관용어도 많이 있다. '다리를 건너다.', '다리를 놓다.', '다리를 잇다.' 등의 말들은 모두 어떤 한 사람과 다른 사람 간에 무언가를 연결시켜 준다는 의미를 가지고 있다.

> 또한 이러한 다리의 역활 때문에 우리말에는 다리와 관련된 관용어도 많이 있다. '다리를 건너다.', '다리를 놓다.', '다리를 잊다.' 등의 말들은 모두 어떤 한 사람과 다른 사람 간에 무언가를 연결시켜 준다는 의미를 가지고 있다.

① 2개   ② 3개
③ 4개   ④ 5개

> 또한 이러한 다리의 역<u>할</u> 때문에 우리말에는 다리와 관련된 관용어도 많이 있다. '다리를 건너다.', '다리를 놓다.', '다리를 <u>잇</u>다.' 등의 말들은 모두 어떤 한 사람과 다른 사람 간에 무언가를 연<u>결</u>시켜 준다는 의미를 가지고 있다.

> 또한 이러한 다리의 역<u>활</u> 때문에 우리말에는 다리와 관련된 관용어도 많이 있다. '다리를 건너다.', '다리를 놓다.', '다리를 <u>잊</u>다.' 등의 말들은 모두 어떤 한 사람과 다른 사람 간에 무언가를 연<u>걸</u>시켜 준다는 의미를 가지고 있다.

▌18~20 ▌ 다음 왼쪽과 오른쪽 문자, 숫자의 대응을 참고하여 각 문제의 대응이 같으면 '① 맞음'을,
틀리면 '② 틀림'을 선택하시오.

ㅏ=15 ㅑ=22 ㅓ=17 ㅕ=21 ㅗ=19 ㅛ=13 ㅜ=14 ㅠ=23 ㅡ=16 ㅣ=18 ㅚ=24 ㅟ=25

18 ㅠ ㅕ ㅛ ㅑ ㅚ – 23 21 19 22 24   ① 맞음   ② 틀림

   (Tip) ㅠ=23, ㅕ=21, ㅛ=13, ㅑ=22, ㅚ=24

19 ㅟ ㅏ ㅜ ㅣ ㅗ – 25 15 14 18 19   ① 맞음   ② 틀림

   (Tip) ㅟ=25, ㅏ=15, ㅜ=14, ㅣ=18, ㅗ=19

20 ㅡ ㅣ ㅟ ㅓ ㅚ – 16 18 25 21 24   ① 맞음   ② 틀림

   (Tip) ㅡ=16, ㅣ=18, ㅟ=25, ㅓ=17, ㅚ=24

Answer↴ 16.④ 17.② 18.② 19.① 20.②

┃21~25┃ 다음 표를 보고 제시된 문자 중 가장 많이 반복된 문자를 고르시오.

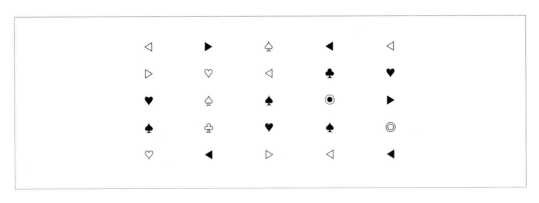

21

① ◁   ② ▷
③ ▶   ④ ♤

Tip ◁(4개), ▷(2개), ▶(2개), ♤(2개)

22

① ▶   ② ◀
③ ▷   ④ ♤

Tip ◀(3개), ▶(2개), ▷(2개), ♤(2개)

23

| ♠ | ▷ | ♤ | ◎ |

① ▷　　　　　　　　　　　② ♤

③ ♠　　　　　　　　　　　④ ♡

Tip　♠(3개), ▷(2개), ♤(2개), ◎(1개)

24

| ♣ | ♣ | ▶ | ◉ |

① ◉　　　　　　　　　　　② ♣

③ ▶　　　　　　　　　　　④ ♣

Tip　▶(2개), ◉(1개), ♤(1개), ♣(1개)

25

| ♤ | ♡ | ♥ | ♠ |

① ♤, ♡　　　　　　　　　　② ♡, ♠

③ ♥, ♤　　　　　　　　　　④ ♥, ♠

Tip　♥(3개), ♠(3개), ♤(2개), ♡(2개)

Answer ↱ 21.① 22.② 23.③ 24.③ 25.④

26 다음 제시된 배열에서 합이 13이 되는 것을 고르면?

R	S	K	O	T	A	M	Q
1	5	2	4	6	9	7	8

① S, T
② M, R
③ Q, O
④ A, O

 제시된 배열에서 두 합이 13이 되는 것은 (S, Q), (M, T), (A, O)이다.

27 다음 제시된 배열에서 합이 9가 되는 것을 고르면?

S	a	Y	n	O	A	H	y	T	w	r
3	2	1	5.5	2.5	1.5	0.5	3.5	4	4.5	5

① y, Y
② T, n
③ r, T
④ n, r

 제시된 배열에서 두 합이 9가 되는 것은 (r, T), (y, n)이다.

┃28~32┃ 다음 제시된 보기를 보고 물음에 답하시오.

A	O	X	Z	P	D	H
N	C	D	S	R	F	W
R	Q	F	U	E	K	S
W	E	Q	X	I	S	U
L	X	B	K	F	R	D
Q	T	O	G	R	I	O
B	E	V	Z	H	K	T

28 'A'의 개수는?

① 1개 ② 2개

③ 3개 ④ 4개

A̲	O	X	Z	P	D	H
N	C	D	S	R	F	W
R	Q	F	U	E	K	S
W	E	Q	X	I	S	U
L	X	B	K	F	R	D
Q	T	O	G	R	I	O
B	E	V	Z	H	K	T

29 보기에 제시되지 않은 알파벳은?

① I ② J

③ S ④ U

A	O	X	Z	P	D	H
N	C	D	S̲	R	F	W
R	Q	F	U̲	E	K	S̲
W	E	Q	X	I̲	S̲	U̲
L	X	B	K	F	R	D
Q	T	O	G	R	I̲	O
B	E	V	Z	H	K̲	T

Answer ☞ 26.④ 27.③ 28.① 29.②

30 5번 이상 반복되는 알파벳은?

① 없다   ② R

③ Q   ④ U

A	O	X	Z	P	D	H
N	C	D	S	R̲	F	W
R̲	Q̲	F	U̲	E	K	S
W	E	Q̲	X	I	S	U̲
L	X	B	K	F	R̲	D
Q̲	T	O	G	R̲	I	O
B	E	V	Z	H	K	T

31 'R'과 'S'의 개수 차이는?

① 0개   ② 1개

③ 2개   ④ 3개

A	O	X	Z	P	D	H
N	C	D	S̲	R̲	F	W
R̲	Q	F	U	E	K	S̲
W	E	Q	X	I	S̲	U
L	X	B	K	F	R̲	D
Q	T	O	G	R̲	I	O
B	E	V	Z	H	K	T

32 'X'와 'V'의 개수 합은?

① 1개   ② 2개

③ 3개   ④ 4개

A	O	X̲	Z	P	D	H
N	C	D	S	R	F	W
R	Q	F	U	E	K	S
W	E	Q	X̲	I	S	U
L	X̲	B	K	F	R	D
Q	T	O	G	R	I	O
B	E	V̲	Z	H	K	T

┃ 33~37 ┃ 다음 제시된 보기를 보고 물음에 답하시오.

✂	♪	☺	❋	✠	▤	♈	≋	et
▤	☯	♈	✿	≋	&	ॐ	❀	❋
♍	♑	♛	✝	ॐ	⊠	✠	♑	❖
&	♎	❖	✠	✂	❀	♑	♪	♎
✈	✝	☾	☯	♏	❋	♍	☾	▤
≋	⌘	♎	☾	et	♑	◪	♌	⊠
♌	♍	&	♓	ॐ	⌘	❀	♛	ॐ
✂	≋	♪	☺	❖	☯	ॐ	✈	◪

33 '❋'의 개수는?

① 1개　　　　　　　　　② 2개
③ 3개　　　　　　　　　④ 4개

✂	♪	☺	❋	✠	▤	♈	≋	et
▤	☯	♈	✿	≋	&	ॐ	❀	❋
♍	♑	♛	✝	ॐ	⊠	✠	♑	❖
&	♎	❖	✠	✂	❀	♑	♪	♎
✈	✝	☾	☯	♏	❋	♍	☾	▤
≋	⌘	♎	☾	et	♑	◪	♌	⊠
♌	♍	&	♓	ॐ	⌘	❀	♛	ॐ
✂	≋	♪	☺	❖	☯	ॐ	✈	◪

34 'Ⅶ'와 'ॐ'의 개수의 합은?

① 5개 ② 6개

③ 7개 ④ 8개

♓	♉	☺	❋	✠	📄	♈	♒	ℯ
📃	☯	♈	✿	♒	&	ॐ	❄	❋
♍	♑	✋	✝	ॐ	⊠	✳	♑	❖
&	♎	❖	❋	♓	❀	♑	♉	♎
♐	✝	☾	☽	♏	❀	♍	☽	📃
♒	⌘	♎	☽	ℯ	♑	▨	♌	⊠
♌	♍	&	♓	ॐ	⌘	❀	✋	ॐ
♓	♒	♉	☺	❖	☯	ॐ	♐	▨

35 '⌘'와 '♑'의 개수의 차이는?

① 0개 ② 2개

③ 3개 ④ 4개

♓	♉	☺	❋	✠	📄	♈	♒	ℯ
📃	☯	♈	✿	♒	&	ॐ	❄	❋
♍	♑	✋	✝	ॐ	⊠	✳	♑	❖
&	♎	❖	❋	♓	❀	♑	♉	♎
♐	✝	☾	☽	♏	❀	♍	☽	📃
♒	⌘	♎	☽	ℯ	♑	▨	♌	⊠
♌	♍	&	♓	ॐ	⌘	❀	✋	ॐ
♓	♒	♉	☺	❖	☯	ॐ	♐	▨

36 보기에 제시되지 않은 문자는?

① ✤   ② ✹

③ ✋   ④ ∝

✂	♫	☺	❄	✠	🖹	♈	♒	er
🗉	☯	♈	✿	♒	&	ꙮ	❀	❄
♍	♑	✋	♱	ॐ	☒	✦	♑	✤
&	♎	✤	❈	✂	✹	♑	♫	♎
✈	♱	☾	☯	♏	❄	♍	☽	🗉
♒	⌘	♎	☾	er	♑	⊡	♌	☒
♌	♍	&	♓	ॐ	⌘	❀	✋	ॐ
✂	♒	♫	☺	✤	☯	ꙮ	✈	⊡

37 4번 이상 반복되는 문자는?

① ♑   ② &

③ ♫   ④ ❄

✂	♫	☺	❄	✠	🖹	♈	♒	er
🗉	☯	♈	✿	♒	&	ꙮ	❀	❄
♍	♑	✋	♱	ॐ	☒	✦	♑	✤
&	♎	✤	❈	✂	✹	♑	♫	♎
✈	♱	☾	☯	♏	❄	♍	☽	🗉
♒	⌘	♎	☾	er	♑	⊡	♌	☒
♌	♍	&	♓	ॐ	⌘	❀	✋	ॐ
✂	♒	♫	☺	✤	☯	ꙮ	✈	⊡

Answer → 34.④ 35.② 36.④ 37.①

┃38~40┃ 다음 중 제시된 보기에 속하지 않은 문자가 포함된 것을 고르시오.

38

> I . $\alpha\ \beta\ \delta\ \epsilon\ \eta\ \theta\ k$
> II . $\theta\ \iota\ k\ \mu\ \xi\ \nu\ \pi$
> III . $\eta\ \theta\ \iota\ k\ \lambda\ \mu\ \nu$
> IV . $\phi\ \psi\ \omega\ \epsilon\ \zeta\ \eta\ \iota$

① I : $\alpha\ \delta\ \epsilon\ \theta\ k$ ② II : $\iota\ k\ \xi\ \theta\ \mu$

③ III : $\eta\ k\ \lambda\ \mu\ \delta$ ④ IV : $\phi\ \psi\ \zeta\ \eta\ \iota$

 ③ III : $\eta\ k\ \lambda\ \mu\ \underline{\delta}$

39

> I . ㄸ ㅄ ㄽ ㄼ ㄾ ㄿ ㄶ
> II . ㄼ ㄾ ㄶ ㅄ ㅁㅅ
> III . ㅻ ㅄ ㅁㅅ ㅱ ㅂㄱ ㅂㅈ
> IV . ㅄ ㅶ ㅵ ㅸ ㅅㄱ ㅅㄴ

① I : ㄸ ㅄ ㄽ ㄼ ㄾ ㄿ ㄶ   ② II : ㄼ ㄾ ㄶ ㅂㅈ ㅁㅅ ㅁㅅ

③ III : ㅻ ㅄ ㅁㅅ ㅱ ㅂㄱ ㅂㅈ   ④ IV : ㅶ ㅵ ㅸ ㅅㄱ ㅅㄴ

 ② II : ㄼ ㄾ ㄶ ㅂㅈ ㅁㅅ ㅁㅅ

40

Ⅰ. $\mu\ell\,m\ell\,d\ell\,\ell\ \ cc\,cm^3\mu W$

Ⅱ. $m^2\,ha\,\mu gmgp\,Aktp\,AnA$

Ⅲ. $\mu Wk\,Wm\,w\,Hz\,\Omega\ \ pF\,\mu F$

Ⅳ. $pF\,\mu F\,KP\,a\,P\,a\,GP\,a\,wb\,\ell x$

① Ⅰ : $\mu\ell\,m\ell\,\ell\ \ cc\,\mu W$　　　　② Ⅱ : $ha\,\mu gmg\,ktnA$

③ Ⅲ : $\mu Wm\,w\,Hz\,pF\,\mu F$　　　　④ Ⅳ : $\mu F\,MWGP\,a\,wb\,\ell x$

 ④ Ⅳ : $\mu F\,\underline{MWGP}\,a\,wb\,\ell x$

02 언어유추력

┃1~5┃ 다음에 제시된 9개의 단어 중 관련된 3개의 단어를 통해 유추할 수 있는 것을 고르시오.

1

> 1월, 어린이, 학교, 여름, 크리스마스, 바다, 선물, 친구, 불교

① 생일   ② 겨울

③ 산타클로스   ④ 썰매

 어린이, 크리스마스, 선물을 통해 산타클로스를 유추할 수 있다.
산타클로스는 어린이들의 수호성인인 성 니콜라스의 별칭으로, 크리스마스이브에 착한 어린이들에게 선물을 나눠준다는 전설로 널리 알려져 있다.

2

> 텀블러, 탁구, 마이크, 정치, 고양이, 코인, 나무, 스피커, 중간고사

① 등산   ② 학교

③ 운동장   ④ 노래방

 마이크, 코인, 스피커를 통해 노래방을 유추할 수 있다.
코인 노래방은 곡당 요금을 지불하고 노래를 부를 수 있도록 만든 곳으로, 특히 청소년 사이에서 인기가 있다. 노래방에는 마이크와 스피커가 있다.

3

> 미국, 강남, 문재인, 도서관, 투표, 제주도, 관광, 신문, 5년

① 대통령   ② 트럼프

③ 비타민   ④ 프랑스

 문재인, 투표, 5년을 통해 대통령을 유추할 수 있다.
문재인은 우리나라의 19대 대통령이며, 대통령은 선거를 통해 투표로 선출한다. 대통령의 임기는 5년이다.

4

백과사전, 다육식물, 사막, 하늘, 백년초, 컴퓨터, 미세먼지, 결혼, 우유

① 장미

② 선인장

③ 어린왕자

④ 해녀

 다육식물, 사막, 백년초를 통해 선인장을 유추할 수 있다.

선인장은 사막이나 높은 산 등 수분이 적고 건조한 날씨의 지역에서 살아남기 위해 땅 위의 줄기나 잎에 많은 양의 수분을 저장하고 있는 다육식물이다. 백년초는 부채선인장의 다른 이름이다.

5

인터넷, 계산기, 밀가루, 비타민, 제과점, 단팥, 휴대폰, 캐릭터, 달력

① 빵

② 게임

③ 소풍

④ 김밥

 밀가루, 제과점, 단팥을 통해 빵을 유추할 수 있다.

빵은 밀가루를 주원료로 하는 식품으로, 제과점은 빵이나 과자를 만들어 파는 가게이다. 단팥빵은 대표적인 빵의 한 종류이다.

Answer ┌→ 1.③ 2.④ 3.① 4.② 5.①

■6~11■ 다음 제시된 단어의 상관관계를 파악하고 (   )안에 알맞은 단어를 고르시오.

6

> 횡성 : 한우 = 영광 : (   )

① 굴비
② 보석
③ 한지
④ 김

 제시된 단어는 지역과 특산물의 관계이다.
　② 익산
　③ 전주
　④ 완도

7

> 지록위마 : 사슴 = 가정맹어호 : (   )

① 호랑이
② 물고기
③ 말
④ 고양이

 제시된 단어의 관계는 사자성어와 그 속에 들어간 동물의 관계이다.
　※ **지록위마(指鹿爲馬)** … 사슴을 가리켜 말이라고 한다는 뜻으로, 사실이 아닌 것을 사실로 만들어 강압으로 인정하게 함, 또는 윗사람을 농락하여 권세를 마음대로 부림을 비유함
　※ **가정맹어호(苛政猛於虎)** … 가혹한 정치는 호랑이보다 더 무섭다는 뜻으로, 가혹하게 세금을 뜯어가는 정치는 호랑이에게 잡혀 먹히는 고통보다 더 무섭다는 말

8

> 바늘 : (   ) = 한약 : 첩

① 제
② 쌈
③ 쾌
④ 축

 한약을 세는 단위는 '첩'이고, 바늘을 세는 단위는 '쌈'이다.

9

신라 : 경주 = 고려 : (　　)

① 한양   ② 개경

③ 평양   ④ 철원

 제시된 단어의 관계는 우리나라의 옛 나라와 그 나라의 수도를 짝지은 것이다. 고려의 수도는 개경(개성)이다.

10

묘목 : 나무 = 올챙이 : (　　)

① 새싹   ② 개구리

③ 송아지   ④ 개울가

 묘목이 크면 나무가 되고 올챙이 크면 개구리가 된다.

11

문학 : 시 = 운동 : (　　)

① 공부   ② 체육

③ 기구   ④ 축구

 문학의 갈래에는 시가 포함되며, 운동의 종류에는 축구가 포함된다.

Answer ⌐→ 6.① 7.① 8.② 9.② 10.② 11.④

❚12~15❚ 제시된 단어의 관계와 같은 관계의 단어를 고르시오.

12

동물 : 사슴

① 남자 : 여자
② 문학 : 시
③ 가족 : 보호자
④ 책 : 독서

 제시된 단어는 상하관계이다.

13

참다 : 견디다

① 쉽다 : 어렵다
② 길다 : 짧다
③ 기르다 : 키우다
④ 식물 : 강아지풀

 제시된 단어는 유의관계이다.

14

목화씨 : 면화씨

① 전염 : 제거
② 예방 : 만연
③ 비계 : 고기
④ 밑층 : 아래층

 제시된 단어는 복수 표준어 관계이다.

15

고려 : 개성

① 부모 : 가족
② 신라 : 경주
③ 전쟁 : 대포
④ 재무 : 예산

 제시된 단어는 나라와 수도의 관계이다.

▌16～26 ▌ 단어의 상관관계를 파악하여 A와 B에 들어갈 단어가 바르게 연결된 것을 고르시오.

16

> 장삼이사 : (A) = 구밀복검 : (B)

① A : 초동급부 B : 군계일학
② A : 갑남을녀 B : 낭중지추
③ A : 필부필부 B : 면종복배
④ A : 토사구팽 B : 남가일몽

 비슷한 뜻을 가진 한자성어의 관계이다.
  ※ **장삼이사**(張三李四) … 장씨의 셋째 아들과 이씨의 넷째 아들이라는 뜻으로, 이름이나 신분을 알 수 없는 평범한 사람들을 비유적으로 이르는 말
  ※ **필부필부**(匹夫匹婦) … 평범한 남녀
  ※ **구밀복검**(口蜜腹劍) … 입에는 꿀이 있고 뱃속에는 칼을 품고 있다는 뜻으로, 말로는 친한 체하나 속으로는 미워하거나 해칠 생각이 있음을 비유적으로 이르는 말
  ※ **면종복배**(面從腹背) … 얼굴 앞에서는 복종하고 마음속으로는 배반한다는 뜻

17

> 부채 : (A) = (B) : 다리미

① A : 선풍기 B : 바늘
② A : 난로 B : 인두
③ A : 선풍기 B : 인두
④ A : 난로 B : 바늘

 그 쓰임이 유사한 것끼리 묶은 관계이다.

18

> 러시아 : (A) = (B) : 캔버라

① A : 모스크바 B : 호주
② A : 소치 B : 시드니
③ A : 모스크바 B : 뉴질랜드
④ A : 블라디보스토크 B : 호주

 러시아의 수도는 모스크바이고, 호주의 수도는 캔버라이다.

Answer → 12.② 13.③ 14.④ 15.② 16.③ 17.③ 18.①

19

> 바리스타 : (A) = (B) : 와인

① A : 프랑스　B : 칠레
② A : 커피　　　B : 소믈리에
③ A : 빵　　　B : 소믈리에
④ A : 쇼콜라티에　B : 초콜릿

 바리스타는 커피를 만드는 전문가를 뜻하며, 소믈리에는 손님이 주문한 요리와 어울리는 와인을 손님에게 추천하는 일을 하는 전문가이다.

20

> 책방 : (A) = 산울림 : (B)

① A : 책　B : 등산
② A : 서점　B : 메아리
③ A : 책　B : 산정상
④ A : 서점　B : 산허리

 '책방'의 동의어는 '서점'이며, '산울림'의 동의어는 '메아리'이다.

21

> 쌍안경(雙眼鏡) : (A) = 펌프 : (B)

① A : 망원(望遠)　B : 용수(用水)
② A : 정원(庭園)　B : 치수(治水)
③ A : 망원(望遠)　B : 양수(揚水)
④ A : 정원(庭園)　B : 호수(湖水)

 쌍안경으로 멀리 바라볼 수 있으며(望遠), 펌프로 물을 위로 퍼올릴 수 있다(揚水).

22

> (A) : 이슬람 = 성경 : (B)

① A : 라마단　B : 실크로드
② A : 코란　B : 기독교
③ A : 실크로드　B : 박해
④ A : 알라　B : 마리아

 ② 종교를 대표하는 경전과 그 종교의 관계이다.

23

> 가람 : (A) = (B) : 날개

① A : 강　　B : 나려　　　　② A : 강　B : 나래
③ A : 마루　B : 언덕　　　　④ A : 뫼　B : 깃

　② '가람'은 강의 고어이며, 날개의 고어는 '나래'이다.

24

> 울릉도 : (A) = 포항 : (B)

① A : 가나　　B : 영국　　　② A : 오징어　B : 과메기
③ A : 컴퓨터　B : 키보드　　④ A : 면　　　B : 밀가루

　제시된 단어는 지역과 특산물의 관계이다.

25

> 제망매가 : (A) = (B) : 고려가요

① A : 신라　B : 백제　　　　② A : 가시리　B : 쌍화점
③ A : 향가　B : 청산별곡　　④ A : 향가　　B : 어부사시사

　제망매가는 향가에 속하고, 청산별곡은 고려가요에 속한다.

26

> 하품 : (A) = (B) : 슬픔

① A : 나태　B : 웃음　　　　② A : 얼굴　　B : 표정
③ A : 졸음　B : 행복　　　　④ A : 지루함　B : 눈물

　졸리거나 고단하거나, 지루할 때 '하품'을 하며, 슬픔이나 기쁨을 느낄 때 '눈물'을 흘린다.

Answer → 19.② 20.② 21.③ 22.② 23.② 24.② 25.③ 26.④

▌27~33 ▌ 다음 중 단어의 관계가 다른 것을 고르시오.

27 ① 크다 : 작다　　　　　　　② 길다 : 짧다

③ 참다 : 견디다　　　　　　④ 쉽다 : 어렵다

> (Tip) ③ 유의관계
> ①②④ 반의관계

28 ① 김유정 : 봄봄　　　　　　② 이상 : 날개

③ 염상섭 : 삼대　　　　　　④ 김동인 : 메밀꽃 필 무렵

> (Tip) ①②③ 소설가와 작품의 관계이다.
> ④ '메밀꽃 필 무렵'은 이효석의 작품이다.

29 ① 작가 : 저술　　　　　　　② 가수 : 노래

③ 재판관 : 구형　　　　　　④ 학생 : 공부

> (Tip) ③ 직업에 따라 하는 일을 나타낸 것인데 재판관은 선고를 한다.
> ※ **구형(求刑)** … 형사 재판에서 피고에게 어떠한 형벌을 주기를 검사가 판사에게 요구함을
> 이르는 말이다.

30 ① 밀 : 빵　　　　　　　　　② 종이 : 책

③ 석유 : 자동차　　　　　　④ 고령토 : 도자기

> (Tip) ③ 다른 보기는 원료와 제품과의 관계를 나타낸 것인데 석유는 자동차의 동력원이다.

31 ① 횡성 : 한우　　　　　　　② 부산 : 해운대

③ 나주 : 배　　　　　　　　④ 이천 : 쌀

> (Tip) ②를 제외한 다른 보기들은 오른쪽의 단어가 왼쪽 단어의 특산물이 되는 관계이다.

32
① 컴퓨터 : 기계 　　　　　　　② 영어 : 언어

③ 모니터 : 키보드 　　　　　　④ 김치 : 음식

> (Tip) ①②④는 상위어와 하위어 관계이다.
> ③은 대등관계에 있다.

33
① 향가 : 처용가 　　　　　　　② 고려가요 : 정과정

③ 시조 : 사미인곡 　　　　　　④ 향가 : 사뇌가

> (Tip) ④ 동의 관계
> ①②③ 국문학의 종류와 작품의 관계

┃34～36┃ 다음 제시된 단어와 비슷한 의미를 가진 단어를 고르시오.

34

상징

① 변천 　　　　　　　　　　② 동화

③ 기호 　　　　　　　　　　④ 허상

> (Tip) 상징… 추상적인 개념이나 사물을 구체적인 사물로 나타냄. 또는 그렇게 나타낸 기호, 물건 등을 말한다.
> ① 세월이 흐름에 따라 바뀌고 변하다.
> ② 어린이를 위하여 동심(童心)을 바탕으로 지은 이야기이다.
> ④ 실제 없는 것이 있는 것처럼 나타나 보이거나 실제와는 다른 것으로 드러나 보이는 모습을 말한다.

35

야무지다

① 허술하다 　　　　　　　　② 매몰차다

③ 오달지다 　　　　　　　　④ 냉정하다

Answer↱ 27.③　28.④　29.③　30.③　31.②　32.③　33.④　34.③　35.③

야무지다 … 사람의 성질이나 행동, 생김새 따위가 빈틈이 없이 꽤 단단하고 굳세다.
③ 허술한 데가 없이 야무지고 알차다.
① 치밀하지 못하고 엉성하여 빈틈이 있다.
② 인정이나 싹싹한 맛이 없고 아주 쌀쌀맞다.
④ 생각이나 행동이 감정에 좌우되지 않고 침착하다.

36

알선(斡旋)

① 알현(謁見)　　　　　　　　② 주선(周旋)

③ 개선(改善)　　　　　　　　④ 회선(回旋)

 알선(斡旋) … 남의 일을 잘 되도록 마련하여 줌
② 주선(周旋) : 일이 잘되도록 여러 가지 방법으로 힘씀
① 알현(謁見) : 지체가 높고 귀한 사람을 찾아가 뵘
③ 개선(改善) : 잘못된 것이나 부족한 것, 나쁜 것 따위를 고쳐 더 좋게 만듦
④ 회선(回旋) : 한쪽으로 빙빙 돎

┃37~38┃ 다음 제시된 단어와 반대되는 뜻을 지니는 단어를 고르시오.

37

아름답다

① 나쁘다　　　　　　　　　② 추하다

③ 밉다　　　　　　　　　　④ 지긋지긋하다

 ② 추하다 : 외모 따위가 못생겨서 흉하게 보이다.
①③④ '좋다'의 반의어

38

호젓하다

① 한적하다　　　　　　　　② 번잡하다

③ 쓸쓸하다　　　　　　　　④ 단출하다

 호젓하다 … 무서운 느낌이 들만큼 고요하고 쓸쓸함을 이르는 말이다.

┃39~40┃ 다음 제시된 단어를 특정한 구조를 이루는 관계가 되도록 그림에 대입하였을 때 각각의 물음에 답하시오.

39 다음 중 C와 D에 들어갈 단어가 바르게 연결될 것은?

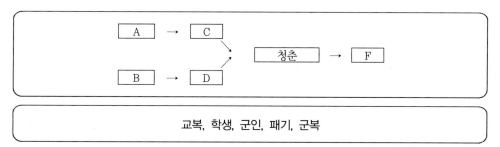

교복, 학생, 군인, 패기, 군복

① C : 학생 D : 군인 　　　　　　② C : 교복 D : 군인
③ C : 패기 D : 군복 　　　　　　④ C : 패기 D : 학생

 ① '교복 – 학생 – 청춘 – 패기' 또는 '군복 – 군인 – 청춘 – 패기'로 배열할 수 있다. 따라서 C와 D에는 '학생'과 '군인'이 들어가는 것이 알맞다.

40 다음 중 B와 F에 들어갈 단어가 바르게 연결될 것은?

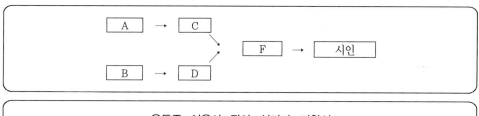

윤동주, 이육사, 광야, 십자가, 저항시

① B : 광야　　F : 십자가 　　　　② B : 윤동주　F : 이육사
③ B : 이육사　F : 저항시 　　　　④ B : 십자가　F : 저항시

 ③ '윤동주 – 십자가 – 저항시 – 시인' 또는 '이육사 – 광야 – 저항시 – 시인'으로 배열할 수 있다. 따라서 B에는 '윤동주' 또는 '이육사'가, F에는 '저항시'가 들어가는 것이 적절하다.

Answer⟶ 36.② 37.② 38.② 39.① 40.③

03 언어추리력

▎1~5 ▎ 다음을 읽고 빈칸에 들어갈 조건을 고르시오.

1

> 〈조건〉
> • (   )
> • 단 맛이 나면 집중력이 높아진다.
> • 집중력이 높으면 일이 잘 풀린다.
>
> 〈결론〉
> 초콜릿을 먹으면 일이 잘 풀린다.

① 집중력이 높으면 문제가 잘 풀린다.
② 집중력이 높으면 고객에게 친절해진다.
③ 초콜릿을 먹으면 쓴 맛이 난다.
④ 초콜릿을 먹으면 단 맛이 난다.

 결론이 '초콜릿을 먹으면 일이 잘 풀린다.'이고
주어진 조건이 '단 맛이 나면 집중력이 높아진다.', '집중력이 높으면 일이 잘 풀린다.'이므로
필요한 조건은 ④이다.

2

> 〈조건〉
> • (   )
> • 불안하면 변명을 댄다.
> • 변명을 대면 의심을 받는다.
>
> 〈결론〉
> 죄를 지으면 의심을 받는다.

① 죄를 지으면 깨우친다.

② 죄를 지으면 불안하다.

③ 불안하면 변명을 댄다.

④ 불안하면 피로가 온다.

 결론이 '죄를 지으면 의심을 받는다.'이고
주어진 조건이 '불안하면 변명을 댄다.', '변명을 대면 의심을 받는다.'이므로
필요한 조건은 ②이다.

3

〈조건〉
• (   )
• 부지런한 사람은 노력하는 사람이다.
• 노력하는 사람은 인정하는 사람이다.
• 인정하는 사람은 성실한 사람이다.

〈결론〉
계획적인 사람은 성실한 사람이다.

① 노력하는 사람은 행복한 사람이다.

② 인정하는 사람은 배려하는 사람이다.

③ 계획적인 사람은 부지런한 사람이다.

④ 부지런한 사람은 규칙적인 사람이다.

 결론이 '계획적인 사람은 성실한 사람이다.'이고
주어진 조건이 '부지런한 사람은 노력하는 사람이다.', '노력하는 사람은 인정하는 사람이다.',
'인정하는 사람은 성실한 사람이다.'이므로
필요한 조건은 ③이다.

Answer ☞ 1.④ 2.② 3.③

4

〈조건〉
- (   )
- 배려심 있는 사람은 행동하는 사람이다.
- 감사하는 사람은 용서하는 사람이다.
- 용서하는 사람은 배려심 있는 사람이다.

〈결론〉
현명한 사람은 행동하는 사람이다.

① 배려심 있는 사람은 감사하는 사람이다.
② 용서하는 사람은 행동하는 사람이다.
③ 현명한 사람은 감사하는 사람이다.
④ 감사하는 사람은 배려심 있는 사람이다.

 조건을 정리하면,
현명 → 감사 → 용서 → 배려심 → 행동
따라서 ③ '현명한 사람은 감사하는 사람이다'가 필요하다.

5

〈조건〉
- (   )
- 규칙을 만들면 조직이 유지될 수 있다.
- 개인이 힘을 합하면 조직을 만들 수 있다.
- 조직을 만들면 규칙을 만들 수 있다.
- 국가를 만들면 통치체계를 완성시킬 수 있다.

〈결론〉
개인이 힘을 합하면 통치체계를 완성시킬 수 있다.

① 조직이 유지되면 국가를 만들 수 있다.
② 조직이 완성되면 조직을 유지할 수 있다.
③ 규칙을 만들 수 있으면 조직을 만들 수 있다.
④ 통치체계가 완성되면 조직이 완성될 수 있다.

조건을 정리하면,

개인의 합→조직이 완성→규칙을 만듬→조직 유지→국가 만듬→통치체계 완성

따라서 ① '조직이 유지되면 국가를 만들 수 있다'가 필요하다.

┃6~20┃ 다음에 제시된 사실들이 모두 참일 때 이를 통해 얻을 수 있는 결론의 참, 거짓, 알 수 없음을 판단하시오.

6

〈사실〉
• 어떤 소설가도 구름이 아니다.
• 그리고 모든 시인은 구름이다.

〈결론〉
어떤 시인도 소설가가 아니다.

① 참 　　　　　　② 거짓 　　　　　　③ 알 수 없음

 첫 번째 조건의 대우는 '구름은 소설가가 아니다'이다.

모든 시인은 구름이므로, '어떤 시인도 소설가가 아니다'는 옳다.

7

〈사실〉
• 수지는 음악 감상을 좋아한다.
• 수지는 수학과 과학을 싫어한다.
• 수지는 국사를 좋아한다.
• 오디오는 거실에 있다.

〈결론〉
수지는 공부를 하고 있다.

① 참 　　　　　　② 거짓 　　　　　　③ 알 수 없음

 수지가 공부를 하고 있는지는 알 수 없다.

Answer 4.③　5.①　6.①　7.③

8

〈사실〉
- 독서를 좋아하는 사람은 상상력이 풍부하다.
- 머리가 큰 사람은 똑똑하다.
- 성실한 사람은 독서를 좋아한다.

〈결론〉
상상력이 풍부하지 않은 사람은 성실하지 않다.

① 참　　　　　② 거짓　　　　　③ 알 수 없음

 첫째 조건의 대우 '상상력이 풍부하지 않은 사람은 독서를 좋아하는 사람이 아니다'와 셋째 조건의 대우 '독서를 좋아하지 않는 사람은 성실한 사람이 아니다'로부터 '상상력이 풍부하지 않은 사람은 성실하지 않다'를 이끌어낼 수 있다.

9

〈사실〉
- 국어를 좋아하는 학생은 영어도 좋아한다.
- 수학을 좋아하지 않는 학생은 영어도 좋아하지 않는다.
- 음악을 좋아하지 않는 학생은 수학도 좋아하지 않는다.

〈결론〉
음악을 좋아하지 않는 학생은 영어도 좋아하지 않는다.

① 참　　　　　② 거짓　　　　　③ 알 수 없음

 음악을 좋아하지 않는 학생→수학을 좋아하지 않는 학생→영어를 좋아하지 않는 학생이므로 결론은 옳다.

10

〈사실〉
- 난초를 좋아하는 사람은 온후하다.
- 소나무를 좋아하는 사람은 너그럽지 않다.
- 온후한 사람은 너그러운 사람과 친하다.

〈결론〉
온후하지 않은 사람은 소나무를 좋아하지 않는다.

① 참   ② 거짓   ③ 알 수 없음

 첫 번째 조건과 세 번째 조건을 통해 '난초를 좋아하는 사람→온후한 사람→너그러운 사람과 친함'의 관계를 추리할 수 있으나, 결론이 옳은지 그른지는 알 수 없다.

11

〈사실〉
- 순희는 영자보다 느리지만 주혜보다는 빠르다.
- 주혜는 순희보다는 느리지만 은정이보다는 빠르다.

〈결론〉
두 번째로 빠른 사람은 주혜이다.

① 참   ② 거짓   ③ 알 수 없음

 첫 번째 조건에서 빠르기가 '영자 – 순희 – 주혜' 순서가 되며, 두 번째 조건에서 주혜가 은정이보다 빠르다고 했으므로 '영자 – 순희 – 주혜 – 은정'의 순서가 된다. 따라서 두 번째로 빠른 사람은 순희이다.

Answer → 8.①   9.①   10.③   11.②

12

〈사실〉
- 모든 학생은 영웅이다.
- 모든 영웅은 책상이다.
- 모든 컴퓨터는 책상이다.
- 모든 책상은 과학자이다.

〈결론〉
모든 컴퓨터는 과학자이다.

① 참   ② 거짓   ③ 알 수 없음

 '모든 M은 P이다.'라는 진술에서 M은 P에 포함된다는 사실을 알면 쉽게 풀 수 있다. 첫째, 둘째, 넷째 조건에서 '학생→영웅→책상→과학자'의 관계를, 그리고 셋째, 넷째 조건에서 '컴퓨터→책상→과학자'의 관계를 이끌어낼 수 있다. 따라서 결론은 옳다.

13

〈사실〉
- 만일 호랑이가 사자보다 말을 잘한다면 나는 토끼여야 한다.
- 그러나 나는 토끼가 아니다.

〈결론〉
토끼는 사자이다.

① 참   ② 거짓   ③ 알 수 없음

 주어진 조건만으로는 결론이 옳은지 그른지 알 수 없다.

14

〈사실〉
• 성적이 4.0 이상이면 장학금을 받는다.
• K의 이번 학기 성적이 L보다 0.5점 낮았다.
• L은 이번 학기에 장학금을 받지 못했다.

〈결론〉
K는 성적이 3.5점 이상이다.

① 참 　　　　② 거짓 　　　　③ 알 수 없음

 L이 이번 학기에 장학금을 받지 못했으므로 L의 성적은 4.0미만이고 K는 L보다 성적이 0.5점 낮으므로 K의 성적은 3.5점 미만이다.

15

〈사실〉
• 철수는 영희의 남편이다.
• 영희는 영수의 어머니이다.
• 영철이는 영수의 동생이다.

〈결론〉
철수는 영철이의 아버지이다.

① 참 　　　　② 거짓 　　　　③ 알 수 없음

 영희는 영수의 어머니이고 철수는 영희의 남편으로 영수의 아버지이다. 영철이는 영수의 동생이므로 철수가 영철이의 아버지라는 결론은 참이다.

Answer ↪ 12.① 13.③ 14.② 15.①

16

〈사실〉
- 자동차 외판원인 A, B, C, D, E, F 여섯 명의 판매 실적은 다음과 같다.
- A는 B에게 실적에서 앞섰다.
- C는 D에게 실적에서 뒤졌다.
- E는 F에게 실적에서 뒤졌지만 A에게는 실적에서 앞섰다.
- B는 D에게 실적에서 앞섰지만 E에게는 실적에서 뒤졌다.

〈결론〉
외판원 C의 실적은 꼴찌가 아니다.

① 참   ② 거짓   ③ 알 수 없음

 제시된 조건을 통해 유추해보면, A > B, D > C이다.
또한 F > E > A, E > B > D임을 알 수 있다.
모두 추려보면 F > E > A > B > D > C가 된다.
따라서 외판원 C의 실적은 꼴찌이다.

17

〈사실〉
- A, B, C, D, E 5명이 일렬로 앉아 있다.
- B는 E보다 앞에 앉아 있다.
- A는 D보다 앞에 앉아 있다.
- B는 C보다 앞에 앉아 있다.
- C는 E보다 앞에 앉아 있다.
- E는 A보다 앞에 앉아 있다.

〈결론〉
E는 앞에서 두 번째에 앉아 있다.

① 참   ② 거짓   ③ 알 수 없음

 제시된 조건에 따르면 B-C-E-A-D 순으로 앉아 있다. E는 앞에서 세 번째로 앉아있으
므로 결론은 거짓이다.

18

〈사실〉
• 무게가 서로 다른 ㉠~㉫의 6개 돌이 있다.
• ㉡은 ㉠보다 무겁고, ㉫보다 무겁다.
• ㉢은 ㉡보다 무겁고, ㉣보다 가볍다.
• ㉤은 ㉢보다 가볍다.

〈결론〉
㉠은 ㉫보다 무겁다.

① 참   ② 거짓   ③ 알 수 없음

 주어진 조건으로는 ㉠과 ㉫의 무게 차이를 알 수 없다.

19

〈사실〉
• 갑, 을, 병, 정 네 사람의 절도용의자가 심문을 받고 있다.
• 절도범은 한 명이다.
• 네 사람 중 단 한 사람만이 진실을 말하고 있다.
• 갑 : 을이 절도를 하였다.
• 을 : 정이 절도를 하였다.
• 병 : 나는 훔치지 않았다.
• 정 : 을은 거짓말을 하고 있다.

〈결론〉
병은 절도범이다.

① 참   ② 거짓   ③ 알 수 없음

　ⅰ) 갑이 진실인 경우
　　　갑에 의해 을은 절도범이 된다.
　　　그러나 병의 말이 거짓말이므로 병이 훔쳤다는 말이 되는데 갑의 말과 모순된다.
　ⅱ) 을이 진실인 경우
　　　을에 의해 정은 절도범이 된다.
　　　그러나 병의 말이 거짓말이므로 병이 훔쳤다는 말이 되는데 을의 말과 모순된다.
　ⅲ) 병이 진실인 경우
　　　을의 말과 정의 말이 모순된다.
　ⅳ) 정이 진실인 경우
　　　갑과 을에 의해 을과 정은 절도를 하지 않았다. 병은 거짓말을 하고 있으므로 병은 절
　　　도범이다.

Answer → 16.② 17.② 18.③ 19.①

20

〈사실〉
- 오과장, 장백기, 한석율, 안영이, 김대리, 장그래가 달리기를 했다.
- 오과장은 장백기에게 이겼다.
- 한석율은 안영이에게 졌다.
- 김대리는 장그래에게 졌지만 오과장에게는 이겼다.
- 장백기는 안영이에게 이겼지만 김대리에게는 졌다.

〈결론〉
달리기가 가장 느린 사람은 한석율이다.

① 참   ② 거짓   ③ 알 수 없음

 제시된 내용을 식으로 만들어보면,
오과장 > 장백기, 안영이 > 한석율, 장그래 > 김대리 > 오과장, 김대리 > 장백기 > 안영이
의 순서가 된다.
따라서 이를 순서대로 나열해보면 '장그래 > 김대리 > 오과장 > 장백기 > 안영이 > 한석율'
이다.
그러므로 달리기가 가장 느린 사람은 한석율이다.

▎21~30 ▎ 다음 주어진 제시문에 관해서 명제가 옳으면 '참', 옳지 않으면 '거짓' 알 수 없으면 '알
수 없다'를 고르시오.

21

　현존하는 족보 가운데 가장 오래된 것은 성종 7년(1476)에 간행된 안동 권씨의 성화
보(成化譜)이다. 이 족보의 간행에는 달성 서씨인 서거정이 깊이 관여하였는데, 그가 안
동 권씨 권근의 외손자였기 때문이다. 조선 전기 족보의 가장 큰 특징을 바로 여기에서
찾을 수 있다. 성화보에는 모두 9,120명이 수록되어 있는데, 이 가운데 안동 권씨는 9.5
퍼센트인 867명에 불과하였다. 배우자가 다른 성씨라 하더라도 절반 정도는 안동 권씨
이어야 하는데 어떻게 이런 현상이 나타났을까?
　그것은 당시의 친족 관계에 대한 생각이 이 족보에 고스란히 반영되었기 때문이다. 우
선 성화보에서는 아들과 딸을 차별하지 않고 출생 순서대로 기재하였다. 이러한 관념이
확대되어 외손들도 모두 친손과 다름없이 기재되었다. 안동 권씨가 당대의 유력 성관이
고, 안동 권씨의 본손은 물론이고 인척 관계의 결연으로 이루어진 외손까지 상세히 기재
하다 보니, 조선 건국에서부터 당시까지 과거 급제자의 절반 정도가 성화보에 등장한다.

성화보에는 친손과 외손이 차별 없이 자세히 기록되어있다.

① 참   ② 거짓   ③ 알 수 없음

 두 번째 문단에 당시의 차별 없는 친족 관계에 대한 생각이 이 족보에 나타나있다고 나와 있다.

22

그리스의 대표적 도시국가인 스파르타는 어떤 정치체제를 가지고 있었을까? 정치체제의 형성은 단순히 정치 이념뿐만 아니라 어떤 생활방식을 선택하느냐의 문제와도 연결되어있다. 기원전 1200년경 남하해온 도리아 민족이 선주민을 정복하여 생긴 것이 스파르타이다. 지배계급과 피지배계급이 스파르타만큼 확실히 분리되고 지속된 도시국가는 없었다. 스파르타에서 지배계급과 피지배계급의 차이는 권력의 유무 이전에 민족의 차이였다.

우선, 지배계급은 '스파르타인'으로 1만 명 남짓한 자유시민과 그 가족뿐이다. 순수한 혈통을 가진 스파르타인들의 유일한 직업은 군인이었고, 참정권도 이들만이 가지고 있었다. 두 번째 계급은 상공업에만 종사하도록 되어 있는 '페리오이코이'라고 불리는 자유인이다. 이들은 도리아인도, 선주민도 아니었으며, 도리아 민족을 따라와 정착한 타지방 출신의 그리스인이었다. 이들은 시민권을 받지 못했으므로 참정권과 선거권이 없었지만, 병역 의무는 주어졌다. 그리스의 도시국가들에서는 일반적으로 병역에 종사하는 시민에게 참정권이 주어졌다. 하지만, 페리오이코이는 일개 병졸로만 종사했으므로, 스파르타인이 갖는 권리와는 차이가 있었다. 스파르타의 세 번째 계급은 '헬로트'라고 불리는 농노들로, 도리아인이 침략하기 전에 스파르타 지역에 살았던 선주민이다. 이들의 유일한 직업은 스파르타인이 소유한 농장에서 일하는 것으로, 비록 노예는 아니었지만 생활은 비참했다. 이들은 결혼권을 제외하고는 참정권, 사유재산권, 재판권 같은 시민의 권리를 전혀 가지지 못했고, 병역의 의무도 없었다.

그리스에서 지배 피지배 관계가 명확한 나라는 스파르타가 유일했다.

① 참   ② 거짓   ③ 알 수 없음

 위 글에서 스파르타가 지배계급과 피지배계급이 확실히 분리되었다는 것만 나타나있다.

Answer ↱ 20.①   21.①   22.③

23

식수오염의 방지를 위해서 빠른 시간 내 식수의 분변오염 여부를 밝히고 오염의 정도를 확인하기 위한 목적으로 지표생물의 개념을 도입하였다. 병원성 세균, 바이러스, 원생동물, 기생체 소낭 등과 같은 병원체를 직접 검출하는 것은 비싸고 시간이 많이 걸릴 뿐 아니라 숙달된 기술을 요구하지만, 지표생물을 이용하면 이러한 문제를 많이 해결할 수 있다.

식수가 분변으로 오염되어 있다면 분변에 있는 병원체 수와 비례하여 존재하는 비병원성 세균을 지표생물로 이용한다. 이에 대표적인 것은 대장균이다. 대장균은 그 기원이 전부 동물의 배설물에 의한 것이므로, 시료에서 대장균의 균체 수가 일정 기준보다 많이 검출되면 그 시료에는 인체에 유해할 만큼의 병원체도 존재한다고 추정할 수 있다. 그러나 온혈동물에게서 배설되는 비슷한 종류의 다른 세균들을 배제하고 대장균만을 측정하기는 어렵다. 그렇기 때문에 대장균이 속해 있는 비슷한 세균군을 모두 검사하여 분변오염 여부를 판단하고, 이 세균군을 총대장균군이라고 한다.

온혈동물은 대장균만을 측정하여 분변오염 여부를 판단할 수 있다.

① 참   ② 거짓   ③ 알 수 없음

 위 글에서 다른 세균들을 배제하고 대장균만을 측정하기는 어렵다고 나타나있다.

24

오늘날 프랑스 영토의 윤곽은 9세기 샤를마뉴 황제가 유럽 전역을 평정한 후, 그의 후손들 사이에 벌어진 영토 분쟁의 결과로 만들어졌다. 제국 분할을 둘러싸고 그의 후손들 사이에 빚어진 갈등은 제국을 독차지하려던 로타르의 군대와, 루이와 샤를의 동맹군 사이의 전쟁으로 확대되었다. 결국 동맹군의 승리로 전쟁이 끝나면서 왕자들 사이에 제국의 영토를 분할하는 원칙을 명시한 베르됭 조약이 체결되었다. 영토 분할을 위임받은 로마 교회는 조세 수입이나 영토 면적보다는 '세속어'를 그 경계의 기준으로 삼는 것이 더 공정하다는 결론을 내렸다. 그래서 게르만어를 사용하는 지역과 로망어를 사용하는 지역을 각각 루이와 샤를에게 할당했다. 그리고 힘없는 로타르에게는 이들 두 국가를 가르는 완충지대로서, 이탈리아 북부 롬바르디아 지역으로부터 프랑스의 프로방스 지방, 스위스, 스트라스부르, 북해로 이어지는 긴 복도 모양의 영토가 주어졌다.

오늘날 프랑스 영토의 윤곽은 샤를마뉴 황제 이후의 영토 분쟁의 결과로 만들어졌다.

① 참   ② 거짓   ③ 알 수 없음

 글의 첫 줄에 나타나있다.

25

명예는 세 가지 종류가 있다. 첫째는 인간으로서의 존엄성에 근거한 고유한 인격적 가치를 의미하는 내적 명예이며, 둘째는 실제 이 사람이 가진 사회적·경제적 지위에 대한 사회적 평판을 의미하는 외적 명예, 셋째는 인격적 가치에 대한 자신의 주관적 평가 내지는 감정으로서의 명예감정이다.

악성 댓글, 즉 악플에 의한 인터넷상의 명예훼손이 통상적 명예훼손보다 더 심하기 때문에 통상의 명예훼손행위에 비해서 인터넷상의 명예훼손행위를 가중해서 처벌해야 한다는 주장이 일고 있다. 이에 대해 법학자 A는 다음과 같이 주장하였다.

인터넷 기사 등에 악플이 달린다고 해서 즉시 악플 대상자의 인격적 가치에 대한 평가가 하락하는 것은 아니므로, 내적 명예가 그만큼 더 많이 침해되는 것으로 보기 어렵다. 또한 만약 악플 대상자의 외적 명예가 침해되었다고 하더라도 이는 악플에 의한 것이 아니라 악플을 유발한 기사에 의한 것으로 보아야 한다. 오히려 악플로 인해 침해되는 것은 명예감정이라고 보는 것이 마땅하다. 다만 인터넷상의 명예훼손행위는 그 특성상 해당 악플의 내용이 인터넷 곳곳에 퍼져 있을 수 있어 명예감정의 훼손 정도가 피해자의 정보수집량에 좌우될 수 있다는 점을 간과해서는 안 될 것이다. 구태여 자신에 대한 부정적 평가를 모을 필요가 없음에도 부지런히 수집·확인하여 명예감정의 훼손을 자초한 피해자에 대해서 국가가 보호해줄 필요성이 없다는 점에서 명예감정을 보호해야 할 법익으로 삼기 어렵다. 따라서 인터넷상의 명예훼손이 통상적 명예훼손보다 더 심하다고 보기 어렵다.

악플에 의한 인터넷상의 명예훼손이 통상적 명예훼손보다 더 심하다.

---

① 참　　　　　　　　② 거짓　　　　　　　　③ 알 수 없음

 마지막 문단에 '인터넷상의 명예훼손이 통상적 명예훼손보다 더 심하다고 보기 어렵다.'고 말하고 있다.

Answer → 23.② 24.① 25.②

26

대선후보 경선 여론조사에서 후보에 대한 지지 정도에 따라 피조사자들은 세 종류로 분류된다. 특정 후보를 적극적으로 지지하는 사람들과 소극적으로 지지하는 사람들, 그리고 기타에 해당하는 사람들이다.

후보가 두 명인 경우로 한정해서 생각해 보자. 여론조사 방식은 설문 문항에 따라 두 가지로 분류된다. 하나는 선호도 방식으로 "차기 대통령 후보로 누구를 더 선호하느냐"라고 묻는다. 선호도 방식은 적극적으로 지지하는 사람들과 소극적으로 지지하는 사람들을 모두 지지자로 계산하는 방식이다. 이 여론조사 방식에서 적극적 지지자들과 소극적 지지자들은 모두 지지 의사를 답한다.

다른 한 방식은 지지도 방식으로 "내일(혹은 오늘) 투표를 한다면 누구를 지지하겠느냐"라고 묻는다. 특정 후보를 적극적으로 지지하는 지지자들은 두 경쟁 후보를 놓고 두 물음에서 동일한 반응을 보일 것이다. 문제는 어느 한 후보를 적극적으로 지지하지 않는 소극적 지지자들이다. 이들은 특정 후보가 더 낫다고 생각하기 때문에 선호도를 질문할 경우에는 특정 후보를 선호한다고 대답하지만, 지지 여부를 질문할 경우에는 지지하는 후보가 없다는 '무응답'을 선택한다. 따라서 지지도 방식은 적극적 지지자만 지지자로 분류하고 나머지는 기타로 분류하는 방식에 해당한다.

대선후보 경선 여론조사방식 중 지지도 방식이 가장 합리적인 방법이다.

① 참   ② 거짓   ③ 알 수 없음

 위 글은 선호도 방식과 지지도 방식에 대한 설명을 하고 있을 뿐, 더 나은 여론조사방식에 대해서는 언급하고 있지 않다.

27

> 유럽인이 아프리카인을 포획하여 노예화한 것은 1441년 포르투칼인들이 모리타니아 해안에서 10명의 주민을 잡아간 때부터이다. 1519~1867년 기간 중 약 950만 명의 아프리카인이 노예무역을 통해 아메리카로 강제이주되었고, 이동 중 평균 사망률이 15%였음을 감안하면 강제로 아프리카를 떠난 노예의 수는 더 많았을 것이다. 이 기간 중 아프리카에서 노예포획이 가장 많이 이루어진 지역은 현재의 세네갈에서 카메룬에 이르는 해안 지역이고, 이렇게 포획된 노예는 브라질(21.4%), 자메이카(11.2%) 등으로 보내졌다.

> 1519~1867년 기간 동안 노예무역으로 강제로 아프리카를 떠난 노예의 수는 1,110만 명 이상일 것이다.

① 참   ② 거짓   ③ 알 수 없음

 이동 중 평균 사망률이 15%인데 1519~1867년 기간 중 약 950만 명의 아프리카인이 노예무역을 통해 아메리카로 강제이주 되었다고 했으므로 강제로 아프리카를 떠난 노예의 수는 약 1,117만 명정도이다.

28

> 하층 지역에는 본래부터 비행 친화적인 가치와 문화가 존재하고 있기 때문에 하층 지역 출신의 청소년들이 비행을 더 많이 저지르게 된다. 예컨대 하층 지역은 아버지가 없는 가정에서 자란 아이들이 많고, 따라서 성역할 모델인 아버지가 없어 청소년들이 친구들과 어울리면서 부단히 남성성을 찾으려고 노력한다. 그 과정에서 하층 지역에서는 독자적이고 전통성을 지닌 고유한 문화가 발달하게 되는데, 이는 중산층 문화에 적대적이거나 반발하여 형성된 것이 아니다.

> 계층에 따라서 청소년 비행 정도는 차이가 없다.

① 참   ② 거짓   ③ 알 수 없음

 하층 지역에는 본래부터 비행 친화적인 가치와 문화가 존재하고 있기 때문에 하층 지역 출신의 청소년들이 비행을 더 많이 저지르게 된다고 하였으므로 계층에 따라서 청소년 비행 정도는 차이가 있다고 보고 있다.

Answer → 26.③ 27.① 28.②

29

도로명의 구조는 일반적으로 두 개의 부분으로 나누어지는데 앞부분을 전부요소, 뒷부분을 후부요소라고 한다. 전부요소는 대상물의 특성을 반영하여 이름붙인 것이며 다른 곳과 구분하기 위해 명명된 부분이다. 즉, 명명의 배경이 반영되어 성립된 요소로 다양한 어휘가 사용된다. 후부요소로는 '로, 길, 골목'이 많이 쓰인다.

그런데 도로명은 전부요소와 후부요소만 결합한 기본형이 있고, 후부요소에 다른 요소가 첨가된 확장형이 있다. 확장형은 후부요소에 '1, 2, 3, 4…' 등이 첨가된 일련번호형과 '동, 서, 남, 북, 좌, 우, 윗, 아래, 앞, 뒷, 사이, 안, 중앙' 등의 어휘들이 첨가된 방위형이 있다.

'덕수궁뒷길'은 확장형으로서 방위형에 속한다.

① 참   ② 거짓   ③ 알 수 없음

 '덕수궁뒷길'은 후부요소에 다른 요소가 들어가 있으므로 확장형이고, '뒷'이 들어가 있으므로 방위형이다.

30

현역병이 휴가 중 귀대하다가 폭행사건에 휘말리게 되었다. 처벌을 두려워한 현역병은 사복으로 갈아입고 몰래 부대로 복귀하기 위해 열차를 탔다. 그 열차에는 공군, 육군, 해군, 해병대 소속의 병사들이 2명씩 각각 마주보고 앉아 있었는데 모두 사복으로 갈아입고 있었다. 창쪽에 앉은 두 사람은 밖의 경치를 보고 있었고 통로쪽의 두 사람은 책을 보고 있었다.

하얀색 티셔츠를 입은 병사와 주황색 티셔츠를 입은 병사가 마주보고 있다.

① 참   ② 거짓   ③ 알 수 없음

 ③ 사복을 입었다는 단서만 있을 뿐 입고 있는 옷의 색은 알 수 없다.

31 총무부의 구성원은 총 5명이며, 각각 사원, 대리, 과장, 차장, 부장이다. 총무부가〈조건〉에 따라서 이번 여름휴가를 간다고 할 때, 화요일에 휴가를 가게 되는 사람은 누구인가?

> 〈조건〉
> • 이번 여름휴가는 근무일인 월~금 5일 내에 무조건 하루씩 간다.
> • 여러 사람이 같은 날 휴가를 갈 수는 없다.
> • 부장은 차장의 휴가 다음날 휴가를 간다.
> • 차장은 사원보다 먼저 휴가를 간다.
> • 대리는 3일 연휴가 되었다.
> • 대리는 과장보다 늦게 휴가를 간다.
> • 과장은 목요일에 중요한 업무가 있어 출근해야 한다.

① 사원   ② 대리
③ 과장   ④ 차장

월	화	수	목	금
과장	차장	부장	사원	대리

┃32~33┃ 갑동과 을순, 병식, 정무 네 사람은 서로 이웃한 빨간 집, 노란 집, 초록 집, 파란 집(집의 배열 순서는 이와 같지 않다.)에 살고 있고, 사무직, 기술직, 서비스직, 영업직에 종사하고 있으며, 서로 다른 애완동물을 키운다. 알려진 정보가 다음과 같을 때, 주어진 물음에 답하시오.

㉠ 을숙이는 빨간 집에 산다.
㉡ 정무는 기술직에 종사한다.
㉢ 초록 집 사람은 사무직에 종사한다.
㉣ 영업직에 종사하는 사람은 새를 기른다.
㉤ 노란 집 사람은 고양이를 키운다.
㉥ 오른쪽 두 번째 집에 사는 사람은 영업직에 종사한다.
㉦ 갑동이는 왼쪽 첫 번째 집에 산다.
㉧ 강아지를 기르는 사람은 고양이를 기르는 사람 옆집에 산다.
㉨ 갑동이는 파란 집 옆집에 산다.

---

32 네 사람 중 한 사람은 거북이를 키운다면, 거북이를 키우는 사람의 직업은 무엇인가?

① 사무직   ② 기술직

③ 서비스직   ④ 영업직

 주어진 정보들 중 집의 위치가 확실한 정보(㉥, ㉦)부터 표에 적고, 표에 적혀있는 정보를 토대로 하나씩 적어보면 집의 위치와 직업, 애완동물을 모두 정확하게 알 수 있다.

갑동	정무	을숙	병식
노란 집	파란 집	빨간 집	초록 집
서비스직	기술직	영업직	사무직
고양이	강아지	새	?

∴ 주어진 정보로는 병식이가 무슨 애완동물을 키우는지 알 수 없으므로 네 사람 중 한사람이 거북이를 키운다면 거북이를 키우는 사람은 병식이가 된다. 병식이는 사무직에 종사하고 있다.

33 다음 중 직업이 바르게 짝지어진 것은 무엇인가?

① 갑동 – 사무직   ② 병식 – 영업직

③ 을숙 – 영업직   ④ 정무 – 사무직

 갑동 – 서비스직, 을숙 – 영업직, 병식 – 사무직, 정무 – 기술직

┃34~40┃ 다음에 제시된 전제에 따라 결론을 바르게 추론한 것을 고르시오.

34

> • 대한이는 15살이다.
> • 대한이는 4년 터울의 남동생이 3명 있다.
> • 사랑이는 11살이다.
> • 사랑이는 3년 터울의 여동생이 2명 있다.
> • 그러므로 _____

① 사랑이는 대한이의 막내동생보다 나이가 3배 많다.

② 사랑이의 막내동생이 가장 나이가 어리다.

③ 대한이의 둘째동생은 사랑이의 첫째동생보다 나이가 많다.

④ 사랑이와 대한이의 첫째동생은 동갑이다.

 대한(15세) : 4살 터울이라 했으므로, 첫째동생(11세) 둘째동생(7세) 막내동생(3세)이다.
사랑(11세) : 3살 터울이라 했으므로, 첫째동생(8세) 막내동생(5세)이다.
① 사랑이는 대한이의 막내동생보다 나이가 8살 많다.
② 대한이의 막내동생이 가장 나이가 어리다.
③ 대한이의 둘째동생보다 사랑이의 첫째동생이 나이가 많다.

35

> • 오전에 반드시 눈이 오거나 비가 올 것이다.
> • 오전에 비가 오지 않았다.
> • 그러므로 _____

① 오전에 날씨가 개었다. ② 오전에 비가 왔다.

③ 오전에 눈이 왔다. ④ 날씨를 알 수 없다.

 ③ 오전에 반드시 눈이나 비가 온다고 했으나, 비가 오지 않았으므로 눈이 왔다가 맞다.

Answer↱ 32.① 33.③ 34.④ 35.③

36

> • 예능 프로그램을 좋아하는 사람은 시사 프로그램을 싫어한다.
> • 드라마를 싫어하는 사람은 예능 프로그램을 좋아한다.
> • 뉴스를 싫어하는 사람은 드라마를 싫어한다.
> • 그러므로 _____

① 시사 프로그램을 좋아하는 사람은 뉴스를 좋아한다.

② 시사 프로그램을 좋아하는 사람은 드라마를 싫어한다.

③ 예능 프로그램을 싫어하는 사람은 뉴스를 싫어한다.

④ 예능 프로그램을 싫어하는 사람은 시사 프로그램을 싫어한다.

 참인 명제의 대우 역시 참이므로,
　　　• 시사 프로그램을 좋아하는 사람은 예능 프로그램을 싫어한다.
　　　• 예능 프로그램을 싫어하는 사람은 드라마를 좋아한다.
　　　• 드라마를 좋아하는 사람은 뉴스를 좋아한다.
　　따라서 시사 프로그램을 좋아하는 사람은 뉴스를 좋아한다.

37

> • A그룹은 V그룹보다 인기가 있다.
> • S그룹은 V그룹보다 인기가 없다.
> • K그룹은 S그룹보다 인기가 없다.
> • 그러므로 _____

① A그룹은 S그룹보다 인기가 없다.

② V그룹은 K그룹보다 인기가 없다.

③ S그룹은 A그룹보다 인기가 없다.

④ K그룹은 V그룹보다 인기가 있다.

 인기도 순서 … A그룹 > V그룹 > S그룹 > K그룹

38

> • 사슴은 기린보다 빠르다.
> • 토끼는 기린보다 느리다.
> • 그러므로 _____

① 사슴이 가장 빠르다.　　　　　② 토끼가 사슴보다 빠르다.

③ 토끼가 기린보다 빠르다.　　　④ 기린이 가장 느리다.

 속도의 빠르기 순서는 사슴>기린>토끼이므로 사슴이 가장 빠르다.

39

> 존, 마이클, 레이첼, 미나 네 사람이 4층짜리 빌라에 살고 있다(단, 한 층에 한 명씩 살고 있다).
> • 존은 미나보다 두 층 위에 산다.
> • 레이첼은 미나보다 한 층 아래에 산다.
> • 그러므로 _____

① 레이첼은 존보다 두 층 아래에 산다.

② 마이클은 미나보다 한 층 위에 산다.

③ 존은 마이클보다 두 층 위에 산다.

④ 레이첼은 마이클보다 한 층 아래에 산다.

 1층 : 레이첼, 2층 : 미나, 3층 : 마이클, 4층 : 존

40

> • 비오는 날을 좋아하는 사람은 감성적이다.
> • 녹차를 좋아하는 사람은 커피는 좋아하지 않는다.
> • 감성적인 사람은 커피를 좋아한다.
> • 그러므로 _____

① 커피를 좋아하는 사람은 비오는 날을 좋아한다.

② 비오는 날을 좋아하는 사람은 커피를 좋아한다.

③ 감성적인 사람은 비오는 날을 좋아한다.

④ 녹차를 좋아하는 사람은 이성적일 것이다.

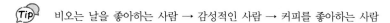 비오는 날을 좋아하는 사람 → 감성적인 사람 → 커피를 좋아하는 사람

Answer ⟶ 36.① 37.③ 38.① 39.② 40.②

04 공간지각력

|1~5| 다음 전개도를 접었을 때, 나타나는 입체도형의 모양으로 알맞은 것을 고르시오.

1

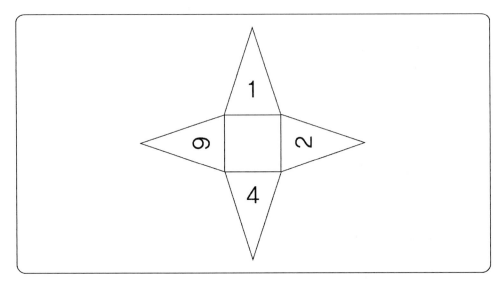

①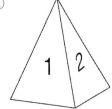

②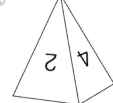

③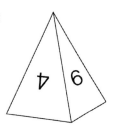

④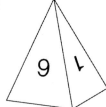

Tip ① 2가 뒤집어져야 한다.
③ 6이 뒤집어져야 한다.
④ 1이 뒤집어져야 한다.

2

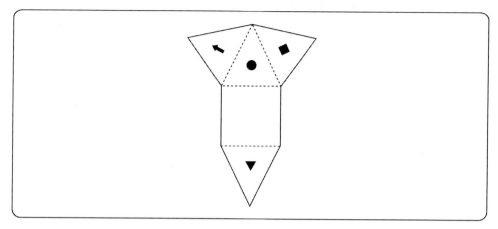

①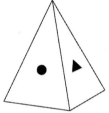

②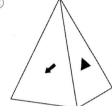

③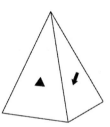

④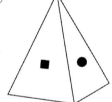

Tip
① ●의 우측은 ■이다.
② ↙의 우측은 ●이다.
④ ■의 우측은 ▲이다.

Answer⌐→ 1.② 2.③

3

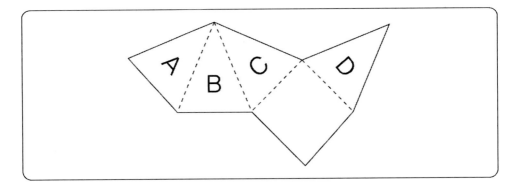

①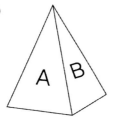

②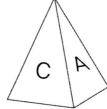

③

④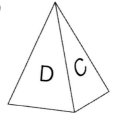

Tip
  ② C의 우측은 D이다.
  ③ B의 우측은 C이다.
  ④ D의 우측은 A이다.

4

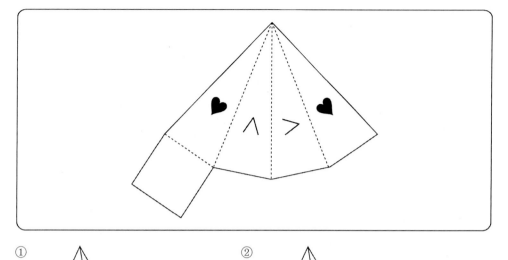

①

②

③

④

① ∨ 모양은 나타날 수 없다.
② ♥ 우측은 ∧ 또는 ♥이다.
③ ∧ 우측은 >이다.

Answer ⇨ 3.① 4.④

5

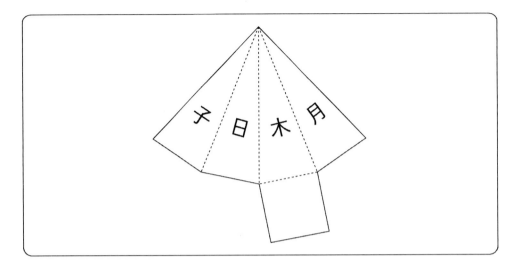

①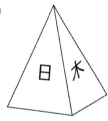

②

③

④

(Tip) ② 月 우측은 子이다.
③ 子 우측은 日이다.
④ 木 우측은 月이다.

|6~10| 다음 입체도형의 전개도로 옳은 것을 고르시오.

6

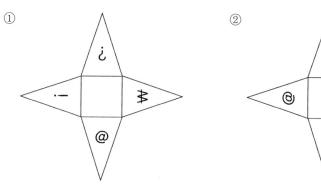

①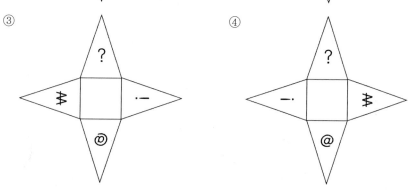

②

③

④

(Tip) ? 우측에 !가 오는 전개도는 ③이다.

Answer ↪ 5.① 6.③

7

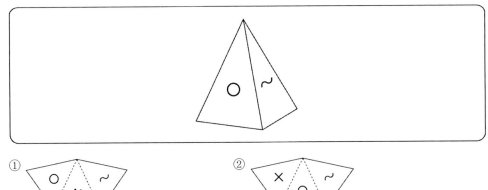

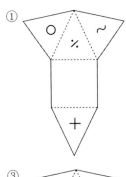

①

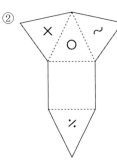

②

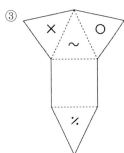

③

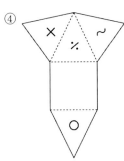

④

Tip ○ 우측에 ~가 오는 전개도는 ②이다.

8

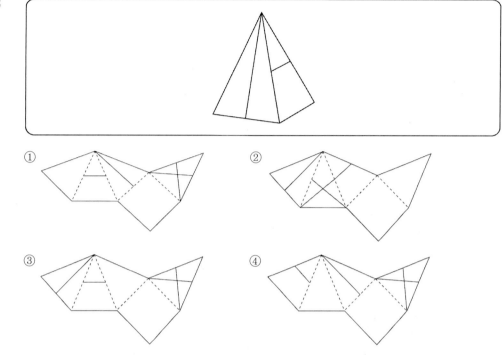

(Tip) 밑변에 수직선이 있는 면 우측에는 밑변과 평행선이 있는 면이 온다.

Answer↱ 7.② 8.③

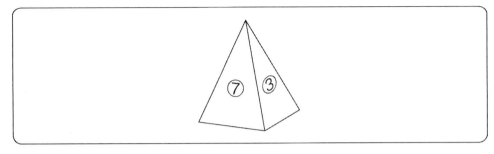

①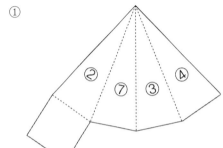

②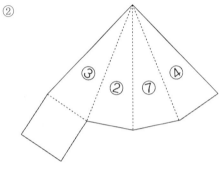

③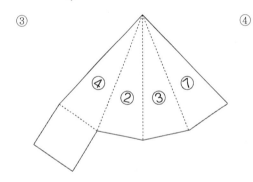

④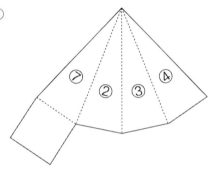

Tip ⑦의 우측에 ③이 오는 전개도는 ①이다.

10

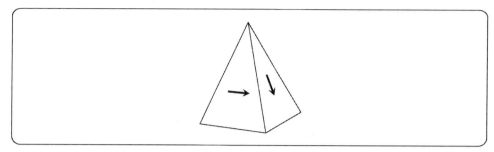

①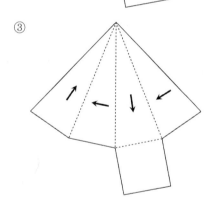

②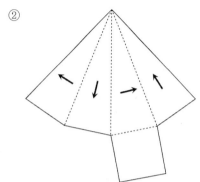

③

④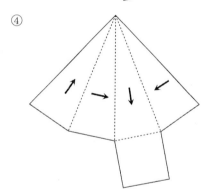

Tip → 우측에 ↓가 오는 전개도는 ④이다.

Answer → 9.① 10.④

11~14 다음 전개도를 접었을 때 나올 수 있는 모양이 아닌 것을 고르시오.

11

①

②

③

④

Tip

③은 와 같은 모양이 되어야 한다.

12

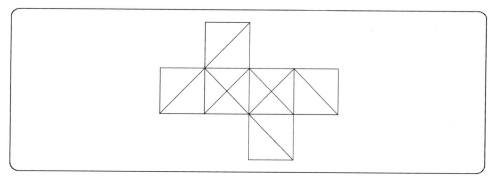

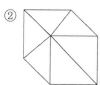

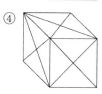

④ 대각선이 두 개가 채워진 면은 두 개뿐이다.

Answer↪ 11.③ 12.④

13

①

②

③

④

(Tip)

①은 와 같은 모양이 되어야 한다.

14

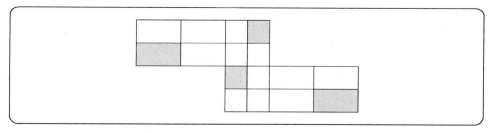

①

②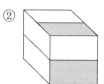

③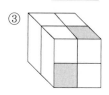

④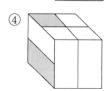

 ②는 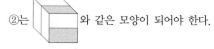 와 같은 모양이 되어야 한다.

Answer ↪ 13.① 14.②

┃15~18┃ 다음 도형의 펼쳤을 때 나타날 수 있는 전개도를 고르시오.

15

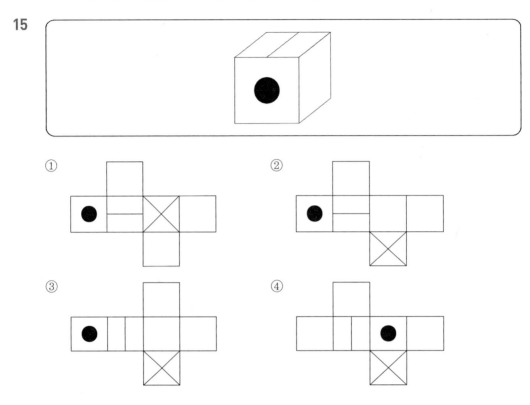

① ② ③ ④

Tip 제시된 도형을 전개하면 ①이 나타난다.

16

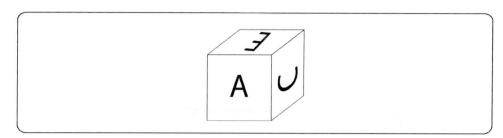

①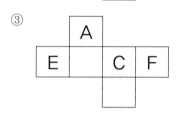

②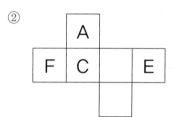

③

④

Tip 제시된 도형을 전개하면 ①이 나타난다.

17

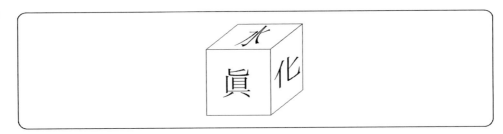

①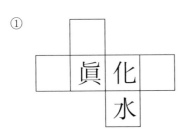

②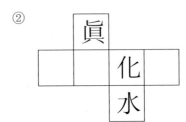

③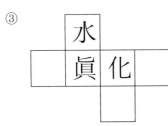

④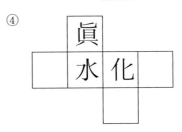

Tip 제시된 도형을 전개하면 ③이 나타난다.

18

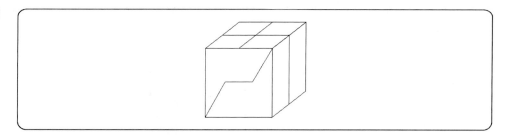

①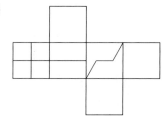

②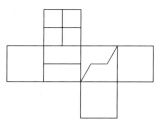

③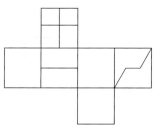

④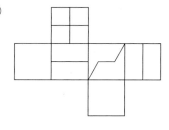

Tip 제시된 도형을 전개하면 ④가 나타난다.

Answer ⤷ 17.③ 18.④

▌19~24 ▌ 다음 전개도를 접었을 때 나올 수 있는 도형의 형태를 고르시오.

19

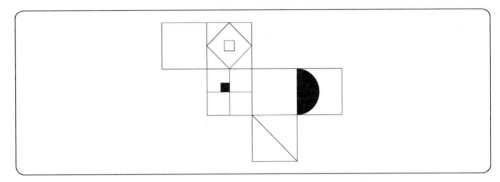

①

②

③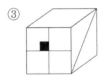

④

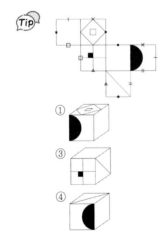

20

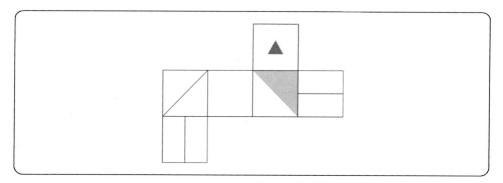

①   ②

③ 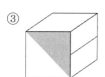   ④

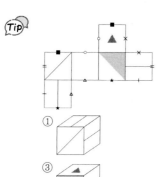

①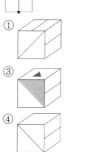

③

④

21

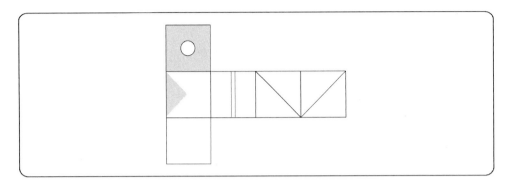

①

②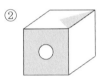

③

④

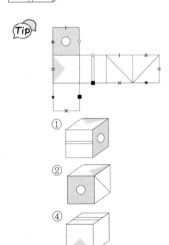

22

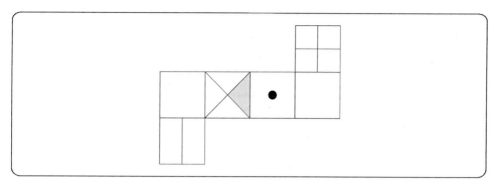

①

②

③

④

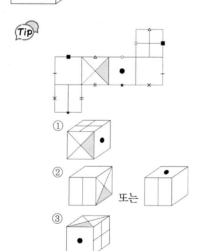

Answer ↦ 21.③ 22.④

23

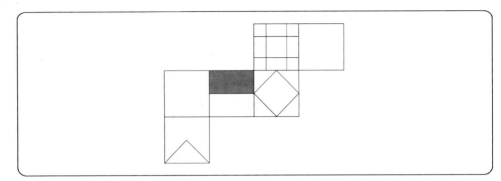

① 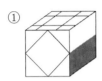　　　②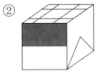

③ 　　　④

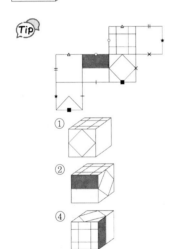

①

②

④

24

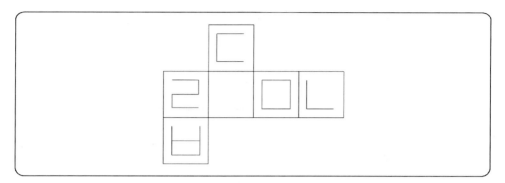

① 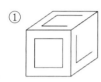   ②

③   ④

Tip

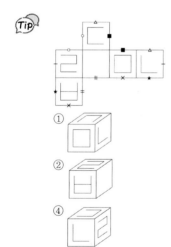

▌25~28 ▐ 다음 제시된 도형을 조합하여 만들어진 것을 고르시오.

25

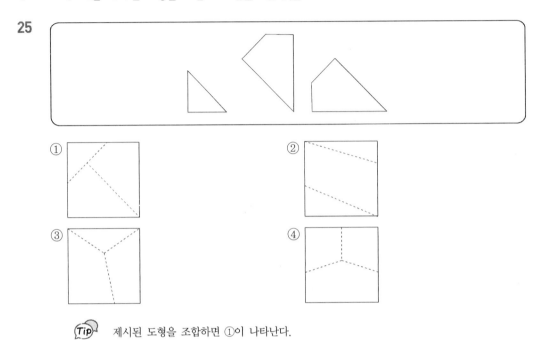

Tip 제시된 도형을 조합하면 ①이 나타난다.

26

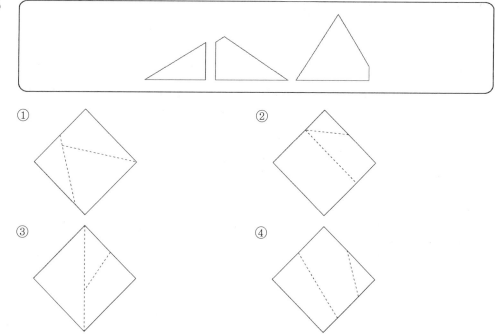

① ② ③ ④

Tip 제시된 도형을 조합하면 ①이 나타난다.

Answer↱ 25.① 26.①

27

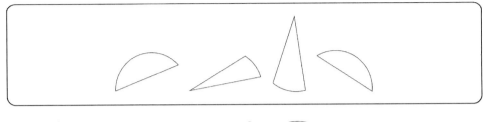

①

②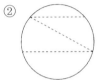

③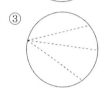

④

 제시된 도형을 조합하면 ③이 나타난다.

28

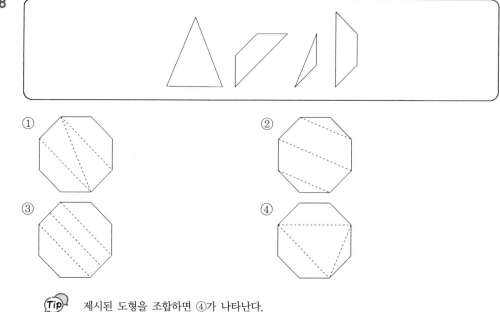

① ② ③ ④

(Tip) 제시된 도형을 조합하면 ④가 나타난다.

Answer ⟶ 27.③ 28.④

| 29~32 | 다음 입체의 전개도로 알맞은 것을 고르시오.

29

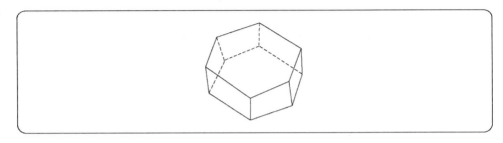

①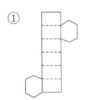

②

③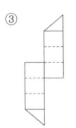

④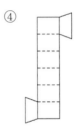

(Tip) 밑면의 모양으로 전개도를 찾는다.

30

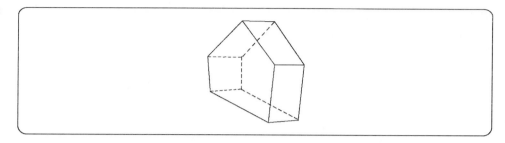

①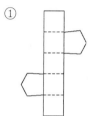

②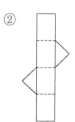

③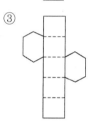

④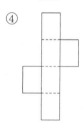

(Tip) 밑면의 모양으로 전개도를 찾는다.

Answer → 29.① 30.①

31

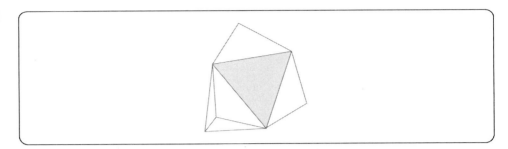

①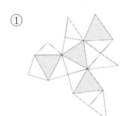

②

③

④

32

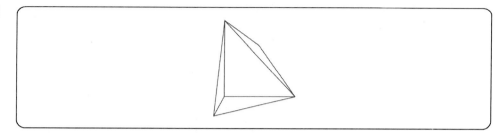

①

②

③

④

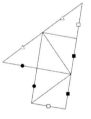

Answer ☞ 31.① 32.②

33

정면도	평면도	우측면도

①

②

③

④

	정면도	평면도	우측면도
②	문제와 같음		
③			
④			

34

정면도	평면도	우측면도

①

②

③

④

Tip

	정면도	평면도	우측면도
①		문제와 같음	
②		문제와 같음	
③	문제와 같음		문제와 같음

Answer → 33.① 34.④

정면도	평면도	우측면도

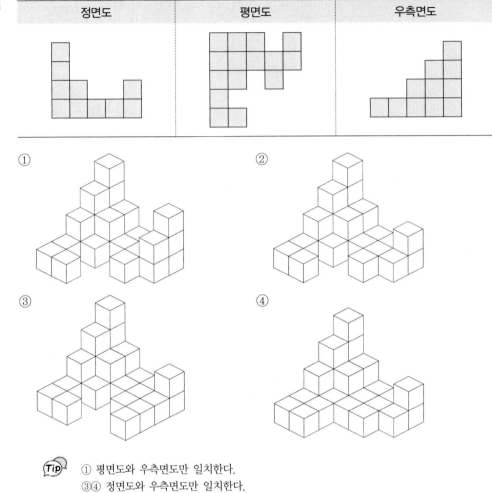

① 평면도와 우측면도만 일치한다.
③④ 정면도와 우측면도만 일치한다.

36

정면도	평면도	우측면도

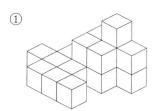

①

②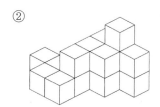

③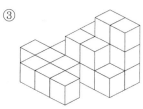

④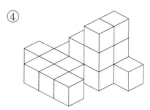

 ② 정면도만 일치한다.
③ 우측면도만 일치한다.
④ 평면도만 일치한다.

정면도	평면도	우측면도

①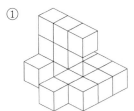

②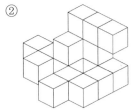

③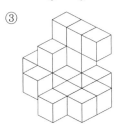

④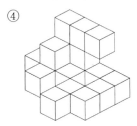

Tip
① 모든 단면도와 일치하지 않는다.
② 평면도와 우측면도만 일치한다.
③ 정면도와 우측면도만 일치한다.

┃38~40┃ 다음에 제시된 두 도형을 결합하였을 때, 만들 수 있는 형태가 아닌 것을 고르시오.
(단, 도형은 어느 방향으로든 회전이 가능하다)

38

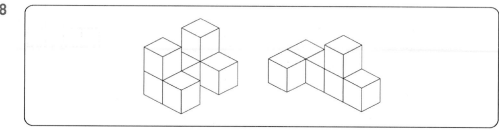

①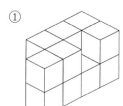

②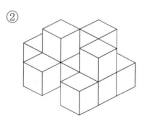

③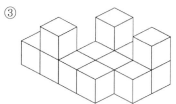

④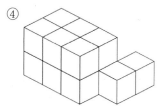

(Tip) ④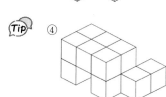

Answer┌→ 37.④ 38.④

39

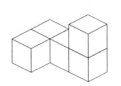 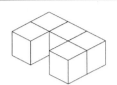

①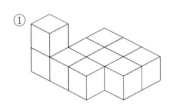

②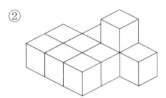

③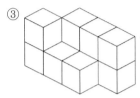

④

 ②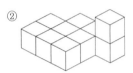

40

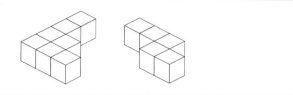

①

②

③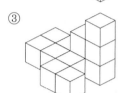

④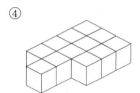

 ②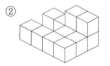

05 판단력

1 다음 사례와 어울리는 속담으로 적절한 것은?

> 지난 10일 저녁, ○○시내 한 도로에서 안동경찰서 소속 A경감이 승용차를 몰고 귀가하던 중 중앙선을 넘어 역주행해 마주오던 차량 2대를 잇따라 들이받았다.
> 이달 5일 인사이동으로 자리를 옮긴 A 경감은 10일 퇴근 직후부터 직전 근무지 동료들과 술을 나눠 마신 상태였다.
> 이 사고로 A 경감과 상대 차량의 운전자 2명이 중상을 입어 병원으로 옮겨졌다.
> 그러나 A 경감은 치료를 받던 중 병원에서 사라졌고, 이를 빌미로 출동한 경찰은 음주여부 확인 등 제대로 사고경위를 조사하지 않았다.
> 경찰은 사고가 일어나고 12시간이 넘게 지난 11일 낮 12시50분쯤에야 A경감 행방을 확인하고 음주측정을 했지만 음주수치는 나오지 않았다.

① 가는 날이 장날

② 가재는 게 편

③ 가랑잎으로 눈 가리기

④ 값싼 비지떡

 ② 모양이나 형편이 서로 비슷하고 인연이 있는 것끼리 서로 잘 어울리고, 사정을 보아주며 감싸 주기 쉬움을 비유적으로 이르는 말
① 어떤 일을 하려고 하는데 뜻하지 않은 일을 공교롭게 당함을 비유적으로 이르는 말
③ 자기의 존재나 허물을 숨기려고 미련하게 애쓰는 경우를 비유적으로 이르는 말
④ 값이 싼 물건은 품질도 그만큼 나쁘게 마련이라는 말

2 다음 중 필자의 생각과 다른 것은?

> 사회 네트워크란 '사람들이 연결되어 있는 관계망'을 의미한다. '중심성'은 한 행위자가 전체 네트워크에서 중심에 위치하는 정도를 표현하는 지표이다. 중심성을 측정하는 방법에는 여러 가지가 있는데, 대표적인 것으로 '연결정도 중심성'과 '근접 중심성'의 두 가지 유형이 있다.
>
> '연결정도 중심성'은 사회 네트워크 내의 행위자와 직접적으로 연결되는 다른 행위자 수의 합으로 얻어진다. 이는 한 행위자가 다른 행위자들과 얼마만큼 관계를 맺고 있는가를 통하여 그 행위자가 사회 네트워크에서 중심에 위치하는 정도를 측정하는 것이다.
>
> '근접 중심성'은 사회 네트워크에서의 두 행위자 간의 거리를 강조한다. 사회 네트워크 상의 다른 행위자들과 가까운 위치에 있다면 그들과 쉽게 관계를 맺을 수 있고 따라서 그만큼 중심적인 역할을 담당한다고 간주한다. 연결정도 중심성과는 달리 근접 중심성은 네트워크 내에서 직·간접적으로 연결되는 모든 행위자들과의 최단거리의 합의 역수로 정의된다. 이때 직접 연결된 두 점의 거리는 1이다.

① 근접 중심성은 네트워크 내에서 연결되는 모든 행위자들과의 최단거리의 합의 역수로 정의된다.

② 중심성은 한 행위자가 전체 네트워크에서 중심에 위치하는 정도를 표현하는 지표이다.

③ 사회 네트워크상의 거리와 관계없이 다른 행위자들과 쉽게 관계를 맺을 수 있다.

④ 중심성을 측정하는 방법에는 대표적인 것으로 연결정도 중심성과 근접 중심성이 있다.

> (Tip) ③ 사회 네트워크상의 다른 행위자들과 가까운 위치에 있다면 그들과 쉽게 관계를 맺을 수 있다.

Answer ⟶ 1.② 2.③

3 밑줄친 단어와 같은 의미로 사용된 문장으로 적절한 것은?

> 세종대 오례(五禮) 운영의 특징은 더욱 완벽한 유교적 예악(禮樂) 이념에 접근하고자 노력하였다는 점에 있다. 유교적 예악 이념을 근간으로 국가의 오례 운영을 심화시키는 과정에서 예제(禮制)와 음악, 즉 예악이 유교적 정치 질서를 이루는 중요한 요소라는 점이 인식되었고, 예제와 음악이 조화된 단계의 오례 운영이 모색되었다.
>
> 이에 따라 음악에 대한 정리가 시도되었는데, 음악연구의 심화는 박연(朴堧)에 의한 음악서 편찬으로 이어졌다. 박연은 음악을 양성음과 음성음의 대응과 조화로서 이해하였고, 박연의 의견에 따라 이후 조선시대 오례 의식에 사용되는 모든 음악은 양성음인 양률과 음성음인 음려의 화합으로 이루어지게 되었다. 음악에 대한 이해가 심화됨에 따라 자주적인 악기 제조가 가능하게 되었으며, 악공(樂工)의 연주 수준이 향상되었다.
>
> 한편으로 박연 이후 아악(雅樂)과 향악(鄕樂)의 문제가 제기되었다. 아악은 중국에서 들어온 음악으로 우리에게는 익숙한 음악이 아니었다. 따라서 우리나라 사람들이 평소에는 우리의 성음으로 이루어진 향악을 <u>듣다가</u> 오례 때에는 중국의 성음으로 이루어진 아악을 듣는 것에 대한 의문이 제기되었다. 이로 인해 오례에서는 으레 아악을 연주해야 한다는 관행을 벗어나, 우리의 고유 음악인 향악을 유교의 예악과 어떻게 조화시킬 것인가에 관한 문제가 공론화되기 시작하였다. 이후 여러 논의를 거쳐 오례 의식에서 향악을 반드시 연주하게 되었다.
>
> 나아가 향악에 대한 관심은 중국에서 유래된 아악과 우리 향악 사이에 음운 체계가 근본적으로 다르다는 것을 인식하게 하였다. 또한 보편적 음성이론에 의한 예악 운영에 따라 향악의 수준이 향상되는 결과를 가져왔다.

① 감기는 그 병원에서 지어 주는 약이 잘 <u>듣는다</u>.

② 말 잘 <u>듣던</u> 청소기가 오늘따라 고장이다.

③ 그의 연주는 <u>듣기</u>에 매우 괴로웠다.

④ 빗방울이 지붕에 <u>듣는다</u>.

 ③ 사람이나 동물이 소리를 감각 기관을 통해 알아차리다.
　　① 약 따위가 효험을 나타내다.
　　② 기계, 장치 따위가 정상적으로 움직이다.
　　④ 눈물, 빗물 따위의 액체가 방울져 떨어지다.

4 다음 사례와 어울리는 사자성어로 적절한 것은?

> 프로야구 시즌이 끝을 향해 달리는 상황에서 5위 싸움이 4파전 양상으로 흐르고 있다. 이제 하루하루가 피를 말리는 싸움이다. 오늘도 어제에 이어 2연전이 계속된다. 관심은 우선 잠실로 쏠린다. A팀이 B팀에 승리를 거두면 5위가 바뀐다. 동시에 C팀이 D팀에 승리할 경우 승률싸움으로 순위표가 요동 칠 수도 있다. B팀이 승리를 거두지 못하면 7위까지 내려갈 수도 있는 상황이다.
> 하루하루가 전쟁이다. 구도는 4파전이지만 가을야구, 어쩌면 겨울야구를 펼칠 수 있는 팀은 단 1팀이다. 이번 시즌처럼 5위가 돋보이는 시즌도 드물 것 같다. 반대로 5위 싸움에서 패한 나머지 세 팀의 충격 또한 말할 수 없이 클 것으로 보인다.

① 오리무중(五里霧中)

② 온고지신(溫故知新)

③ 와신상담(臥薪嘗膽)

④ 외유내강(外柔內剛)

 ① 무슨일에 대하여 방향이나 상황을 알 길이 없다
② 옛것을 익혀서 새것을 안다
③ 원수를 갚고자 고난과 고생을 참고견딘다
④ 겉으로 보기에는 부드러우나, 속은 꿋꿋하고 강하다

5 다음 글을 읽은 독자의 반응으로 적절한 것은?

> 영조 14년 안동에 거주하는 몇몇이 주동이 되어 노론이 내세우는 상징적 인물인 김상헌을 제향(祭享)하는 서원을 창건하려 하자, 다수의 남인파 사림이 이에 반대하여 커다란 분쟁이 일었다.
>
> 그 후 노론의 유척기는 영남감사로 부임하자 남인의 반발에도 불구하고 서원건립을 추진하여 건물이 준공되기에 이르렀다. 이에 안동좌수를 비롯한 안동 내 남인출신들이 관령(官令)의 제지를 무릅쓰고 서원을 훼파(毁破)하였다.
>
> 이에 대해 노론의 온건파를 대표하던 박사수는 김상헌 서원의 건립 필요성에서부터 훼원(毁院)에 이르기까지의 전말을 소상하게 보고하면서, 선정(先正)을 욕보이고 관장(官長)을 능멸하여 관령에 항거한 난민(亂民)으로 훼원유생을 규정하고 이러한 난민의 무리를 엄벌해야 한다고 하였다.
>
> 반면, 소론인 박문수는 서원창건 문제가 유림의 의론(議論)에 따라 좌우되는 일반적 경향에 비추어 볼 때 대다수 안동사림의 반대를 무릅쓴 김상헌 서원의 건립이 잘못된 것이라 하였다. 서원을 근거로 해서 전통적인 명문을 압박하고 남인당론을 강제로 바꾸게 하려는 목적으로 서원건립을 추진했기에 안동 유생과의 사이에 분쟁이 일어나지 않을 수 없었으므로, 훼원이 방자한 행위이기는 하나 온건한 처벌에 그쳐야 하며, 영남인의 불만이 이를 계기로 변란으로 확대되지 않도록 해야 한다고 주장하였다.
>
> 박사수와 박문수의 이러한 의견대립이 일어나자 평소 노소론간의 당쟁에 중도적 자세를 견지하고 있던 탕평파의 안인명은 안동서원의 분쟁이 향전(鄕戰)에 불과할 따름이므로 조정에서 간여할 문제가 아닌데도 감사가 이를 잘 처리하지 못하여 조정에까지 시끄럽게 하고 체통마저 손상시켰으므로 이들을 파직시키고, 명색이 선비라고 하면서 선정을 제향하는 서원을 허물었으니 이 또한 처벌하여야 하며, 안동에 김상헌의 서원이 없을 수 없으므로 서원을 개건(改建)할 것을 청하였다.
>
> 이에 대해 영조는 멋대로 서원건립을 허가하고, 향촌을 제대로 다스리지 못했다는 이유로 감사를 파직하고, 훼원유생을 엄벌하되 주동자에 국한시켰으며, 서원개건의 문제에 대해서는 언급하지 않음으로써 이를 묵살하였다.

① 성우 : 안인명은 안동서원의 분쟁을 조정에서 간여하여 해결할 문제로 판단했어.

② 정음 : 박문수는 서원창건 문제가 유림의 의론(議論)에 따라 좌우되는 일반적 경향에 비추어 볼 때 대다수 안동사림의 찬성을 무릅쓴 김상헌 서원의 건립이 옳은 것으로 본 것 같아.

③ 유정 : 박문수는 서원창건 문제로 인해 영남인의 불만이 이를 계기로 변란으로 확대되도록 해야 한다고 주장하였어.

④ 영진 : 노론의 유척기는 영남감사로 부임 후 서원건립을 추진하였어.

① 안인명은 안동서원의 분쟁이 향전(鄕戰)에 불과할 따름이므로 조정에서 간여할 문제가 아니라고 보았다.
② 박문수는 서원창건 문제가 유림의 의론(議論)에 따라 좌우되는 일반적 경향에 비추어 볼 때 대다수 안동사림의 반대를 무릅쓴 김상헌 서원의 건립이 잘못된 것이라 하였다.
③ 박문수는 영남인의 불만이 이를 계기로 변란으로 확대되지 않도록 해야 한다고 주장하였다.

6 다음 글이 강조하고 있는 내용으로 알맞은 것은?

> 로마는 '마지막으로 보아야 하는 도시'라고 합니다. 장대한 로마 유적을 먼저 보고 나면 다른 관광지의 유적들이 상대적으로 왜소하게 느껴지기 때문일 것입니다. 로마의 자부심이 담긴 말입니다. 그러나 나는 당신에게 제일 먼저 로마를 보라고 권하고 싶습니다. 왜냐하면 로마는 문명이란 무엇인가라는 물음에 대해 가장 진지하게 반성할 수 있는 도시이기 때문입니다. 문명관(文明觀)이란 과거 문명에 대한 관점이 아니라 우리의 가치관과 직결되어 있는 것입니다. 그리고 과거 문명을 바라보는 시각은 그대로 새로운 문명에 대한 전망으로 이어지기 때문입니다.

① 문화 유적에 대한 로마인의 자부심은 본받을 만하다.
② 과거 문명에서 벗어나 새로운 문명을 창조해야 한다.
③ 여행할 때는 로마를 가장 먼저 보는 것이 좋다.
④ 문명을 반성적으로 볼 수 있는 가치관이 필요하다.

 '그러나' 이하의 문장으로 보아 문명을 반성적으로 보는 가치관이 필요하다고 말하고 있다.

Answer → 5.④ 6.④

7   다음 밑줄 친 단어 중 어울리지 않는 단어로 적절한 것은?

> A사는 지난 17일 추석을 맞아 쪽방촌에서 명절을 보내실 어르신들에게 임직원들이 직접 빚은 송편과 추석맞이 용품이 담긴 행복나눔상자를 <u>전달했다</u>고 18일 밝혔다.
>
> 봉사동호회를 주축으로 40여명의 임직원들이 참여해, 총 300만원 상당의 행복나눔상자를 만들어 영등포 쪽방촌 상담소에 전달했다.
>
> 추석맞이 행복나눔상자는 다가오는 한가위를 <u>풍성하게</u> 맞이할 수 있도록 임직원들이 직접 빚은 송편에 수정과, 생과자, 황도, 음료수, 초코파이 등으로 구성하고 정성을 담아 포장을 하는 시간도 가졌다.
>
> 봉사활동에 참여한 마케팅부 관계자는 "송편을 직접 빚으니 추석 분위기가 <u>너절하게</u> 나는 것 같다"며 "작은 선물이지만 정성스레 준비한 송편과 음식들이 쪽방촌 어르신들에게 행복한 선물이 되길 바란다"며 추후에도 <u>따뜻한</u> 나눔 활동에 적극적으로 참여하겠다는 소감을 밝히기도 했다.

① 전달했다   ② 풍성하게

③ 너절하게   ④ 따뜻한

 ③ "송편을 직접 빚으니 추석 분위기가 _____ 나는 것 같다"에서 빈칸에 어울리는 단어는 긍정적인 의미를 가진 단어가 와야 한다.

※ 너절하게 : 허름하고 지저분하게

8 다음 밑줄 친 단어를 한자로 바꾸어 쓴 것으로 적절하지 않은 것은?

> 근대적 공론장의 형성을 중시하는 연구자들은 아렌트와 하버마스의 공론장 이론을 적용하여 한국적 근대 공론장의 <u>원형</u>을 찾는다. 이들은 유럽에서 18~19세기에 우후죽순처럼 등장한 신문, 잡지 등이 시민들의 대화와 토론에 의거한 부르주아 공론장을 형성하였다는 사실에 착안하여 독립신문이 근대적 공론장의 역할을 하였다고 주장한다. 또한 만민공동회라는 새로운 정치 권력이 만들어낸 근대적 공론장을 통해, 공화정의 근간인 의회와 한국 최초의 근대적 헌법이 등장하는 결정적 계기가 마련되었다고 인식한다.
>
> 그런데 공론장의 형성을 근대 이행의 절대적 특징으로 이해하는 태도는 근대 이행의 다른 길들에 대한 불신과 과소평가로 이어지기도 한다. 당시 사회의 개혁을 위해서는 갑신정변과 같은 소수 엘리트 주도의 <u>혁명</u>이나 동학농민운동과 같은 민중봉기가 아니라, 만민공동회와 같은 다수 인민에 의한 합리적인 토론과 공론에 의거한 민주적 개혁이 올바른 길이라고 주장하는 것이 대표적 예이다. 나아가 이러한 태도는 당시 고종이 만민공동회의 주장을 수용하여 입헌군주제나 공화제를 채택했더라면 국권박탈이라는 <u>비극</u>만은 면할 수 있었으리라는 비약으로 이어진다.
>
> 이러한 생각의 배경에는 개인의 자각에 근거한 공론장과 평화적 토론을 통한 공론의 형성, 그리고 공론을 정치에 실현시킬 제도적 장치가 마련되어 있는 체제가 바로 '근대'라는 확고한 인식이 자리 잡고 있다. 그들은 시민세력으로 성장할 가능성을 지닌 인민들의 행위가 근대적 정치를 표현하고 있었다는 점만 중시하고, 공론 형성의 주체인 시민이 아직 형성되지 못한 시대 상황은 특수한 것으로 평가한다. 또한 근대적 정치행위가 실패한 것은 인민들의 한계가 아니라, 전제황실 권력의 탄압이나 개혁파 지도자 내부의 권력투쟁 때문이라고 설명한다.
>
> 이러한 인식으로는 농민들을 중심으로 한 반봉건 민중운동의 지향점, 그리고 토지문제 해결을 통한 근대 이행이라는 고전적 과제에 답할 수가 없다. 또한 근대적 공론장에 기반한 근대국가가 수립되었을지라도 제국주의 열강들의 위협을 극복할 수 있었겠는지, 그 극복이 농민들의 지지 없이 가능했을지에 대한 문제의식은 들어설 <u>여지</u>가 없게 된다. 더 큰 문제는 이런 인식이 농민운동을 근대 이행을 방해하는 역사의 반역으로 왜곡할 소지가 있다는 것이다. 이러한 의문들이 적극적으로 해명되지 않는다면 근대 공론장 이론은 설득력을 갖기 어려울 것이다.

① 원형 : 圓形　　　　　　　　　② 혁명 : 革命

③ 비극 : 悲劇　　　　　　　　　④ 여지 : 餘地

 ① 원형(原形) : 본디의 꼴
② 혁명(革命) : 국가 기초, 사회 제도, 경제 제도, 조직 따위를 근본적으로 고치는 일
③ 비극(悲劇) : 인생의 슬프고 애달픈 일을 당하여 불행한 경우를 이르는 말
④ 여지(餘地) : 어떤 일을 하거나 어떤 일이 일어날 가능성이나 희망

Answer⌐→ 7.③　8.①

9 다음 빈칸에 들어갈 접속사로 적절한 것은?

전통적인 과학사는 과학이 관찰로부터 출발하여 천천히 그리고 조심스럽게 이론으로 나아간다는 베이컨의 주장에 깊은 영향을 받았다. 그러나 소크라테스 이전 철학자들을 연구해보면, 전통적 과학사의 관점에 부합하지 않는, 하지만 과학적으로 우수한 이론들을 찾을 수 있다.

탈레스는 "지구는 물 위에 마치 배처럼 떠 있으며, 지구가 물의 움직임에 의해 흔들릴 때 지진이 일어난다."고 말한 것으로 알려져 있다. 탈레스가 이러한 이론을 수립하기 전에 배의 흔들림과 지진을 관찰했었다는 것은 의심의 여지가 없다. (㉠) 이 이론의 핵심은 지구의 지탱과 지진을 지구가 물 위에 떠 있다는 추측에 의해 설명하고자 했다는 점이다. 현대의 판 구조론을 예견하는 듯이 보이는 이 추측과 관련해서 그는 어떤 관찰에도 근거할 수 없었을 것이다.

탈레스의 이 이론은 비록 관찰에 근거하고 있다고 말할 수 없지만, 적어도 경험적 또는 관찰적 유비에 의해 탈레스의 머릿속에 떠올랐을 것이다. (㉡) 심지어 이러한 사실조차도 탈레스의 수제자 아낙시만드로스에게는 적용되지 않았다. 지구의 지탱에 관한 아낙시만드로스의 이론은 매우 직관적이며 관찰적 유비를 사용하지 않는다. 사실 그것은 반(反)관찰적인 이론으로 기술될 수 있다. 아낙시만드로스의 이론에 따르면, "지구는 아무 것에 의해서도 지탱되고 있지 않지만, 그것이 모든 다른 사물들로부터 똑같은 거리에 있기 때문에 움직이지 않고 그 자리에 머물러 있다. 그것의 모양은 원통형이다. 우리는 그것의 평평한 두 면 중 한 면 위에서 걷고 있으며, 다른 한 면은 반대편에 있다." 물론 원통형 모양은 관찰적 유비에 의한 것이다. (㉢) 지구가 공간 속에 그냥 떠 있다는 생각과 그것의 안정성에 대한 설명에서는 관찰 가능한 사실들과의 어떠한 유비도 없다.

아낙시만드로스의 이러한 생각은 인간 사유의 전(全) 역사에 있어서 가장 대담하고 심오한 생각 중 하나이다. 그것은 아리스타르쿠스와 코페르니쿠스의 이론들을 가능하게 하였다. 지구가 공중에 자유롭게 위치하고 있다고 생각하고, 또 "지구는 다른 사물들로부터 동일한 거리에 있음으로 인해, 즉 평형 상태에 있음으로 인해, 움직이지 않고 그대로 있다."고 말하는 것은, 어느 정도는 비물질적이며 눈으로 볼 수 없는 중력이라는 뉴턴의 생각을 이미 예견하는 것이었다.

	㉠	㉡	㉢
①	그리고	또	그리고
②	그러나	그러나	그러나
③	따라서	요컨대	그리고
④	그런데	그러나	그래도

10 다음 중 밑줄 친 단어를 교체하기에 적절하지 않은 것은?

> 천지는 사사로움이 없고, 귀신은 은밀히 움직이므로 복(福)·선(善)·화(禍)·음(淫)은 오로지 공정할 뿐이다. 사람 중에 악한 자가 있어 거짓으로 섬겨서 복을 구한다면, 그것으로 복되다고 할 수 있겠는가? 사람 중에 선한 자가 있어서 사설(邪說)에 미혹되지 않고 거짓으로 제사를 지내는 것이 아니라면, 그것이 화가 될 수 있겠는가? 일찍이 말하기를 천지귀신에게 음식으로써 아첨한다고, 사람에게 화복을 내리겠는가? 만세에 이런 이치는 없다. 사(士)와 서인(庶人)이 산천에 제사를 지내는 것은 예(禮)가 아니고, 예(禮)에 해당되지 않는 제사를 지내는 것은 곧 음사(淫祀)다. 음사로써 복을 얻은 자를 나는 아직 보지 못하였다. 너희 사람들은 귀신을 아주 좋아하여 산택천수(山澤川藪)에 모두 신사(神祠)를 만들었다. 광양당(廣陽堂)에서는 아침 저녁으로 공경히 제사를 지내어 지극하지 않은 바가 없으며, 그것으로 바다를 건널 때에도 마땅히 표류하여 침몰하는 우환이 없도록 한다. 그러나 오늘 어떤 배가 표류하고 내일 어떤 배가 침몰하여, 표류하고 침몰하는 배가 서로 끊이지 않으니, 이것으로 과연 신(神)에게 영험함이 있다고 하겠는가? 제사로 복을 받을 수 있다고 하겠는가? 이 배의 표류는 오로지 행장(行裝)이 뒤바뀐 것과 바람을 기다리지 않았기 때문이다. 하늘에 제사하는 것은 제후(諸侯)의 일이고 사(士), 서인(庶人)은 다만 조상에게만 제사할 뿐이다. 조금이라도 그 분수를 넘으면 예가 아니다. 예가 아닌 제사는 사람이 아첨하는 것이므로 신(神)도 이를 받아들이지 않는다.

① 매혹
② 사혹
③ 고혹
④ 현혹

 ② 사혹(思惑) : 분별이나 판단을 하지 못하여 망설임
①③④는 미혹의 유의어이다.

Answer ⤷ 9.② 10.②

11 다음 글에서 알 수 있는 것은?

> 식수오염의 방지를 위해서 빠른 시간 내 식수의 분변오염 여부를 밝히고 오염의 정도를 확인하기 위한 목적으로 지표생물의 개념을 도입하였다. 병원성 세균, 바이러스, 원생동물, 기생체 소낭 등과 같은 병원체를 직접 검출하는 것은 비싸고 시간이 많이 걸릴 뿐 아니라 숙달된 기술을 요구하지만, 지표생물을 이용하면 이러한 문제를 많이 해결할 수 있다.
>
> 식수가 분변으로 오염되어 있다면 분변에 있는 병원체 수와 비례하여 존재하는 비병원성 세균을 지표생물로 이용 한다. 이에 대표적인 것은 대장균이다. 대장균은 그 기원이 전부 동물의 배설물에 의한 것이므로, 시료에서 대장균의 균체 수가 일정 기준보다 많이 검출되면 그 시료에는 인체에 유해할 만큼의 병원체도 존재한다고 추정할 수 있다. 그러나 온혈동물에게서 배설되는 비슷한 종류의 다른 세균들을 배제하고 대장균만을 측정하기는 어렵다. 그렇기 때문에 대장균이 속해 있는 비슷한 세균군을 모두 검사하여 분변오염 여부를 판단하고, 이 세균군을 총대장균군이라고 한다.
>
> 총대장균군에 포함된 세균이 모두 온혈동물의 분변에서 기원한 것은 아니지만, 온혈동물의 배설물을 통해서도 많은 수가 방출되고 그 수는 병원체의 수에 비례한다. 염소 소독과 같은 수질 정화과정에서도 병원체와 유사한 저항성을 가지므로 식수, 오락 및 휴양 용수의 수질 결정에 좋은 지표이다. 지표생물로 사용하는 또 다른 것은 분변성 연쇄상구균군이다. 이는 대장균을 포함하지는 않지만, 사람과 온혈동물의 장에 흔히 서식하므로 물의 분변오염 여부를 판정하는 데 이용된다. 이들은 잔류성이 높고 장 밖에서는 증식하지 않기 때문에 시료에서도 그 수가 일정하게 유지되어 좋은 상수 소독 처리지표로 활용된다.

① 채취된 시료 속의 총대장균군의 세균 수와 병원체 수는 비례하여 존재한다.

② 온혈동물의 분변에서 기원되는 균은 모두 지표생물이 될 수 있다.

③ 수질 정화과정에서 총대장균군은 병원체보다 높은 생존율을 보인다.

④ 지표생물을 검출하는 것은 병원체를 직접 검출하는 것보다 숙달된 기술을 필요로 한다.

(Tip) 세 번째 문단에 세균 수는 배설물을 통해 많은 수가 방출되고 병원체의 수가 비례한다고 나타나있다.

12 다음 글에 나타난 글쓴이의 관점을 제시한 것으로 알맞은 것은?

> 그러므로 가장 시급히 그리고 가장 먼저 해결해야 할 문제는 자기가 속한 조직을 그 조직 성원 스스로가 전력투구해서 자율이 가능한 수준까지 올려놓는 것이다. 바깥을 향해 아무리 외쳐도 조직 자체의 자율은 보장되지 않는다. 오직 조직 자체의 내부 구조를 튼튼히 하는 것만이 지름길이다.

① 남을 탓하기 전에 먼저 자기 자신을 돌아보아야 한다.
② 사회생활을 잘 하려면 자기 주관을 뚜렷이 가져야 한다.
③ 다른 조직에 속한 사람들을 이해하는 마음을 가져야 한다.
④ 자기 조직에 대한 자부심을 가질 수 있는 조직원이 되어야 한다.

 글은 자기 조직 밖을 향해 조직의 자율을 보장해 달라고 외치기보다 자기 조직의 내부를 튼튼히 하는 것이 우선되어야 한다는 관점을 나타낸다. 즉, 외부보다 내부의 일이 급선무라는 것이다. 이런 관점을 나타낸 것은 남을 탓하기 전에 자신을 돌보아야 한다는 ①이다.

13 다음 글에서 말하고자 하는 바로 가장 적절한 것은?

> 팔레스타인에 가보면 조그만 아이들이 중무장한 탱크에 돌을 던지거나 새총을 쏘고 있는데, 언론에서 이것을 거창하게 '시위'라 규정짓고 그 아이들을 향해 총을 쏘는 것을 '시위 진압'이라고 부른다. 테러리스트라…… 자신들의 빼앗긴 조국을 되찾으려 여러 방법으로 투쟁하는 사람들을 모두 테러리스트라고 부를 수 있을까. 물론 무고한 사람을 죽이는 그런 '테러리스트'도 없지 않다. 그러나 일제시대와 같은 강점기에 안중근 의사나 윤봉길 의사를 상대방도 아닌 전 세계가 테러리스트라고 부를 수는 없는 것 아닐까?
> 내가 팔레스타인 지도층에게 서방 언론에서 당신들을 테러리스트라고 부른다고 하니까 곧바로 이런 답이 되돌아왔다. "우리도 그들을 테러리스트라고 부릅니다."

① 모든 종류의 테러는 세상에서 사라져야 한다.
② 팔레스타인 분쟁이 하루 바삐 해결되어야 한다.
③ 자기 자신을 지키기 위한 테러는 용인되어야 한다.
④ 서구의 입장에서 세상을 보는 편견을 버려야 한다.

 팔레스타인인의 입장에서 보면 자신들의 빼앗긴 조국을 되찾기 위한 투쟁이지만 서구의 입장에서 보면 테러인 것이다. 따라서 ④가 가장 적절하다.

14 다음 제시된 글의 주제로 가장 적합한 것은?

> 나는 10년 전에 금강산을 유람하여 한 달 동안 다니다가 돌아왔다. 바다는 출렁이고 산은 높이 솟아 그 광경은 무어라 말로 형용할 길이 없었다. 유람하는 이들은 줄지어 이어지고 안개와 구름은 무심하였다. 여기저기 신령스런 골짜기와 신비한 전각들, 이런 것이 마침내 일대 장관으로 다가왔다. 구룡연, 만물상, 수미봉, 옥경대 같은 여러 뛰어난 경치는 금강산에서도 특히 이름난 것이다. 그런데 경관이 기이하고 그윽한 언덕과 골짜기가 또 있어, 만일 이름을 붙여 널리 전파한다면 명승의 대열에 끼일 수 있을 터였다. 그러나 거친 수풀과 우거진 넝쿨 사이에 가려지고 묻혀 있었다.
>
> 이로 말미암아 생각하건대 사람 또한 이와 같다. 관각(館閣)에서 능력을 발휘하여 문화를 빛내고, 낭묘(廊廟)에서 예복을 입고 왕정(王政)을 보좌하여, 육경(六經)의 참뜻이 뭇 백성에게 파급되게 하는 분들은 말할 필요도 없다. 그런데 여항의 사람에 이르러서는 기릴만한 경술(經術)이나 공적은 없지만, 그 언행에 혹 기록할 만한 것이 있는 사람, 그 시문에 혹 전할 만한 것이 있는 사람이라도 모두 적막한 구석에서 초목처럼 시들어 없어지고 만다. 아아, 슬프도다! 내가 '호산외기(壺山外記)'를 지은 까닭이 여기에 있다.

① 자연의 위대함을 제대로 알고 즐겨야 한다.
② 정치를 바로 잡기 위하여 힘쓰는 것이 선비의 도리이다.
③ 세상에 알려져 인정받는 존재가 아니더라도 본받을 만한 사람이 많다.
④ 한 눈 팔지 말고 학문에만 정진하는 것을 본받아야 한다.

(Tip) ③ 금강산을 유람한 경험을 통해 깨달은 교훈에 대해서 말하고 있다.

15 다음 글에 대한 설명으로 옳지 않은 것은?

한국 사회에서 사람들의 관계 맺음은 당사자들의 작위적인 노력이나 매력보다는 연줄과 인연에 의해 많은 영향을 받는다. 예부터 농경사회로 정착 생활을 해 온 우리 민족은 마을 밖의 사람들과 우호적인 만남을 가질 기회가 적었으며, 거의 모든 만남이 같은 마을에 거주하는 사람들과의 지속적인 만남이었다. 따라서 낯선 사람들과의 교류양식 대신에 같은 마을 사람들과 교류 양식이 발달하였다. 이 같은 오랜 문화적 자취가 오늘날과 같은 산업 사회에도 나타나고 있어, 두 사람이 동향 또는 동창이거나 같은 동네에 거주한다든가 하는 점들이 관계의 지속에 큰 영향을 준다. 이러한 요소의 공통점을 발견하게 되면 서로의 만남을 더욱 반갑게 여기고 인연이란 표현을 자주 쓴다.

이 같은 경향성은 우리 사회에서 처음 만나 알게 된 사람들이 나누는 대화의 내용을 살펴보면 보다 분명히 드러난다. 우리는 첫 대면의 경우 항상 둘 사이를 연결해 줄 수 있는 사람을 찾는 행위를 보인다. 학연, 혈연, 지연 등에 의한 인맥 동원이 활발히 이루어지며, 이에 성공했을 때 관계는 보다 순조롭게 진전된다. 이 같은 현상은 공식적이건 비공식적이건 모든 만남에서 나타난다.

왜 그러한 현상이 나타나는가? 이는 한국 사회에서 아는 사이(우리)와 모르는 사이(남)의 교류 양상이 큰 차이를 보이기 때문이다. 한국인들은 타인을 '우리' 또는 '그들'로 구분하는데, 여기서 그들은 중립적인 존재라기보다는 경쟁적이거나 부정적 감정이 연루된 타인으로 간주되는 편이다. 따라서 사람들은 모르는 사이를 아는 사이로 전환하려 한다. 아는 사이에서는 양방이 우리라는 호칭을 사용하며 정감을 느끼는 관계로의 진행이 가능하기 때문이라고 볼 수 있다. 즉 아는 사이와 모르는 사이에 대하여 각기 다른 행동 규범을 지니고 있다. 사회에서 우리의 관계에 있는 사람들은 정(情)의 형성을 부추기는 방향으로 만남을 끌어가고, 성원 개개인의 독자적인 행위보다는 우리라는 느낌을 강화하는 집단적인 행위를 당연시한다. 그 좋은 예는 음식점에서 주문을 따로 하지만 한가운데 놓고 같이 덜어 먹으며, 계산도 각자 먹은 만큼 나누어 내기보다는 어느 한두 사람이 모든 계산을 하는 행태에서 볼 수 있다. 또한 여럿이 어울려 노는 경우 두세 명씩 짝을 지어 대화를 하기보다는 전체가 둘러앉아 노래하며 즐기는 형태도 그 예이다.

이 같은 만남의 문화는 현대와 같이 고도로 복잡한 사회에서의 교류에 영향을 미치기 때문에, 우리사회가 직면하고 있는 정실인사, 연고주의, 공사의 혼동 등과 같은 사회적 난제를 던져 주고 있다.

① 한국 사회에서는 '우리'의 관계에 있는 경우 성원 개개인의 독자적인 행위를 당연시 한다.

② 한국 사회에서는 첫 대면시 둘 사이를 연결해 줄 수 있는 인맥을 동원한다.

③ 한국 사회에서는 타인을 '우리' 또는 '그들'로 구분하며, 그 구분에 따라 교류양상이 다르게 나타난다.

④ 한국 사회에서는 같은 마을 사람과의 교류양식이 발달하였다.

 ① 한국 사회에서는 '우리'의 관계에 있는 사람들의 경우 정(情)의 형성을 부추기는 방향으로 만남을 끌어가고, 성원 개개인의 독자적인 행위보다는 우리라는 느낌을 강화하는 집단적인 행위를 당연시 한다.

16 다음 글의 앞에 나올 내용으로 옳은 것은?

> 스파르타인과 페리오이코이와 헬로트의 인구 비율은 1대 7대 16 정도였다. 스파르타인이 농업과 상공업을 피지배계급들에게 맡기고 오직 군무에만 종사한 것은, 전체의 24분의 1밖에 안 되는 인구로 나머지를 지배해야하는 상황이 낳은 방책이었을 것이다. 피지배계급들 중에서도 특히 헬로트는 스파르타인에게 적대적인 태도를 보이고 있었다. 이 때문에 스파르타는 우선 내부의 잠재적인 불만 세력을 억압해야 할 필요성이 있었고, 군사대국으로 불리는 막강한 군사력을 가진 나라가 되었던 것이다.

① 스파르타는 우선 내부의 잠재적인 불만세력을 억압해야 할 필요성이 있었다.

② 스파르타에서 지배계급과 피지배계급의 차이는 권력의 유무 이전에 민족의 차이였다.

③ 기원전 1200년경 남하해온 도리아 민족이 선주민을 정복하여 생긴 것이 스파르타이다.

④ 스파르타의 피지배계급으로 상공업에만 종사하도록 되어 있는 '페리오이코이'라고 불리는 자유인과 '헬로트'라고 불리는 농노들이 있다.

 제시된 글은 페리오이코이와 헬로트의 인구 비율에 관한 내용이므로 페리오이코이와 헬로트와 관련된 내용이 앞에 나와야 자연스럽다.

Answer → 15.① 16.④

17 다음 글의 중심 내용으로 가장 적절한 것은?

한국 한자음이 어느 시대의 중국 한자음에 기반을 두고 있는지에 대해서는 학자들에 따라 이견이 있다. 어느 한 시대의 한자음에 기반을 두고 있을 수도 있고, 개별 한자들이 수입된 시차에 따라서 여러 시대의 중국 한자음에 기반을 두고 있을 수도 있다. 그러나 확실한 것은 한국 한자음은 중국 한자음과도 다르고 일본 한자음과도 다르고 베트남 옛 한자음과도 다르다는 것이다. 물론 그것이 그 기원이 된 중국 한자음과 아무런 대응 관계도 없는 것은 아니다. 그러나 그것은 한국어 음운체계의 영향으로 독특한 모습을 띠는 경우가 많다. 그래서 한국 한자음을 영어로는 'Sino-Korean'이라고 한다. 이것은 우리말 어휘의 반 이상을 차지하고 있는 한자어가, 중국어도 아니고 일본어도 아닌 한국어라는 것을 뜻한다. 우리가 '학교'라고 발음할 때, 중국인도 일본인도 따로 한국어를 공부하지 않는 한 그것이 'xuexiao'나 'がっこう'인 줄을 알아차리기는 힘들다.

① 한국 한자음의 특성
② 한국 한자음의 역사
③ 한국 한자음의 기원
④ 한국 한자음의 계통

(Tip) 제시된 글은 한국 한자음이 중국, 일본, 베트남 한자음과 다르다는 특징을 나타내고 있다.

18 다음의 글과 〈보기〉를 읽고 보인 반응으로 옳은 것은?

> 추론은 이미 제시된 명제인 전제를 토대로 다른 새로운 명제인 결론을 도출하는 사고 과정이다. 논리학에서는 어떤 추론의 전제가 참일 때 결론이 거짓일 가능성이 없으면 그 추론은 '타당하다'고 말한다. "서울은 강원도에 있다. 따라서 당신이 서울에 가면 강원도에 간 것이다."(추론1)라는 추론은, 전제가 참이라고 할 때 결론이 거짓이 되는 경우는 전혀 생각할 수 없으므로 타당하다. 반면에 "비가 오면 길이 젖는다. 길이 젖어있다. 따라서 비가 왔다."(추론2)라는 추론은 전제들이 참이라고 해도 결론이 반드시 참이 되지는 않으므로 타당하지 않은 추론이다. (추론1)의 전제는 실제에서는 물론 거짓이다. 그러나 혹시 행정구역이 개편되어 서울이 강원도에 속하게 되었다고 가정하면, (추론1)의 결론은 참일 수밖에 없다. 반면에 (추론2)는 결론이 실제로 참일 수는 있지만 반드시 참이 되는 것은 아니다. 다른 이유로 길이 젖는 경우를 얼마든지 상상할 수 있기 때문이다.

> 〈보기〉
> • 타당하지 않지만 결론이 참일 가능성이 꽤 높은 추론을 '개연성이 높다'고 말한다.
> • 추론이 타당하면서 전제가 모두 실제로 참이기까지 하면 그 추론은 '건전하다'고 정의한다.

① 나연 : (추론1)은 타당하지 않은 추론이야.

② 신애 : (추론2)는 개연성이 낮네.

③ 수연 : (추론1)은 건전하지 않아.

④ 미림 : (추론2)는 건전하다고 할 수 있겠다.

 ③ (추론1)은 추론은 타당하지만, 전제가 실제로 참이 아니므로 '건전하지 않다.'
① (추론1)은 타당한 추론이다.
② (추론2)는 추론은 타당하지 않지만, 결론이 참일 가능성이 높으므로 '개연성이 높다.'
④ (추론2)는 추론이 타당하지 않기 때문에 '건전하지 않다.'

19 다음 중 고고학에서 말하는 유적에 해당하지 않는 것은?

> 고고학은 인류가 생활의 증거로 남긴 일체의 유적이나 유물의 발굴, 수집·분석을 통해서 인류의 역사와 문화·생활방법 등을 연구, 복원, 해석하는 학문을 말한다. 따라서 간혹 고고학이 역사학과 같은 학문이 아닌가하는 의문점을 들게 한다. 하지만 고고학과 역사학은 엄밀히 따지면 같은 학문이 아니다. 역사학의 연구대상이 되는 시기는 주로 문자기록이 있는 역사시대인 반면 고고학의 연구대상이 되는 시기는 주로 문자기록이 없는 선사시대이기 때문이다. 또한 원사시대와 역사시대에 있어서도 일반 역사학자들이 다룰 수 없는 물질문화분야를 연구대상으로 한다. 이러한 고고학의 연구 자료는 유적과 유물이 주를 이루는데 여기서 유적이란 사람의 생활 활동 흔적이 남아있는 자리로서 건축물·집 자리·무덤·제사자리·야영자리 등 움직이거나 들고 다닐 수 없는 것을 말하며 유물이란 사람이 만들었거나 쓴 흔적이 남아 있는 돌·그릇·나무토막·뼈, 또는 사람이 길렀거나 채집한 곡물과 식물의 열배 등 사람과 관계를 가졌던 일체의 인공·자연물을 말한다. 고고학은 이러한 유물·유적을 통해 이미 없어진 당시 사람들의 생활 방식이나 행동의 증거나 연대 및 시간적 선후관계 등 그들이 살아 있었던 문화조직체를 복원하는 것이다. 또한 고고학에서는 상대연대와 절대연대라는 개념을 사용한다. 상대연대는 두 개 이상의 유적·유물 사이의 연대 선후를 말하는 것으로 층위상의 상하관계로 신고(新古)를 비교하는 층서법이 가장 기본이 된다. 그리고 절대연대는 연대를 가졌거나 그것을 알 수 있는 유물과의 공존관계 또는 형식학적 고찰을 통해 얻어낼 수 있다. 더군다나 1950년대 이래로 방사성탄소연대결정법을 비롯한 여러 가지 방사능이나 자기(磁氣)를 이용한 과학적인 연대결정법이 발견되어 고고학의 발전에 큰 도움이 되고 있다.

① 경기도 연천군 전곡리
② 평양시 상원 검은 모루 동굴
③ 공주 석장리 고분군
④ 서울 암사동의 빗살무늬토기

 고고학에서 유적이란 사람의 생활 활동 흔적이 남아있는 자리로서 건축물·집 자리·무덤·제사자리·야영자리 등 움직이거나 들고 다닐 수 없는 것을 말한다. ④는 유적이 아닌 유물이다.

20 다음 글의 전개방식을 사용하는 것은?

> 지금 지구 상공에는 수많은 인공위성이 돌고 있다. 인공위성은 크게 군사용 위성과 평화용 위성으로 나뉜다. 첩보위성, 위성 파괴 위성 등은 전자에 속하고, 통신 위성, 기상 관측 위성, 지구 자원 탐사 위성 등은 후자에 속한다.

① 법은 간단하게 공법과 사법으로 나누어 설명할 수 있다. 공법에는 헌법, 형법, 행정법 등이 있고, 사법에는 민법, 상법 등이 있다.

② 독서는 음독 중심의 독서에서 묵독으로, 그리고 다독이라는 분산형 독서에서 다시 20세기 후반부터 검색형 독서로 그 방식이 변화하였다.

③ 연민은 먼저 타인의 고통이 그 자신의 잘못에서 비롯된 것이 아니라 우연히 닥친 비극이어야 한다. 다음으로 그 비극이 언제든 나를 엄습할 수도 있다고 생각해야 한다.

④ 직구란 국내 소비자들이 인터넷 쇼핑몰 등을 통해 외국의 상품을 구매하는 행위를 의미하며, 역직구란 해외 소비자가 국내 인터넷 쇼핑몰 등에서 상품을 구입하는 행위를 말한다.

 제시된 글은 인공위성을 군사용 위성과 평화용 위성으로 나누어 각각에 포함되는 것이 무엇이 있는지 설명하고 있다.
② 시간의 흐름에 따른 독서 방식의 변화에 대해 설명하고 있다.
③ 연민이라는 것을 정의하기 위한 요소에 대해 설명하고 있다.
④ 직구와 역직구를 비교하여 설명하고 있다.

Answer ➡ 19.④ 20.①

21 밑줄 친 부분의 문맥적 의미로 가장 적절한 것은?

유전자는 인간의 삶에 결정적인 영향을 미치는 존재다. 물론 유전자가 한 인간을 100% 결정하지 않으며, 또 특정 유전물질이 있다고 해서 곧바로 그러한 특질이 발현되는 것도 아니다. 하지만 유전자에 내재되지 않은 특질이 인간에게 발현될 수 없다. 예를 들어 피부색과 연관된 유전자에 검은색 유전 정보가 들어있다면, 다른 제3의 요인으로 나의 피부가 검은색으로 발달하지 않을 수는 있다. 하지만 그렇다고 나의 피부가 백색으로 발달하지는 않는다는 말이다. 이런 점 때문에 인간은 유전자정보에 의해 발달된다고 말할 수 있다.

자식은 부모가 낳지만, 부모가 자식의 유전자를 결정할 수는 없다. 유전자는 선택사항이 아니라 '주어지는' 것이었다. 그런데 유전공학의 발달로 유전자에 대한 지식과 유전자에 대한 간섭이 가능하게 됐다. '인간 게놈 프로젝트'는 바로 '유전자에 대한 인간 간섭의 서곡'으로 유전자 검사와 유전자 치료를 가능케 해줄 것이다. 유전자 검사와 치료는 인간 발달의 모든 단계, 즉 정자와 난자, 수정란, 태아, 출생 후 인간 존재 각 단계에서 이루어질 수 있으며, 이로 인해 전혀 새로운 사회적, 윤리적 문제가 생겨날 것이다.

① 유전자를 지배하기 위한 인간 노력의 시작
② 유전자를 지배하고자 하는 인간 본능의 발로
③ 유전자를 통해 인간을 통제하고자 하는 시도
④ 유전자에 대한 인간의 부정적인 선입견의 작용

 인간 게놈 프로젝트로 인해 인간이 유전자를 지배하는 것이 가능하게 됐다고 서술하고 있다. 여기서 '서곡'이란 시작, 출발을 알리는 비유적 표현이다.

22 다음 상황을 나타내는 말로 가장 적절한 것은?

> 생체를 얼리고 녹이는 기술이 빠른 속도로 발전하면서 냉동 인간의 소생 가능성에 대한 관심이 높아지고 있다. 현재의 저온 생물학 기술은 1948년 인간의 정자를 최초로 냉동하는 데 성공한 이래, 크기가 가장 큰 세포인 난자에 대해서도 성공을 거두고 있다. 지금까지 개발된 세계 최고의 생체 냉동 기술은 세포 수준을 넘은 강낭콩 크기만 한 사람의 난소를 얼려 보관한 뒤 이를 다시 녹여서 이식해 임신하도록 하는 수준이다. 이것 역시 한국의 의사들이 일궈 낸 것이다. 이제 냉동 인간에 대한 꿈은 세포 수준을 넘어 조직까지 그 영역을 넓히고 있다. 하지만 인체가 이보다 수백, 수천 배 큰 점을 감안하면 통째로 얼린 뒤 되살리는 기술의 개발에는 얼마나 긴 세월이 필요할지 짐작하기 힘들다.
>
> 한편 냉동 인간은 기술 개발과는 별개로 윤리적 문제도 야기하리라 예상된다. 냉동시킨 사람이 나중에 살아난 경우 친인척 사이에 연배 혼란이 생길 수 있고, 한 인간으로서의 존엄성을 인정받기가 곤란하다는 것이다. 특히 뇌만 냉동 보관하는 경우 뇌세포에서 체세포 복제 기술로 몸을 만들어 내야 하는 문제도 발생할 수 있다. 어쩌면 냉동 인간은 최근의 생명 복제 기술처럼 또 다른 윤리적 문제를 잉태한 채 탄생을 준비하고 있는지도 모른다.

① 양날의 칼

② 물 위의 기름

③ 어둠 속의 등불

④ 유리벽 속의 보석

 인체 냉동 기술은 인체의 소생 가능성을 높인다는 점에서 긍정적 측면이 있는 기술이다. 그러나 냉동 인간은 기술 개발과는 별도로 윤리적 문제도 야기될 수 있는 기술이다. 이렇게 보면 인체 냉동 기술은 '양날의 칼'에 비유할 수 있다.

Answer ↪ 21.① 22.①

23 다음 글이 들어갈 곳으로 가장 적절한 것은?

> 인형은 사람처럼 박자에 맞춰 춤을 추고 노래도 부르고 심지어 공연이 끝날 무렵에는 구경하던 후궁들에게 윙크를 하며 추파를 던지기까지 했다. 인형의 추태에 화가 난 목왕이 그 기술자를 죽이려고 하자 그는 서둘러 인형을 해체했고 그제야 인형의 실체가 드러났다.

> (㉠) 어느 날 서쪽 지방으로 순행을 나간 목왕은 곤륜산을 넘어 돌아오는 길에 재주가 뛰어난 기술자를 만났다. 목왕은 그 기술자에게 그가 만든 가장 훌륭한 물건을 가져오라고 명했다. 하지만 그가 가지고 온 것은 물건이 아니었다. 이를 이상히 여긴 목왕이 왜 물건을 가지고 오지 않고 사람을 데리고 왔는지 묻자, 그는 이것이 움직이는 인형이라고 답했다. (㉡) 이에 놀란 목왕은 그 인형을 꼼꼼히 살펴봤지만 사람과 다른점을 하나도 발견할 수 없었다. (㉢) 그것은 색을 칠한 가죽과 나무로 만들어진 기계장치였다. 하지만 그것은 오장육부는 물론 뼈, 근육, 치아, 피부, 털까지 사람이 갖춰야 할 모든 것을 갖추고 있었다. 마침내 목왕은 그에게 "자네 솜씨는 조물주에 버금가도다!"라고 크게 칭찬했다. (㉣)

① ㉠   ② ㉡

③ ㉢   ④ ㉣

 제시된 글에 이어질 내용은 인형을 해체한 뒤의 내용이 나와야 하므로 ㉣이 적절하다.

|24~25| 다음 (　)안에 들어갈 접속어를 순서대로 나열한 것을 고르시오.

24

> 유교 전통에서 강조되어 온 오륜의 마지막 항목은 '붕우유신(朋友有信)'이며, "선을 독려하는 것이 벗의 도이다."라는 맹자의 말처럼 유학자들은 오래 전부터 교우를 도덕적 실현에 필요한 활동으로 삼아왔다. (　) 붕우관계는 한 대(漢代) 이래 삼강의 확립과 더불어 군신·부자·부부 관계에 비해 부차적인 것으로 취급되는 경향이 있었다. 조선의 경우 건국 초기부터 국가가 「삼강행실도」의 편찬을 통해 삼강 의식을 강조하고, 정주학(程朱學)을 통해 끊임없이 그 이론적 정당화를 추구해 왔다. (　) 삼강의 수직적 질서가 붕우관계의 수평적 질서를 압도하는 것은 당연한 일이었다.

① 따라서, 그러나　　　　　　　② 하지만, 또한
③ 또한, 그리고　　　　　　　　④ 그러나, 그러므로

 첫 번째 괄호 앞에서는 교우를 도덕적 실현에 필요한 활동으로 삼아왔다고 했으나 뒤에서는 다른 관계이 비해 부차적인 것으로 취급되는 경향이 있다고 했으므로 '그러나'가 적절하다. 두 번째 괄호는 앞의 내용이 뒤의 내용의 이유, 원인이 되고 있으므로 '그러므로'가 적절하다.

25

> 고대 그리스의 원자론자 데모크리토스는 자연의 모든 변화를 원자들의 운동으로 설명했다. 모든 자연현상의 근거는, 원자들, 빈 공간 속에서의 원자들의 움직임, 그리고 그에 따른 원자들의 배열과 조합의 변화라는 것이다.
> 　(　) 데카르트에 따르면 연장, 즉 퍼져있음이 공간의 본성을 구성한다. 그런데 연장은 물질만이 가지는 속성이기 때문에 물질 없는 연장은 불가능하다. (　) 아무 물질도 없는 빈 공간이란 원리적으로 불가능하다. 데카르트에게 운동은 물속에서 헤엄치는 물고기의 움직임과 같다. 꽉 찬 물질 속에서 물질이 자리바꿈을 하는 것이다.

① 한편, 다시 말해　　　　　　② 그런데, 또한
③ 하지만, 그러나　　　　　　　④ 왜냐하면, 다시 말해

 첫 번째 빈칸 앞에서는 데모크리토스에 대한 설명이고 빈칸 뒤에는 데카르트에 대한 다른 설명을 하는 것이므로 '한편'이 적절하고, 두 번째 빈칸은 앞의 내용을 풀어서 다시 설명하고 있으므로 '다시 말해'가 적절하다.

Answer ➡ 23.③ 24.④ 25.①

26 밑줄 친 부분의 문맥적 의미로 알맞은 것은?

> 자연미는 인간의 기교를 넘어선 직접적인 아름다움이다. 우리는 다만 그것을 향수할 뿐이다. 따라서 자연미는 자발성의 특징을 가지고 있다고 하겠다. 자연이 하나님의 예술이라고 하는 종교적인 표현은 자연의 자족성을 말하는 것이다. 자연은 노력하지 않는 완전성을 가지고 있지만, 예술은 노력의 결과에서 온다. 자연의 노래는 <u>순결</u>의 노래이지만, 예술의 노래는 경험의 노래이다. 자연 속의 화조(花鳥), 풍월(風月)을 노래하는 것은 자연에 대한 인간의 사랑에 기인할 것인데, 이 자연에 대한 영탄이 인간의 느낌에서 오는 것이라면, 거기에는 이미 인위성이 개재하고 있다. 사랑이 예술의 원동력이라고 보는 코엔(Cohen)은 "인간을 사랑하는 것이 예술가의 앙습이다."라고 말하여 예술미의 방향을 가리키고 있다. 자연미와는 달리 예술미는 인간의 미적 활동에서 나오는 인간 세계의 소산이다.

① 거짓과 꾸밈이 없음

② 이치에 어긋남이 없음

③ 마음과 몸가짐이 깨끗함

④ 인위적인 요소가 거의 없음

(Tip) '순결'은 '인위적인 것'과 대조되는 의미로 사용된다.

27 다음 글에서 밑줄 친 내용에 대한 설명으로 가장 적절한 것은?

> 지난 봄에 콩을 심으려는데 언제 심어야 하는지 알 수 없었다. 그래서 동네 할머니께 물었다.
> "할머니, 콩은 언제 심어요?"
> 물으면서 마음속으로 틀림없이 몇 월 며칠에 심는다는 대답을 해주실 줄로 믿고 달력을 쳐다보았다. 그러나 할머니 대답이 뜻밖이었다.
> <u>"으응, 올콩은 감꽃 필 때 심고, 메주콩은 감꽃이 질 때 심는 거여."</u>
> 이 말을 듣고 나는 정신이 번쩍 났다. 그래, 책을 보고 날짜를 따져서 씨앗을 뿌리겠다는 내 생각이 얼마나 어리석은가! 지역마다 토양이 다르고 기후도 온도도 다르고 내리는 비도 바람길도 다른데, 그래서 지역에 따라 씨 뿌리는 철도 거두어들이는 철도 다를 수밖에 없는데, 몇 월 며칠이라고 못을 박아야 정답인 것으로 여겨온 내 교과서적 지식이 얼마나 잘못되었는가.

① 시골 노인들의 '교과서적 지식'을 보여준다.
② 자연환경에 맞춘 생태적인 사고를 담고 있다.
③ 합리성을 결여한 비과학적인 사고에 해당한다.
④ 양력보다 음력을 중시하는 사고를 반영하고 있다.

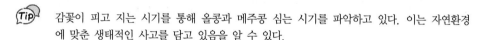 감꽃이 피고 지는 시기를 통해 올콩과 메주콩 심는 시기를 파악하고 있다. 이는 자연환경에 맞춘 생태적인 사고를 담고 있음을 알 수 있다.

Answer 26.④ 27.②

28 '옛 수학'과 '새로운 수학'의 특징을 바르게 짝지은 것은?

> 수학은 본래 자연에 대한 관찰과 경험을 통해 얻은 실용적인 사실들의 수집에서 출발했다. 그 후 고대 그리스 시대에 이르러 증명과 공리(公理)적 방법의 도입으로 확고한 체제를 갖추게 되었다. 여기에서 증명은 다른 사람을 설득하기 위한 논리적 설명이고, 공리적 방법은 증대된 수학 지식의 체계적인 정리라고 할 수 있다. 그러므로 증명이나 공리적 방법은 발견의 도구가 될 수는 없으며, 창의적 발상을 저해할 수도 있다. 그리스 시대 이후 오랫동안 정체의 늪에 빠져 있던 수학은, 저명한 수학자이며 과학자인 갈릴레오와 케플러의 놀라운 발견이 이루어진 후, 17세기에 새로운 힘을 얻게 되었다. 이들의 업적은 수학에 관한 기초적인 사실을 많이 발견했고, 케플러는 그 유명한 행성의 운동 법칙 세 가지 모두를 밝혀 냈다. 이들의 발견이 현대 동역학(動力學)과 현대 천체 역학으로 발전하는 과정에서 이러한 변화와 운동을 다룰 수 있는 새로운 수학 도구를 필요로 했기 때문이다.
>
> 이렇게 해서 미분 적분학이라는 새로운 형태의 수학이 탄생했다. 옛 수학과 새로운 수학을 비교하면, 옛것은 고정되고 유한한 대상을 고려하며 정적인 반면에, 새 것은 변화하고 무한한 대상을 연구하며 역동적이다. 이렇듯 수학은 자연에 발을 딛고 있을 때, 현대 동역학이나 현대 천체 역학과 같은 자연 과학의 발전에 공헌함은 물론 수학 자체의 지속적인 발전을 이루어 낼 수 있었다.

	옛 수학	새로운 수학
①	정적	역동적
②	분석적	종합적
③	구체적	관념적
④	비조직적	조직적

 둘째 문단의 둘째 문장에 '옛 수학'과 '새로운 수학'의 차이가 단적으로 대비되어 있으므로 그 내용을 인용하여 살펴보면, '옛 것은 고정되고 유한한 대상을 고려하며 정적인 반면에, 새 것은 변화하고 무한한 대상을 연구하여 역동적이다'라고 하였으므로 ①이 답이 된다.

29 다음 글의 '아바타'와 '페르소나'의 특성을 짝지은 것으로 가장 적절한 것은?

> 아바타(avatar)는 산스크리트어 아바타라(avataara)에서 유래된 말로, 가상사회에서의 분신을 의미한다. 아바타가 인터넷상에 처음 등장했을 때 과연 누가 돈을 주고 컴퓨터 화면에 옷을 입히려 하겠느냐는 우려가 많았다. 그러나 그것은 기우였음이 드러났다. 10대 청소년들에서부터 40대 아줌마 네티즌까지 아바타는 선풍적인 인기를 끈 히트상품이 되었기 때문이다.
>
> 부모, 직장 상사, 그리고 애인에게, 이렇게 집단에 따라 달리 보이는 개인의 모습을 심리학에서는 페르소나(persona)라고 한다. 인간이 집단 속에서 살아가면서 여러 개의 탈을 썼다가 벗었다가 살고 있다는 의미이다. 아바타는 사이버 상에서 만들어진 관계들을 위한 새로운 가면이다. 낯설고 새로운 공간에서 내가 되고 싶은 모습을 마음껏 펼쳐 보이는 것이다.

	아바타	페르소나
①	자아	타자
②	고정성	가변성
③	가상세계	실제세계
④	맨 얼굴	화장한 얼굴

 '아바타'는 사이버라는 가상사회에서의 분신을 말하며, '페르소나'는 현실세계에서 집단에 따라 다르게 보이는 개인의 모습을 말한다. 따라서 ③이 가장 적절하다.

30

> 유치원생이 아무렇게나 한 낙서와 같은 그림을 화가가 전시했다면 사람들은 어떻게 생각할까? 이 그림에 대해 거부반응을 보이는 사람도 있을 것이고, 공감하는 사람도 있을 것이다. 같은 그림을 두고 이런 상반된 반응을 보이는 것은 그림은 어떠해야 하는가에 대한 관점이 다르기 때문이다.
>
> _____ 이런 생각을 가졌던 대표적인 화가들은 15세기 르네상스의 화가들이다. 그들은 그림을 '세계를 비추는 거울'로 보고 실물을 방불케 하는 정밀한 그림을 그렸다. 그래서 그들은 과학적인 원근법이나 명암과 같은 외부 재현의 기술을 연구하여 개발하였고, 그런 기술들을 오랜 시간에 걸쳐 학습하고 훈련하는 것을 중시하였다. 이와 같은 경향은 19세기까지 서양 미술계의 주요 특징 중의 하나였다.

① 어떤 사람들은 외부를 재해석하여 자신만의 작품으로 새롭게 창조해내는 것이 우선이라고 생각한다.

② 어떤 사람들은 그림을 그릴 때 사물의 외부를 있는 그대로 재현하는 것을 우선해야 한다고 생각한다.

③ 어떤 사람들은 자신의 생각을 자유롭게 드러내는 것이 가장 중요하다고 생각한다.

④ 어떤 사람들은 창조적인 그림이야말로 가장 완벽한 예술이라고 생각한다.

 괄호 뒤에 내용이 '실물을 방불케 하는 정밀한 그림을 그렸다'라고 하였으므로, 그림을 그릴 때 사물의 있는 그대로를 재현하는 것을 우선시했다는 것을 알 수 있다. 따라서 ②가 들어가는 것이 적절하다.

31

슬로비치 모델은 과학기술 보도의 사회적인 증폭 양상에 보다 주목하는 이론이다. 이 모델은 언론의 과학기술 보도가 어떻게 사회적인 증폭 역할을 수행하게 되는지, 그리고 그 효과가 사회적으로 어떤 식으로 확대 재생산될 수 있는지를 보여 준다. 특정 과학기술 사건이 발생하면 뉴스 보도로 이어진다. 이때 언론의 집중 보도는 수용자 개개인의 위험 인지를 증폭시키며, 이로부터 수용자인 대중이 위험의 크기와 위험 관리의 적절성에 대하여 판단하는 정보 해석 단계로 넘어간다. 이 단계에서 이미 증폭된 위험 인지는 보도된 위험 사건에 대한 해석에 영향을 미쳐 _____.
이로 말미암은 부정적 영향은 그 위험 사건에 대한 인식에서부터 유관기관, 업체, 관련 과학기술 자체에 대한 인식까지 미치게 되며, 또한 관련 기업의 매출 감소, 소송의 발생, 법적 규제의 강화 등의 다양한 사회적 파장을 일으키게 된다.

① 보도 대상에 대한 신뢰 훼손과 부정적 이미지 강화로 이어진다.
② 대중들로 하여금 잘못된 선택을 하게 한다.
③ 대중들의 선택에 모든 책임을 부여한다.
④ 언론에 대한 대중들의 신뢰가 무너지게 된다.

Tip 슬로비치 모델은 언론의 보도가 확대 재생산되는 과정에 대한 이론이고, 빈칸 이후의 '이로 말미암은 부정적 영향…'을 볼 때, 빈칸에 들어갈 문장은 ①이 가장 적절하다.

32

> 언젠가부터 우리 바다 속에 해파리나 불가사리와 같이 특정한 종들만이 크게 번창하고 있다는 우려의 말이 들린다. 한마디로 다양성이 크게 줄었다는 이야기다. 척박한 환경에서는 몇몇 특별한 종들만이 득세한다는 점에서 자연생태계와 우리 사회는 닮은 것 같다. 어떤 특정 집단이나 개인들에게 앞으로 어려워질 경제 상황은 새로운 기회가 될지도 모른다. 하지만 이는 _____ 왜냐하면 자원과 에너지 측면에서 보더라도 이들 몇몇 집단들만 존재하는 세계에서는 이들이 쓰다 남은 물자와 이용하지 못한 에너지는 고스란히 버려질 수밖에 없고 따라서 효율성이 극히 낮기 때문이다.

① 사회 전체로 볼 때 그다지 바람직한 현상이 아니다.
② 자연생태계를 파괴하는 주된 원인이다.
③ 새로운 기회는 또 다른 발전을 불러올 수 있다.
④ 우리 사회의 큰 이익을 가져올 수 있는 기회이다.

 ① 마지막 문장에 '이들이 쓰다 남은 물자와 이용하지 못한 에너지는 고스란히 버려질 수밖에 없고 따라서 효율성이 극히 낮기 때문이다.'라고 제시되어 있으므로 몇몇 특별한 종들만이 득세하는 것이 그다지 바람직한 현상이 아니라고 하는 것이 가장 적절하다.

33

역사적 사실(historical fact)이란 무엇인가? 이것은 우리가 좀 더 꼼꼼히 생각해 보아야만 하는 중요한 질문이다. 상식적인 견해에 따르면, 모든 역사가들에게 똑같은, 말하자면 역사의 척추를 구성하는 어떤 기초적인 사실들이 있다. 예를 들면 헤이스팅스(Hastings) 전투가 1066년에 벌어졌다는 사실이 그런 것이다. 그러나 이 견해에는 명심해야 할 두 가지 사항이 있다. 첫째로, 역사가들이 주로 관심을 가지는 것은 그와 같은 사실들이 아니라는 점이다. 그 대전투가 1065년이나 1067년이 아니라 1066년에 벌어졌다는 것, 그리고 이스트본(Eastbourne)이나 브라이턴(Brighton)이 아니라 헤이스팅스에서 벌어졌다는 것을 아는 것은 분명히 중요하다. 역사가는 이런 것들에서 틀려서는 안 된다. 하지만 나는 이런 종류의 문제들이 제기될 때 ＿＿＿＿＿＿＿＿＿ 라는 하우스먼의 말을 떠올리게 된다. 어떤 역사가를 정확하다는 이유로 칭찬하는 것은 어떤 건축가를 잘 말린 목재나 적절히 혼합된 콘크리트를 사용하여 집을 짓는다는 이유로 칭찬하는 것과 같다.

① '정확성은 의무이며 곧 미덕이다'

② '정확성은 미덕이지 의무는 아니다'

③ '정확성은 의무도 미덕도 아니다'

④ '정확성은 의무이지 미덕은 아니다.'

 뒤에 이어지는 문장에서 빈칸에 들어갈 문장을 부연설명하고 있다. 뒤에 이어지는 문장에서 '정확성은 마땅히 해야 하는 것이며, 칭찬할 것은 아니다.'라는 내용을 이야기 하고 있으므로, 이와 일치하는 내용은 ④번이다.

┃34~36┃ 다음 제시된 문장들을 논리적으로 가장 바르게 배열한 것을 고르시오.

34

> ㉠ 진정한 지식인의 역할은 무엇인가.
>
> ㉡ 과거 지식인들은 현실을 올바로 인식하고 바람직한 가치기준을 제시하고 선도한다고 확신하면서 대중 앞에서 전혀 현실에 맞지 않는 기준을 쏟아내는 병폐를 보여 왔다.
>
> ㉢ 그 결과 대중은 현실을 제대로 파악하지 못했고 그로 인해 실제 삶에 맞는 올바른 가치판단을 내리지 못했다.
>
> ㉣ 그리고 실제 현실에 대해 연구도 하지 않고 현실을 제대로 파악하지도 못하면서 언론에 장단을 맞춰왔다.
>
> ㉤ 진정한 지식인은 과거 지식인의 병폐로부터 벗어나 무엇보다 실제 현실의 문제와 방향성, 가치기준에 대한 진지한 고민과 탐색을 게을리 하지 않아야 한다.
>
> ㉥ 이를 알기 위해서 먼저 지난 2세기 동안 나타난 지식인의 병폐를 지적해 보자.

① ㉠㉥㉡㉣㉢㉤

② ㉠㉥㉡㉣㉤㉢

③ ㉠㉤㉡㉢㉣㉥

④ ㉠㉤㉢㉡㉥㉣

 ㉠ 화제 제시→㉥ 화제 제시에 대한 세부 지적→㉡ 과거 지식인들의 병폐1→㉣ 과거 지식인들의 병폐2→㉢ 그에 대한 결과→㉤ 진정한 지식인의 역할

35

> ㉠ 꿀벌은 자기가 벌집 앞에서 날개를 파닥거리며 맴을 돎으로써 다른 벌한테 먹이가 있는 방향과 거리를 알려준다고 한다.
>
> ㉡ 언어는 사람만이 가지고 있다. 이는 사람됨의 기본조건의 하나가 언어임을 의미하는 것이다.
>
> ㉢ 사람 이외의 다른 동물들이 언어를 가졌다는 증거는 아직 나타나지 않는다.
>
> ㉣ 의사전달에 사용되는 수단이 극히 제한되어 있고, 그것이 표현하는 의미도 매우 단순하다.
>
> ㉤ 그러나 동물의 이러한 의사교환의 방법은 사람의 말에 비교한다면 불완전하기 짝이 없다.

① ㉠㉣㉤㉡㉢

② ㉢㉠㉤㉣㉡

③ ㉣㉢㉤㉡㉠

④ ㉤㉢㉡㉠㉣

 ㉢은 윗글의 전제가 되고 ㉠㉤에서 ㉠은 ㉤의 '이러한 의사교환의 방법'에 해당하는 예시가 되고, ㉤은 ㉠의 반론이 된다. ㉣은 ㉤에 자연스럽게 이어지는 부연설명이고 ㉡은 윗글 전체의 결론이 되므로 ㉢㉠㉤㉣㉡의 순서가 되어야 한다.

36

> ㉠ 그런데 한 가지 다행스러운 것은 경제가 발달함에 따라 여가시간이 늘어난 점이다.
>
> ㉡ 그리고 모든 것이 획일화되어 가는 현대 사회에서 자기의 세계를 찾아 개성을 창조할 수 있는 기회가 되기도 한다.
>
> ㉢ 그리고 바쁜 생활에 쫓기다 보면 생활이 단조로워지거나 삭막해진다.
>
> ㉣ 현대인들은 이 여가시간을 이용, 취미생활을 함으로써 정신적 긴장에서 벗어날 수 있다.
>
> ㉤ 오늘날, 산업사회가 날로 복잡해짐에 따라 정신적인 긴장 상태가 지속되어 정서적으로 불안해지기 쉽다.
>
> ㉥ 취미생활은 부업으로 발전하여 경제적인 도움을 얻을 수도 있다.

① ㉠㉥㉤㉡㉢㉣

② ㉢㉣㉠㉡㉥㉤

③ ㉣㉢㉤㉠㉡㉥

④ ㉤㉢㉠㉣㉡㉥

 ㉤ 산업사회의 복잡화로 인한 정서적 불안→㉢ 바쁜 생활로 인한 부작용→㉠ 그나마 다행스러운 여가시간의 증가→㉣ 현대인들의 여가시간 이용→㉡ 여가시간을 이용한 개성 창조→㉥ 취미생활의 경제적 도움 기능

|37~38| 다음 글이 들어가기에 적당한 위치를 고르시오.

37

어떤 의미에서 인간을 복제하는 행위가 비자연적인가? 첫 번째 답변은 인간복제가 자연법칙을 위반한다는 것이다. 그러나 이와 같이 해석함으로써 인간복제에 대한 반대 입장을 취할 수는 없다. 자연법칙을 위반한다는 것이 인간 복제에 대한 반론이 될 수 있다는 것은 자연법칙을 위반하는 행위를 하지 말아야 한다는 의미이다. 그러나 자연법칙은 인간에 의해 만들어진 법칙과는 달리 의무를 부과하고 있지 않다. 따라서 그것을 위반하는 것도 불가능하다.

(가) 인간복제 반대론자는 인간을 복제하는 것이 비자연적이며 따라서 도덕적으로 옳지 못하다고 말한다. 그러나 이러한 입장을 취하기 위해서는 인간을 복제하는 행위가 비자연적인 이유와 비자연적인 행위가 도덕적으로 옳지 못한 이유를 설명해야 한다.

(나) 그렇다면 어떤 해석이 가능한가? 그 대안으로 '인위적'이라는 해석을 고려할 수 있다. 인간의 손에 의해 계획되고 통제된 것은 자연적이지 않다는 관점에서, 인간을 복제하는 것은 인위적이며 그런 의미로 비자연적이라는 것이다. 이렇게 해석한다면, 첫 번째 해석이 안고 있는 문제점은 사라진다. 그러나 이렇게 해석하더라도 비자연적 행위가 그 자체로 옳지 않다고 할 수 있는가 하는 문제는 여전히 남는다. 모든 인위적인 행위가 옳지 않다고 볼 수는 없기 때문이다.

(다) 비자연적이라는 것을 '생물학적으로 비자연적'이라는 의미로 해석하는 방법도 있을 수 있다. 정자를 제공한 측과 동일한 유전자를 가진 후세가 태어나는 일은 자연에서는 발생하지 않는다. 그러나 과연 그로부터 인간을 복제하는 것이 도덕적으로 옳지 않다는 결론이 도출되는가? 인간복제를 반대하는 논증에서 "인간을 복제하는 일이 자연에서는 발생하지 않는다."는 것은 사실을 기술하는 전제인 반면에, "인간을 복제해선 안된다."는 것은 윤리적 당위를 주장하는 결론이다. 하지만 타당한 논증의 결론이 윤리적인 주장이라면 그 결론을 지지하는 전제도 윤리적인 성격을 띠어야 한다. 따라서 비자연적이라는 데 의존해서는 인간복제에 대한 반대 논거를 마련할 수 없다.

① (가) 앞   ② (나) 앞
③ (다) 앞   ④ (다) 뒤

 제시된 문장에서 첫 번째 답변을 설명하고 있으며, (나)에서 첫 번째 해석이 안고 있는 문제점이 사라진다고 했으므로 제시된 글이 들어갈 자리는 (나) 앞이 적당하다.

38

> 유명인의 이미지가 여러 상품으로 분산되면 광고 모델과 상품 간의 결합력이 약해질 것이다. 이는 유명인 광고 모델의 긍정적인 이미지를 광고 상품에 전이하여 얻을 수 있는 광고 효과를 기대하기 어렵게 만든다.

> 유명인의 중복 출연은 과연 높은 광고 효과를 보장할 수 있을까? 유명인이 중복 출연하는 광고의 효과를 점검해 볼 필요가 있다.
>
> 어떤 모델이든지 상품의 특성에 적합한 이미지를 갖는 인물이어야 광고 효과가 제대로 나타날 수 있다. ㈎ 유명인의 중복 출연이 소비자가 모델을 상품과 연결시켜 기억하기 어렵게 한다는 점은 광고 효과에 부정적인 영향을 미친다. ㈏ 또한 유명인의 중복 출연 광고는 광고 메시지에 대한 신뢰를 얻기 힘들다. ㈐ 유명인 모델의 광고 효과를 높이기 위해서는 유명인이 자신과 잘 어울리는 한 상품의 광고에만 지속적으로 나오는 것이 좋다. ㈑

① ㈎   ② ㈏

③ ㈐   ④ ㈑

 주어진 지문은 유명인의 중복 출연으로 모델과 상품을 연결시켜 기억하기 어려워지기 때문에 광고 효과가 온전하지 못하다는 것을 부연설명 하고 있으므로 ㈏의 위치에 들어가는 것이 적절하다.

┃39~40 ┃ 다음 글의 문맥상 빈칸에 들어갈 말로 알맞은 것을 고르시오.

39

> 태평양전쟁이 격화되자 일제는 식민지 조선 내에서 황국신민화정책을 강화함과 동시에 일본인으로서의 투철한 국가관과 '국민' 의식을 주입하는 데 주력하게 되었다. 사실 '국민'이란 말이 일본 내에서 실체적인 함의를 지니게 된 것은 청일전쟁 이후였다. 그런데 이 경우 천황 아래 모두가 평등한 신민, 즉 일본의 '국민'으로서 재탄생하여야 한다는 당위적 명제는 다른 면에서는 '비국민'으로 낙인 찍힐지도 모른다는 불안감을 조장하는 일이기도 했다. 그리고 이러한 사정은 식민지 조선 내에서도 마찬가지로 작용하였다. (   )

① 요컨대 일본인으로서의 '국민' 의식을 주입하는 데 주력하게 된 셈이다.

② 요컨대 이상적인 꿈을 펼치기 위해 27년 동안 식민지를 확대해나간 이유인 셈이다.

③ 요컨대 조선인들에게는 심리적인 포섭인 동시에 '비국민'으로서의 강력한 배제의 원리로 작용하였던 셈이다.

④ 요컨대 천황 아래 모두가 평등한 신민으로서 동일한 대우를 약속하여 강력한 일본을 만들겠다는 의지인 셈이다.

 괄호 앞에 '비국민'으로 낙인 찍힐지도 모르는 불안감을 조장한다고 하였으므로 ③이 적절하다.

40

> 오늘날 프랑스 영토의 윤곽은 9세기 샤를마뉴 황제가 유럽 전역을 평정한 후, 그의 후손들 사이에 벌어진 영토 분쟁의 결과로 만들어졌다. 제국 분할을 둘러싸고 그의 후손들 사이에 빚어진 갈등은 제국을 독차지하려던 로타르의 군대와, 루이와 샤를의 동맹군 사이의 전쟁으로 확대되었다. 결국 동맹군의 승리로 전쟁이 끝나면서 왕자들 사이에 제국의 영토를 분할하는 원칙을 명시한 베르됭 조약이 체결되었다. (   )
> 그래서 게르만어를 사용하는 지역과 로망어를 사용하는 지역을 각각 루이와 샤를에게 할당했다. 그리고 힘없는 로타르에게는 이들 두 국가를 가르는 완충지대로서, 이탈리아 북부 롬바르디아 지역으로부터 프랑스의 프로방스 지방, 스위스, 스트라스부르, 북해로 이어지는 긴 복도 모양의 영토가 주어졌다.

① 게르만어와 로망어는 세속어가 아니었다는 사실이 알려져 있다.

② 스트라스부르의 세속어는 루이와 샤를의 모어와 달랐다는 사실이 알려져 있다.

③ 루이와 샤를의 모어는 각각 상대방이 분할 받은 영토의 세속어와 일치하였다는 사실이 알려져 있다.

④ 영토 분할을 위임받은 로마 교회는 조세 수입이나 영토 면적보다는 '세속어'를 그 경계의 기준으로 삼는 것이 더 공정하다는 결론을 내렸다.

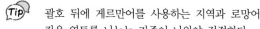 괄호 뒤에 게르만어를 사용하는 지역과 로망어를 사용하는 지역을 할당한 것으로 보아 빈 칸은 영토를 나누는 기준이 나와야 적절하다.

Answer ⤷ 39.③ 40.④

06 응용계산력

1 어떤 수를 124로 나누면 몫이 9, 나머지는 8이 될 때, 어떤 수를 12로 나누면 몫은 얼마인가?

① 103

② 93

③ 83

④ 73

 ㉠ 어떤 수＝124×9＋8＝1124

㉡ 1124를 12로 나누면 몫은 93이 되고 나머지는 8이 된다.

2 양의 정수 x를 10배한 수는 50보다 크고, x를 5배한 수에서 20을 뺀 수는 50보다 작을 때, x 값 중에 가장 높은 수는?

① 9

② 11

③ 13

④ 15

 • $10x > 50$ ∴ $x > 5$

• $5x - 20 < 50$, ∴ $x < 14$

따라서 $5 < x < 14$ 이므로,

∴ x값 중 가장 높은 수 ＝ 13

3 2자리의 정수 중 9의 배수의 총합은 얼마인가?

① 555　　　　　　　　　　　② 565

③ 575　　　　　　　　　　　④ 585

 ㉠ 18, 27, 36 … 순으로 진행하는 등차수열이므로,
$$a_n = a_1 + (n-1)d = 18 + (n-1)9 = 9 + 9n$$
㉡ 2자리의 정수 중 9의 배수의 최댓값은 99이므로,
$$a_n = 9 + 9n = 99, \quad \therefore n = 10$$
㉢ 첫 항(a_1)이 18, 마지막 항(a_{10})이 99이므로,
$$S_n = \frac{n(a_1 + a_n)}{2} = \frac{10(18 + 99)}{2} = 585$$

4 십의 자리의 숫자가 3인 두 자리의 자연수에서 십의 자리와 일의 자리의 숫자를 바꾸면 원래의 수의 2배보다 1이 작다. 이 자연수는?

① 34　　　　　　　　　　　② 35

③ 36　　　　　　　　　　　④ 37

 일의 자리 수를 x라 하면,
$$10x + 3 = 2(3 \times 10 + x) - 1, \ x = 7$$
따라서 자연수는 37이다.

5 서원이는 오늘 집에서 주엽역까지 $10km/h$로 걷고, 주엽역에서 지하철을 잠시 기다린 후, 평균 속력이 $60km/h$인 지하철을 타고 대화역에 도착했다. 총 걸린 시간이 30분일 때, 역에서 지하철을 기다린 시간은? (단, 집에서 주엽역까지 거리는 $1km$이고, 주엽역에서 대화역까지 거리는 $10km$이다.)

① 12분　　　　　　　　　　② 14분

③ 16분　　　　　　　　　　④ 18분

 역에서 지하철을 기다린 시간을 x라 하면,
$$\frac{1}{10} + \frac{x}{60} + \frac{10}{60} = \frac{30}{60}$$
$$\therefore x = 14분$$

Answer ➡ 1.② 2.③ 3.④ 4.④ 5.②

6 기은이와 희숙이를 포함한 친구 6명이 식사 값을 내는데 기은이가 17,000원, 희숙이가 19,000원을 내고 나머지 금액을 다른 친구들이 같은 값으로 나누어 냈을 때, 6명이 평균 10,000원을 낸 것이 된다면 나머지 친구 중 한 명이 낸 값은?

① 6,000원   ② 6,500원

③ 7,000원   ④ 7,500원

 6명이 평균 10,000원을 낸 것이 된다면 총 금액은 60,000원이다.
$60,000 = 17,000 + 19,000 + 4x$ 이므로
∴ $x = 6,000$원

7 기준이의 엄마와 아빠는 4살 차이이고, 엄마와 아빠 나이의 합은 기준이 나이의 다섯 배이다. 10년 후의 아빠의 나이가 기준이의 2배가 될 때, 엄마의 현재 나이는? (단, 아빠의 나이가 엄마의 나이보다 많다.)

① 38세   ② 40세

③ 42세   ④ 44세

 엄마의 나이를 x, 아빠의 나이를 $x+4$, 기준이의 나이를 y라고 할 때,
$x + x + 4 = 5y$ ··· ㉠
$x + 4 + 10 = 2(y + 10)$ ··· ㉡
㉠, ㉡ 두 식을 정리하여 연립하면,
$x = 38, y = 16$이므로,
엄마는 38세, 아빠는 42세, 기준이는 16세이다.

8 양의 정수 x를 6배한 수는 42보다 크고, 5배한 수에서 10을 뺀 수는 50보다 작을 때, 이 조건을 만족하는 모든 양의 정수 x의 합은?

① 38   ② 45

③ 57   ④ 63

 $6x > 42$, $5x - 10 < 50$를 정리하면
$7 < x < 12$이므로 만족하는 모든 정수 x의 합은 $8 + 9 + 10 + 11 = 38$이다.

9 2015년 12월 태우와 민식이의 통장에는 각각 30만 원, 50만 원이 들어있다. 2016년 1월부터 태우는 매월 1일에 5만 원씩 저축하고, 민식이는 4만 원씩 저축할 때, 두 사람의 저축액이 같아지는 달은 언제인가?

① 2016년 8월 말 ② 2016년 12월 말
③ 2017년 8월 말 ④ 2017년 12월 말

 태우와 민식이의 저축액이 같아지는 시기를 x달 후라고 할 때,
$30 + 5x = 50 + 4x$이므로
$x = 20$(개월)후에 태우와 민식이의 저축액이 같아진다.

10 둘레의 길이가 5km인 운동장을 민주는 60m/min의 속도로 걷는다. 은진이가 10분 후에 같은 지점에서 반대 방향으로 출발하여 40분 후에 만나게 되었다면, 은진이가 걷는 속도는?

① 50m/min ② 60m/min
③ 70m/min ④ 80m/min

 은진이가 걷는 속도를 x라 하면,
$60(40 + 10) + 40x = 5000$
$\therefore x = 50$m/min

11 바닷물을 담아서 증발시키면 소금이 된다. 농도가 0.8%인 바닷물 2kg를 담아 햇볕에 증발시켜 소금만 남게 하려면 얼마의 시간이 걸리겠는가? (단, 물은 1분에 4g씩 증발한다고 한다.)

① 7시간 40분 ② 7시간 54분
③ 8시간 16분 ④ 8시간 32분

 농도가 0.8%인 바닷물 2kg에 들어있는 소금의 양 : $\dfrac{0.8}{100} \times 2{,}000 = 16$(g)

바닷물 2kg에 들어있는 물의 양 : 1,984g
x분 후에 소금만 남으므로 $4x = 1{,}984$
$\therefore x = 496$
따라서 8시간 16분이 걸린다.

Answer → 6.① 7.① 8.① 9.③ 10.① 11.③

12 서원이는 소금물 A 100g과 소금물 B 300g을 섞어 15%의 소금물을 만들려고 했는데 실수로 두 소금물 A와 B의 양을 반대로 섞어 35%의 소금물을 만들었다. 두 소금물 A, B의 농도는 각각 얼마인가?

① A : 30%, B : 10% ② A : 35%, B : 5%

③ A : 40%, B : 10% ④ A : 45%, B : 5%

 소금물 A의 농도를 a%, B의 농도를 b%라 할 때,

원래 만들려던 소금물은 $\dfrac{a+3b}{100+300} \times 100 = 15\%$이고,

실수로 만든 소금물의 농도는 $\dfrac{3a+b}{300+100} \times 100 = 35\%$이다.

두 식을 정리하면 $\begin{cases} a+3b=60 \\ 3a+b=140 \end{cases}$ 이다.

∴ $a = 45\%, b = 5\%$

13 어느 창고의 짐을 다른 창고로 옮기는 데 남자 5명이 작업하면 5일이 걸리고, 여자 5명이 작업하면 10일이 걸린다. 같은 양의 짐을 남자 2명과 여자 2명이 같이 옮긴다면 며칠이 걸리는가?

① 7일 ② 8일

③ 9일 ④ 10일

 전체 짐의 양을 1이라 할 때, 남자 1명이 하루에 옮길 수 있는 짐의 양은 $\dfrac{1}{25}$이고, 여자 1명이 하루에 옮길 수 있는 짐의 양은 $\dfrac{1}{50}$이다.

따라서 남자 2명과 여자 2명이 하루에 옮길 수 있는 짐의 양은 $2 \times \dfrac{1}{25} + 2 \times \dfrac{1}{50} = \dfrac{3}{25}$이므로 모든 짐을 옮기는데 걸리는 시간은 $\dfrac{25}{3} ≒ 8.33$이므로 9일이 걸린다.

14 희철이와 경훈이가 주사위를 던져 2가 먼저 나오는 사람이 이기는 게임을 했다. 희철이가 이길 확률이 약 9%라면, 몇 번째에 이긴 것인가?

① 첫 번째

② 두 번째

③ 세 번째

④ 네 번째

 ㉠ 첫 번째에 2가 나올 확률 $= \frac{1}{6} \fallingdotseq 0.17$

㉡ 두 번째에 2가 나올 확률 $= \frac{5}{6} \times \frac{1}{6} = \frac{5}{36} \fallingdotseq 0.13$

㉢ 세 번째에 2가 나올 확률 $= \frac{5}{6} \times \frac{5}{6} \times \frac{1}{6} = \frac{25}{216} \fallingdotseq 0.11$

㉣ 네 번째에 2가 나올 확률 $= \frac{5}{6} \times \frac{5}{6} \times \frac{5}{6} \times \frac{1}{6} = \frac{125}{1296} \fallingdotseq 0.09$

따라서 네 번째에 희철이가 이길 확률은 약 9%

15 A팀 후보 6명, B팀 후보 4명 중 국가대표 선수 두 명을 뽑는다. 뽑힌 두 명의 선수가 같은 팀일 확률은 얼마인가? (소수점 셋째자리에서 반올림하시오.)

① 0.47

② 0.5

③ 0.53

④ 0.56

 뽑힌 두 명의 선수가 같은 팀일 경우는 두 명 모두 A팀이거나, 모두 B팀인 경우이다.

$$\therefore \frac{{}_6C_2 + {}_4C_2}{{}_{10}C_2} = \frac{\frac{6\times5}{2\times1} + \frac{4\times3}{2\times1}}{\frac{10\times9}{2\times1}} = \frac{15+6}{45} = 0.46666\cdots \fallingdotseq 0.47$$

16 길이가 150m인 A열차가 어느 터널을 지나는 데 8초가 걸렸고, 길이가 A열차의 2배인 B열차가 이 터널을 지나는 데 30초가 걸렸다. A열차의 속력이 B열차의 속력의 3배라고 할 때, 터널의 길이는?

① 400m

② 420m

③ 450m

④ 480m

 터널의 길이 x, B열차의 속력 y, A열차의 속력 $3y$

$150 + x = 8 \times 3y$

$300 + x = 30y$

$\therefore x = 450, \ y = 25$

Answer ➡ 12.④ 13.③ 14.④ 15.① 16.③

17 흰 공 5개와 검은 공 일부가 들어있는 상자에서 연속해서 공 2개를 꺼냈다. 첫 번째 공이 흰 공이고, 두 번째 공이 검은 공인 확률이 $\frac{5}{18}$일 때, 처음 상자에 들어있던 검은 공의 개수를 구하시오. (단, 꺼낸 공은 다시 넣지 않는다.)

① 10

② 9

③ 7

④ 5

 검은 공의 개수를 x라 하면,

• 처음 9개의 공 중에 흰 공을 뽑을 확률 $= \frac{5}{5+x}$

• 두 번째 검은 공을 뽑을 확률 $= \frac{x}{(5+x)-1}$

• $\frac{5}{5+x} \times \frac{x}{(5+x)-1} = \frac{5}{18}$ ∴ $x = 5, 4$

보기에는 5만 제시되어있으므로 답은 ④가 된다.

18 용식이의 집에서 가장 가까운 역까지의 거리는 1km, 역에서 학교까지의 거리는 10km이다. 집에서 역까지는 시속 4km로 걷고, 역에서 5분을 기다린 후 버스를 타고 학교까지 갔다. 집에서 학교까지 걸린 시간이 총 30분일 때, 버스의 평균 속력은?

① 55km/h

② 60km/h

③ 65km/h

④ 70km/h

 버스의 평균 속력을 $x$km/h라 할 때, 총 걸린 시간을 계산하면

$\frac{1}{4} + \frac{5}{60} + \frac{10}{x} = \frac{30}{60}$(시간)이므로 $x = 60$(km/h)

19 세호는 수업시간에 사용할 교구로 비행기표를 만들려고 한다. 출발지와 도착지를 표기한 비행기표가 380가지를 만들었다면, 몇 개의 공항을 대상으로 비행기표를 만든 것인가?

① 10개

② 15개

③ 20개

④ 25개

 공항의 수를 x라 하면,

$_xP_2 = 380$, $x \times (x-1) = 380$

∴ $x = 20$개

20 남녀 총 300명에게 설문조사를 한 결과 40%가 삼성 핸드폰을 소지하고 있었다. 여자 중 62.5%, 남자 중 25%가 삼성 핸드폰을 소지하고 있다면, 남녀 수의 차이는 얼마인가?

① 40명

② 45명

③ 50명

④ 60명

 여자의 수를 x, 남자의 수를 y라 할 때,

$x + y = 300 \cdots \bigcirc$

$\dfrac{5}{8}x + \dfrac{1}{4}y = 120$, 즉 $5x + 2y = 960 \cdots \bigcirc$ 이므로

$\bigcirc$과 $\bigcirc$을 연립하면

$x = 120$, $y = 180$ 이므로

남녀 수의 차이는 60명이다.

21 4,800만 원으로 1톤에 200만 원인 광석 A와 1톤에 500만 원인 광석 B를 사려고한다. 최종 구매한 광석의 무게가 12톤이라면, 광석 A는 몇 톤을 산 것인가? (단, 비용은 모두 소비해야한다.)

① 2톤

② 3톤

③ 4톤

④ 5톤

 광석 B를 8톤 구매하고, 광석 A를 4톤 구매하면 4,800만 원을 모두 소비할 수 있다.

$500 \times 8 + 200 \times 4 = 4800$

22 서원타일에서 원가가 14,000원인 A제품을 30개를 판매하였다. A제품의 순수익이 63,000원일 때, 원가가 12,000원인 B제품 50개를 팔면 순수익은 얼마가 되는가? (단, A, B 두 제품의 이윤율은 같다.)

① 60,000원

② 70,000원

③ 80,000원

④ 90,000원

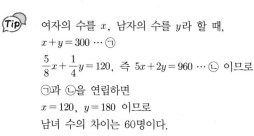 $\bigcirc$ 이윤율을 x라 하면, A제품의 순수익은 $14000 \times 30 \times x = 63000$, $x = 0.15$

$\bigcirc$ B제품의 순수익은 $12000 \times 50 \times 0.15 = 90,000$ 원

23 A팀과 B팀이 축구 경기를 하는데, 승부차기에서 각각 한 번의 기회만 남겨두고 있는 상황이다. A팀이 골을 넣을 확률은 70%, B팀이 골을 넣을 확률은 40%이다. 다음 중 무승부가 될 확률은 얼마인가?

① 46% ② 47%

③ 48% ④ 49%

- A팀과 B팀이 각각 골을 넣을 경우 : $0.7 \times 0.4 = 0.28$
- A팀과 B팀이 각각 골을 못 넣을 경우 : $0.3 \times 0.6 = 0.18$

따라서 $0.28 + 0.18 = 0.46$ ∴ 46%

24 갑 팀과 을 팀의 농구 경기가 동점으로 끝나자 자유투 하나로 승패를 정하기로 하였다. 갑 팀이 자유투를 실패할 확률은 30%이고 무승부가 될 확률이 46%일 때, 을 팀이 자유투를 성공할 확률은?

① 20% ② 30%

③ 40% ④ 50%

- 갑 팀이 자유투를 성공할 확률이 $\frac{70}{100}$ 이고, 을 팀이 자유투를 성공할 확률을 $\frac{x}{100}$ 라 하면,

  갑 팀과 을 팀 모두 자유투를 성공할 확률은 $\frac{70}{100} \times \frac{x}{100} = \frac{70x}{10000}$

- 갑 팀과 을 팀 모두 자유투를 실패할 확률은 $\frac{30}{100} \times \frac{100-x}{100} = \frac{3000-30x}{10000}$

따라서 $\frac{46}{100} = \frac{70x}{10000} + \frac{3000-30x}{10000} = \frac{3000+40x}{10000}$

∴ $x = 40$

25 길이가 400m인 기차 한 대가 역에 정차되어 있다. 이 역에서 정차하지 않고 옆 레일을 달리는 길이가 300m인 기차가 정차되어있는 기차와 만나서 완전히 지나쳐갈 때까지의 시간이 21초일 때, 달리는 기차의 속력은?

① 90km/h ② 100km/h

③ 110km/h ④ 120km/h

길이가 300m인 기차가 정차되어 있는 400m의 기차를 완전히 지나치는 동안 달리는 거리는 700m이다. 속력 $= \frac{거리}{시간}$ 이므로 기차의 속력은 $\frac{700\text{m}}{21\text{s}} = \frac{\frac{700}{1000}\text{km}}{\frac{21}{60\times60}\text{h}} = 120\text{km/h}$ 이다.

26 14명의 학생을 3명씩 조를 짜주려고 한다. 마지막 조는 2명일 때, 민지와 수지가 2명인 조에 배치될 경우의 수는?

① 216가지
② 280가지
③ 300가지
④ 324가지

 민지와 수지를 뺀 나머지 12명의 학생을 3명씩 4개의 조로 나누는 경우의 수를 구하면 된다. 순서에 상관없이 세 명씩 짝지어주는 것이므로, $_{12}C_3 + {_9}C_3 + {_6}C_3 = 220 + 84 + 20 = 324$

27 한 권에 1,000원인 노트와 한 권에 700원인 연습장을 합하여 모두 10권을 사고 8,000원을 냈더니 100원을 거슬러 주었다. 노트와 연습장을 각각 몇 권씩 샀는지 차례로 적으면?

① 2권, 8권
② 3권, 7권
③ 4권, 6권
④ 5권, 5권

 노트를 x권 사면, 연습장은 $10-x$
$1,000x + 700(10-x) = 8,000 - 100$
$1,000x + 7,000 - 700x = 7,900$
$300x = 900$
$\therefore x = 3$
노트는 3권, 연습장은 7권을 샀다.

28 수영장에 물을 채우는 수도관 A, B가 있다. 수영장을 가득 채우는데 수도관 A는 1시간, 수도관 B는 2시간 30분이 걸리고, 가득 찬 수영장의 배수관 마개를 뽑으면 수영장의 물이 모두 빠져나가는 데 1시간 30분이 걸린다. 물이 절반만 차있는 수영장에 빠르게 물을 가득 채우기 위해 수도관 A, B를 모두 틀어놓았는데 직원의 실수로 배수관 마개가 뽑혀있었다. 수영장이 가득 차기까지 걸리는 시간은?

① 약 38분
② 약 41분
③ 약 45분
④ 약 49분

 1분당 일률은 A는 $\frac{1}{60}$, B는 $\frac{1}{150}$이고, 배수관은 $-\frac{1}{90}$이다.
수영장의 나머지 절반이 차는 시간을 x라 할 때,
일을 구하는 식은 $\left(\frac{1}{60} + \frac{1}{150} - \frac{1}{90}\right) \times x = \frac{1}{2}$이므로 $x ≒ 40.9(분)$이다.

Answer 23.① 24.③ 25.④ 26.④ 27.② 28.②

29 석호는 1,000원짜리 지폐와 500원짜리 동전을 2 : 5의 비율로 가지고 있고, 돈의 액수는 8만 원 이상 10만 원 이하이다. 석호가 가진 1,000원짜리 지폐의 장수로 가능하지 않은 것은?

① 34장 ② 36장
③ 38장 ④ 40장

> (Tip) 석호가 가진 1,000원 지폐는 $2a$장, 500원 동전은 $5a$개일 때,
> 총 돈의 액수는 $2,000a + 2,500a = 4,500a$이므로
> $80,000 \leq 4,500a \leq 100,000$, 즉 $35.5 \cdots \leq 2a \leq 44.4 \cdots$
> ∴ 석호가 가진 1,000원 지폐의 장수로 가능한 수는 36~44사이의 짝수이다.

30 부피가 125인 정육면체의 한 변의 길이를 A, 겉넓이를 B라고 할 때, $\dfrac{A}{B}$는 얼마인가?

① $\dfrac{1}{15}$ ② $\dfrac{1}{30}$
③ $\dfrac{1}{45}$ ④ $\dfrac{1}{60}$

> (Tip) 정육면체의 부피는 A^3이므로, A는 5이다.
> 정육면체의 겉넓이는 $6A^2$이므로, B는 150이다.

31 가로의 길이가 64m, 세로의 길이가 80m인 직사각형 모양의 땅 둘레에 일정한 간격으로 말뚝을 박으려고 한다. 네 모퉁이에 반드시 말뚝을 박기로 할 때, 말뚝은 최소한 몇 개가 필요한가?

① 16개 ② 18개
③ 20개 ④ 22개

> (Tip) 64와 80의 최대공약수인 16m를 간격으로 하면 된다.
> $64 \div 16 = 4, 80 \div 16 = 5$이므로
> 필요한 말뚝의 개수는 $(4+1) \times 2 + (5+1) \times 2 - 4 = 18$이다.

32 형인 갑과 동생 을의 올해 나이의 합은 31이다. 갑이 을의 나이였던 해의 갑과 을의 나이의 합은 올해 갑의 나이의 $\frac{7}{6}$이었다. 올해 을의 나이는 얼마인가?

① 8   ② 11

③ 13   ④ 15

 갑의 올해 나이를 x, 을의 올해 나이를 y라고 할 때,

$x+y=31 \cdots \bigcirc$

갑이 을의 나이였던 해의 갑의 나이는 y, 을의 나이는 $y-(x-y)$이므로

$3y-x=\frac{7}{6}x \cdots \bigcirc$

$3\times\bigcirc-\bigcirc$으로 연립해서 풀면 $x=18$, $y=13$이다.

∴ 갑의 나이는 18세, 을의 나이는 13세이다.

33 A가게의 주인은 올림픽 축구 경기에서 우리나라가 이기자 270명의 손님들에게 맥주, 와인, 위스키 3종류의 술을 무료로 제공하였다. 손님들이 돌아간 후 무료로 제공한 술만 세어보니 맥주가 120병, 와인이 115잔, 위스키가 15잔이고 2종류의 술을 마신 사람이 72명, 3종류의 술을 마신 사람이 20명이라고 파악되었을 때 한 잔도 마시지 않은 사람의 수는?

① 110명   ② 121명

③ 132명   ④ 143명

 총 손님 수 = 270명

종류별로 제공한 술 = 120 + 115 + 15 = 250

2종류의 술을 마신 사람 = 72명(72 × 2 = 144잔/병의 술을 마심)

3종류의 술을 마신 사람 = 20명(20 × 3 = 60잔/병의 술을 마심)

1종류의 술을 마신 사람을 x라고 할 때

250 = x + 144 + 60

x = 46이다.

그러므로 한 잔이라도 술을 마신 사람의 수 = 46 + 72 + 20 = 138명이 되고,

한 잔도 마시지 않은 사람의 수 = 270 − 138 = 132명이 된다.

Answer ↠ 29.① 30.② 31.② 32.③ 33.③

34 1시간에 책을 60쪽씩 읽는 사람이 있다. 30분씩 읽고 난 후 5분씩 휴식하면서 3시간동안 읽으면 모두 몇 쪽을 읽게 되는가? (단, 읽는 속도는 일정하다)

① 155쪽

② 135쪽

③ 115쪽

④ 105쪽

 1시간에 60쪽을 읽으므로, 1분에 1쪽을 읽는 것과 같다.

30분씩 읽고 5분 휴식하는 것을 묶어 35분으로 잡는다.

$180 = 35 \times 5 + 5$이므로 30분씩 5번 읽고, 5분을 더 읽는 것과 같다.

$30 \times 5 + 5 = 155$

35 파란 공 7개, 빨간 공 5개, 합이 12개의 공이 들어있는 주머니가 있다. 이 중에서 동시에 4개를 꺼낼 때 적어도 1개가 빨간 공일 확률은?

① $\dfrac{5}{12}$

② $\dfrac{7}{12}$

③ $\dfrac{80}{99}$

④ $\dfrac{92}{99}$

 전체 12개에서 동시에 4개를 꺼내는 방법은 $_{12}C_4 = \dfrac{12 \times 11 \times 10 \times 9}{4 \times 3 \times 2 \times 1} = 495$(가지)이다.

적어도 1개가 빨간 공일 확률은 전체 경우의 수에서 빨간 공이 없는 경우를 빼주면 되므로,

파란 공만 4개를 뽑을 확률 $_7C_4 = \dfrac{7 \times 6 \times 5 \times 4}{4 \times 3 \times 2 \times 1} = 35$(가지)이다.

빨간 공이 없을 확률은 $\dfrac{35}{495} = \dfrac{7}{99}$이다.

그러므로 적어도 빨간 공 1개가 포함될 확률은 $1 - \dfrac{7}{99} = \dfrac{92}{99}$이다.

36 구멍이 나서 물이 새는 통이 있다. 처음에 20ℓ의 물이 있었는데, 1시간이 지나자 15ℓ밖에 남지 않았다. 그 후 2시간이 더 지났을 때의 물의 양은?

① 5ℓ

② 6ℓ

③ 7ℓ

④ 8ℓ

 시간당 새는 물의 양은 $\dfrac{\text{새어 나간 물의 양}}{\text{그 동안의 시간}}$ 으로 볼 수 있다.

시간당 새는 물의 양 $= \dfrac{20-15}{1} = 5$이고 이미 물이 15ℓ가 된 후에서 2시간이 더 지난 것이므로

$15-(5\times2) = 5$이다. 따라서 남은 물의 양은 5ℓ이다.

37 1, 2, 3, 4, 5의 숫자가 쓰인 카드가 있다. 카드를 전부 사용하여 만들 수 있는 5자리의 정수 중 작은 수부터 순서대로 배열할 때 23451은 몇 번째에 오게 되는가?

① 30번째

② 32번째

③ 34번째

④ 36번째

 작은 수부터 배열하는데, 23451의 앞에 오는 수의 개수를 구해보면,

1 ○ ○ ○ ○ : 4!

2 1 ○ ○ ○ : 3!

2 3 1 ○ ○ : 2!

2 3 4 1 5

2 3 4 5 1

∴ 4!+3!+2!+1+1=34, 23451은 34번째 수가 된다.

Answer ➞ 34.① 35.④ 36.① 37.③

38 진호, 영지, 준호, 지숙이가 해외 여행 경비를 네 명이서 동일하게 나누려고 한다. 아래 지출 내역 외에 추가적으로 준호가 2만 원을 미리 냈다면, 진호는 얼마를 더 내야하는가?

〈표〉 여행경비 지출 내역

(단위 : 원)

구분	지출자	내역	금액
숙박	진호	호텔비	440,000
교통	영지	편도 비행기	510,000
	준호	편도 비행기	490,000
기타	지숙	간식1	34,000
		중식1	98,000
		관광지1 입장권	84,000
		석식	84,000
		관광지2 입장권	140,000
		간식2	44,800
		중식2	25,200

① 7만 원
② 9만 원
③ 11만 원
④ 13만 원

 ㉠ 영지, 준호, 지숙이 각각 51만 원씩 냈으므로, 한 사람당 51만 원을 내야 한다.
㉡ 진호 혼자 44만 원을 냈으므로 7만 원을 더 내야 네 명이 동일한 경비를 지불하게 된다.

39 인터넷 통신 한 달 요금이 다음과 같은 A, B 두 회사가 있다. 상희는 B 회사를 선택하려고 한다. 월 사용시간이 최소 얼마 이상일 때, B 회사를 선택하는 것이 유리한가?

A 회사		B 회사	
기본요금	추가요금	기본요금	추가요금
5,600원	시간당 1,200원	30,000원	없음

① 18시간 40분
② 19시간
③ 20시간 20분
④ 21시간

월 사용시간을 x라 하면

$$5,600 + 1,200x \geq 30,000$$

$$x \geq \frac{24,400}{1,200} = 20\frac{1}{3}$$

따라서 매월 최소 20시간 20분 이상 사용할 때 B회사를 선택하는 것이 유리하다.

40 다음은 우체국 택배물 취급에 관한 기준표이다. 지원이가 서울에서 대구에 있는 상훈이와 창훈이에게 각각 택배를 보내려고 한다. 상훈이에게 보내는 물품은 10kg에 130cm이고, 창훈이에게 보내려는 물품은 4kg에 60cm이다. 지원이가 택배를 보내는 데 드는 비용은 모두 얼마인가?(단, 모두 안심소포를 이용한다.)

(단위 : 원/개)

지역 \ 중량	2kg까지 (60cm까지)	5kg까지 (80cm까지)	10kg까지 (120cm까지)	20kg까지 (140cm까지)	30kg까지 (160cm까지)
동일지역	4,000원	5,000원	6,000원	7,000원	8,000원
타지역	5,000원	6,000원	7,000원	8,000원	9,000원

※ 중량이나 크기 중에 하나만 기준을 초과하여도 초과한 기준에 해당하는 요금을 적용한다.

※ 동일지역은 접수지역과 배달지역이 동일한 시/도이고, 타지역은 접수한 시/도지역 이외의 지역으로 배달되는 경우를 말한다.

※ 부가서비스(안심소포) 이용시 비용의 50%를 부가한다.

① 21,000원

② 22,000원

③ 23,000원

④ 24,000원

 상훈이에게 보내는 택배는 10kg지만 130cm로 크기 기준을 초과하였으므로 요금은 8,000원이 된다. 또한 창훈이에게 보내는 택배는 60cm이지만 4kg으로 중량기준을 초과하였으므로 요금은 6,000원이 된다.

두 택배 모두 안심소포를 이용한다고 하였으므로, 각각 12,000원과 9,000원을 지불해야 한다.

Answer↱ 38.① 39.③ 40.①

07 수추리력

┃1~14┃ 다음 제시된 숫자의 배열을 보고 규칙을 적용하여 빈칸에 들어갈 알맞은 숫자를 고르시오.

1

| 1 ( ) 17 53 161 485 |

① 5

② 7

③ 9

④ 10

> (Tip) 앞의 수에 ×3+2로 변화한다. 따라서 1×3+2=5

2

| 36 27 17 22 13 ( ) 8 -1 |

① 1

② 2

③ 3

④ 4

> (Tip) -9, -10, +5, -9, -10, +5의 규칙을 갖는다.

3

| 1 3 6 18 21 ( ) 66 |

① 41

② 52

③ 63

④ 74

> (Tip) ×3, +3이 반복되고 있다. 따라서 21×3=63

4

| 5 2 10 4 20 ( ) 40 8 |

① 30   ② 8

③ 50   ④ 6

Tip   1, 3, 5, 7항은 ×2의 규칙을, 2, 4, 6, 8항은 +2의 규칙을 가진다. 따라서 4+2=6

5

| 55 59 68 84 ( ) 145 194 |

① 96   ② 109

③ 114   ④ 128

Tip $+2^2$, $+3^2$, $+4^2$, $+5^2$, $+6^2$, $+7^2$의 규칙을 가진다. 따라서 84+25=109

6

| 1 2 3 5 8 13 ( ) 34 |

① 17   ② 19

③ 21   ④ 23

Tip   앞의 두 항을 더한 것이 다음 항이 되는 피보나치수열이다.

7

| 1 6 ( ) 8 5 10 7 |

① 3   ② 4

③ 9   ④ 11

Tip   +5, −3, +5, −3, +5, −3의 규칙을 가진다. 따라서 6−3=3

Answer ↱ 1.① 2.③ 3.③ 4.④ 5.② 6.③ 7.①

8

$$1 \quad 5 \quad 11 \quad -5 \quad 21 \quad (\quad) \quad 31 \quad -25$$

① 10   ② −10

③ 15   ④ −15

(Tip) 1, 3, 5, 7항은 +10의 규칙을, 2, 4, 6, 8항은 −10의 규칙을 가진다. 따라서 −5−10=−15

9

$$1 \quad 3 \quad (\quad) \quad 15 \quad 31 \quad 63 \quad 127$$

① 5   ② 7

③ 9   ④ 11

(Tip) $+2,\ +2^2,\ +2^3,\ +2^4,\ +2^5,\ +2^6$의 규칙을 가진다.

10

$$2 \quad 3 \quad 5 \quad 7 \quad 11 \quad 13 \quad 17 \quad 19 \quad (\quad)$$

① 21   ② 23

③ 27   ④ 29

(Tip) 주어진 수는 소수(1과 자기 자신만으로 나누어 떨어지는 1보다 큰 양의 정수)이다. 19 다음의 소수는 23이다.

11

$$\frac{1}{88} \quad \frac{3}{88} \quad \frac{5}{88} \quad \frac{7}{88} \quad \frac{9}{88} \quad \frac{(\quad)}{88} \quad \frac{15}{88}$$

① 11   ② 12

③ 13   ④ 14

(Tip) 분모가 88인 기약분수이다. $\frac{9}{88}$ 다음에 나올 기약분수는 $\frac{13}{88}$ 이다.

12

3 4 5 7 9 13 15 22 ( ) 34

① 23 ② 25

③ 27 ④ 29

(Tip) 홀수 항은 2의 배수 씩, 짝수 항은 3의 배수 씩 더해지며 증가한다.

13

1 2 −1 8 ( ) 62

① −19 ② −15

③ 10 ④ 12

(Tip) 처음의 숫자에 3^0, -3^1, 3^2, -3^3, 3^4이 더해지고 있다.

14

2 3 7 34 290 ( )

① 3400 ② 3415

③ 3430 ④ 3445

(Tip) 처음의 숫자에서 1^1, 2^2, 3^3, 4^4, 5^5이 더해지고 있다.

Answer ↪ 8.④ 9.② 10.② 11.③ 12.① 13.① 14.②

【15~20】 일정한 규칙에 따라 배열된 수이다. (   )안에 알맞은 수를 고르시오.

15

> 2 7 9   10 5 3   6 1 11   1 1 (   )

① 10　　　　　　　　　　　　　② 12

③ 14　　　　　　　　　　　　　④ 16

 주어진 세 수를 모두 더하면 18이 된다.

16

> 5 2 6   1 10 6   3 (   ) 4   15 1 4

① 4　　　　　　　　　　　　　② 5

③ 6　　　　　　　　　　　　　④ 7

 주어진 세 수를 모두 곱하면 60이 된다.

17

> 8 3 2   14 4 3   20 6 3   (   ) 7 4

① 25　　　　　　　　　　　　　② 27

③ 30　　　　　　　　　　　　　④ 34

 규칙성을 찾으면 $8 = (3 \times 2) + 2$, $14 = (4 \times 3) + 2$, $20 = (6 \times 3) + 2$이므로 (   ) $= (7 \times 4) + 2$
∴ (   ) 안에 들어갈 수는 30이다.

18

6 2 8 10   3 7 10 17   5 8 13 ( )

① 12

② 15

③ 18

④ 21

 규칙성을 찾으면 6 2 8 10에서 첫 번째 수와 두 번째 수를 더하면 세 번째 수가 되고 두 번째 수와 세 번째 수를 더하면 네 번째 수가 된다.

∴ ( ) 안에 들어갈 수는 21이다.

19

2 5 10 7 16   3 2 6 7 12   5 2 ( ) 6 15

① 8

② 10

③ 12

④ 14

 규칙성을 찾으면 2 5 10 7 16에서 첫 번째 수와 두 번째 수를 곱하면 세 번째 수가 나오고 세 번째 수와 네 번째 수를 더한 후 1을 빼면 다섯 번째 수가 된다.

∴ ( ) 안에 들어갈 수는 10이다.

20

3 5 9 15   4 6 16 24   5 7 ( ) 35   6 8 36 48

① 23

② 24

③ 25

④ 26

 규칙성을 찾으면 3 5 9 15에서 첫 번째 수에 2를 더하면 두 번째 수가 되고, 첫 번째 수에 제곱을 한 값이 세 번째 수, 첫 번째 수와 두 번째 수를 곱한 값이 네 번째 수가 된다.

∴ ( ) 안에 들어갈 수는 25이다.

Answer → 15.④ 16.② 17.③ 18.④ 19.② 20.③

21

$$12 * 2 = 4 \quad 15 * 3 = 2 \quad 20 * 4 = (\quad)$$

① 1   ② 3

③ 5   ④ 7

 계산 법칙을 유추하면 첫 번째 수를 두 번째 수로 나눈 후 두 번째 수를 빼고 있다.

22

$$4 \circ 8 = 5 \quad 7 \circ 8 = 11 \quad 9 \circ 5 = 9 \quad 3 \circ (7 \circ 2) = (\quad)$$

① 6   ② 13

③ 19   ④ 24

 계산 법칙을 유추하면 두 수를 곱한 후 십의자리 수와 일의자리 수를 더하고 있으므로 $(7 \circ 2)$는 $7 \times 2 = 14$에서 $1 + 4 = 5$, $3 \circ 5$는 $3 \times 5 = 15$에서 $1 + 5 = 6$
∴ ( ) 안에는 6이 들어간다.

23

$$2 * 3 = 3 \quad 4 * 7 = 21 \quad 5 * 8 = 32 \quad 7 * (5 * 3) = (\quad)$$

① 70   ② 72

③ 74   ④ 76

Tip 계산 법칙을 유추하면 두 수를 곱한 후 두 번째 수를 빼고 있으므로
$5 * 3$은 $5 \times 3 - 3 = 12$, $7 * 12 = 7 \times 12 - 12 = 72$

24

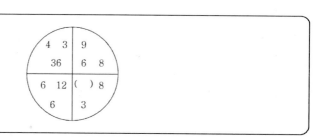

① 12

② 19

③ 25

④ 32

 원의 나누어진 한 부분의 합이 33이 되어야 한다.

25

① 12

② 14

③ 16

④ 18

 원의 나누어진 한 부분의 숫자는 모두 곱하면 432가 된다.

Answer → 21.① 22.① 23.② 24.③ 25.④

26

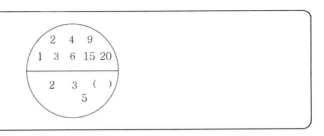

① 2   ② 8
③ 14   ④ 20

 원의 위쪽 부분은 모두 더해서 60이 되고 아랫부분은 모두 곱해서 60이 된다.

27

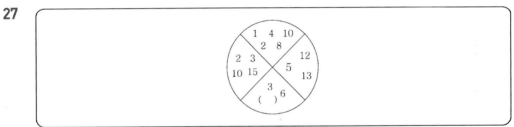

① 14   ② 16
③ 18   ④ 20

 원의 나누어진 부분 중 마주보는 부분끼리 숫자의 합이 같다.

| 28~30 | 다음 ▲ 표시된 곳의 숫자에서부터 시계방향으로 진행하면서 숫자와의 관계를 고려하여 ? 표시된 곳에 들어갈 알맞은 숫자를 고르시오.

28

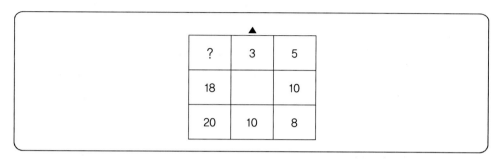

① 16　　　　　　　　　　　② 18
③ 20　　　　　　　　　　　④ 22

 3부터 시계방향으로 각 숫자의 차가 +2, ×2, -2의 순서로 변한다.

29

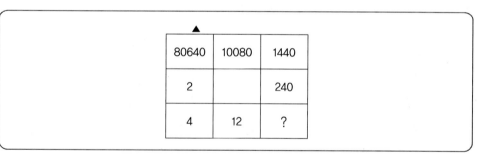

① 24　　　　　　　　　　　② 48
③ 60　　　　　　　　　　　④ 120

 80640부터 시계방향 차례대로 8, 7, 6, 5, …이 나눠지면서 변하고 있다.

Answer ⌐→ 26.① 27.② 28.③ 29.②

30

?	3	4
66		6
34	18	10

① 120 ② 130
③ 140 ④ 150

 +1, +2, +4, +8, +16, +32로 수가 변하고 있으므로, 66에는 64가 더해져 130이 된다.

▌31~40▐ 다음 ? 표시된 부분에 들어갈 숫자를 고르시오.

31

200	40	20	10	5
5	2	2	?	

① 2 ② 4
③ 6 ④ 8

  ⓒ＝㉠÷ⓛ

32

① $\frac{11}{5}$

② $\frac{17}{5}$

③ $\frac{11}{2}$

④ $\frac{17}{2}$

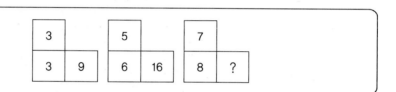
㉠= ㉡ + $\frac{1}{㉢}$

33

① 22

② 25

③ 28

④ 31

㉢= ㉠×2+ ㉡

Answer ↱ 30.② 31.① 32.① 33.①

34

19	5	4
18	4	2
17	3	?
16	2	0

① 0   ② 1

③ 2   ④ 3

 3열의 수는 1열의 수를 2열의 수로 나눈 나머지이다. 따라서 빈칸에 들어갈 수는
17÷3＝5…2, 즉 2이다.

35

A	B		B	D		C	F
G	D		N	H		?	L

① U   ② V

③ W   ④ X

 영문 알파벳과 숫자를 대응시키면 다음의 표와 같다.

A	B	C	D	E	F	G	H	I	J	K	L	M	N	O	P	Q	R	S	T	U	V	W	X	Y	Z
1	2	3	4	5	6	7	8	9	10	11	12	13	14	15	16	17	18	19	20	21	22	23	24	25	26

주어진 도형의 알파벳을 대응하는 숫자로 치환하면

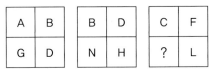

첫 번째 도형은 시계방향으로 1, 2, 3, 두 번째 도형은 시계방향으로 2, 4, 6씩 더해지며
증가한다. 따라서 세 번째 도형은 시계방향으로 3, 6, 9씩 더해지며 증가해야 한다.
∴ 빈칸에 들어갈 문자는 12＋9＝21, 즉 U가 들어가야 한다.

36

① 5

② 8

③ 11

④ 14

 한 변의 숫자를 더하면 모두 25가 된다.

37

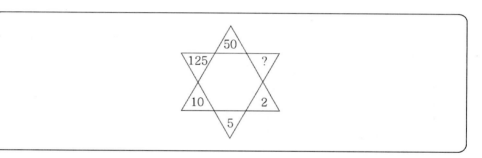

① 21

② 23

③ 25

④ 27

 마주보고 있는 숫자를 곱하면 모두 250이 된다.

Answer → 34.③ 35.① 36.② 37.③

38

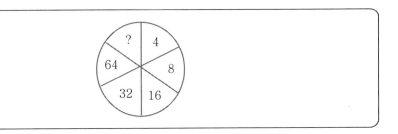

① 126

② 127

③ 128

④ 129

 4에서 시작해서 시계방향으로 2가 곱해지면서 변하고 있다.

39

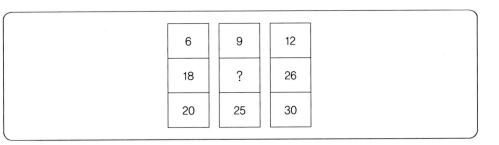

① 21

② 22

③ 23

④ 24

 첫 번째 줄의 각 숫자의 차는 3이고, 두 번째 줄의 각 숫자의 차는 4이고, 세 번째 줄의 각 숫자의 차는 5이다.

40

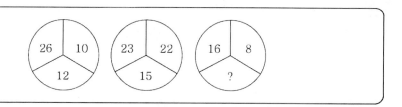

① 8

② 10

③ 12

④ 14

Answer → 38.③ 39.② 40.①

08 창의력

※ 창의력 영역은 답과 해설이 제공되지 않습니다.

|1~5| 다음 그림을 보고 떠오르는 모양을 모두 적으시오.

1

2

3

4

5

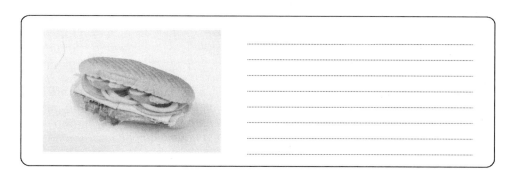

▮6~10▮ 다음 그림과 관련되어 하고 싶은 것을 모두 적으시오.

6

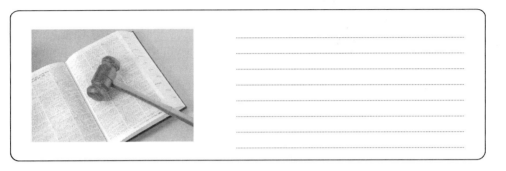

7

8

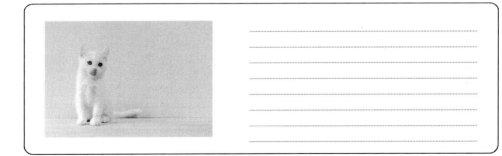

9

10

▎11~15 ▎ 다음 그림의 대상을 판매할 전략을 모두 적으시오.

11

12

13

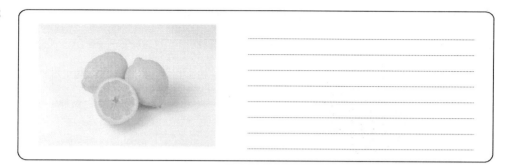

14

15

16

17

18

19

20

│21~24│ 다음 그림 속의 물건으로 할 수 있는 것들을 모두 적으시오.

21

22

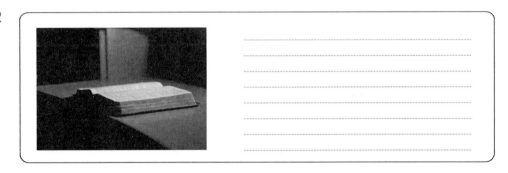

23

24

25

26

27

28

|29~31| 다음 제시된 사진을 보고 상황을 창의적으로 서술해 보시오.

29

30

31

| 32~36 | 다음 제시된 그림을 보고 연상되는 것을 생각나는 대로 적으시오.

32

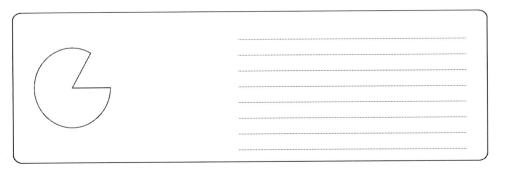

33

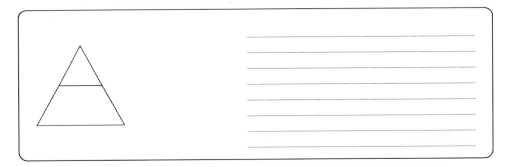

34

35

36

▎37~40 ▎ 다음에 제시된 상황에서 벌어질 수 있는 일을 모두 적으시오(최대 40개).

37 세상의 전기가 사라졌다. 어떻게 극복할 것인가?

38 자고 일어나니 벼락부자가 되었다. 어떤 일을 하겠는가?

39 모든 사람이 말을 못하게 된다면 어떤 일이 벌어지겠는가?

40 갑자기 하늘이 초록색이 되었다. 왜일까?

09 도식추리력

▌1~10 ▌ 다음 주어진 조건에 따라 변환했을 때, '?'에 들어갈 알맞은 수를 구하시오.

	표시한 자리에 있는 문자 위치 바꾸기
	홀수끼리만 묶어서 시계방향으로 세 칸 이동
	음영의 위치를 시계방향으로 세 칸 이동
	색칠한 칸에 있는 문자를 수로 바꾸어 더하기
	색칠한 칸에 있는 문자를 수로 바꾸어 곱하기
	순서도 결과 값이 해당 수보다 큰지 판단하기
	순서도 결과 값이 해당 수보다 작은지 판단하기

A	B	C	D	E	F	G	H	I	J	K	L	M	N	O	P	Q	R	S	T	U	V	W	X	Y	Z
1	2	3	4	5	6	7	8	9	10	11	12	13	14	15	16	17	18	19	20	21	22	23	24	25	26

1

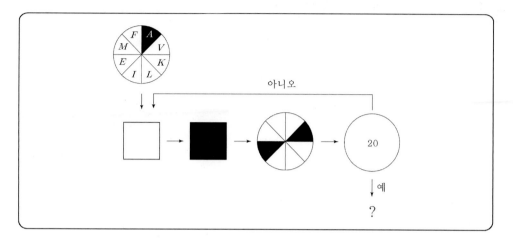

① 20

② 21

③ 22

④ 23

 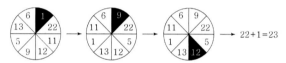

22+1=23

Answer ↪ 1.④

2

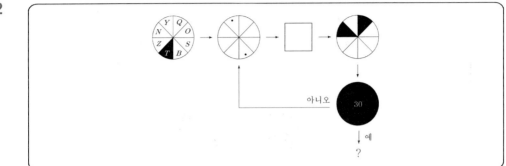

① 29   ② 30

③ 31   ④ 32

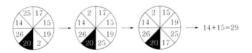

3

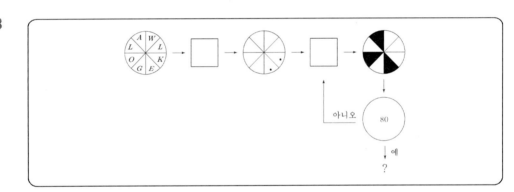

① 88   ② 100

③ 525   ④ 825

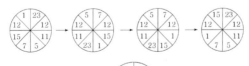

4

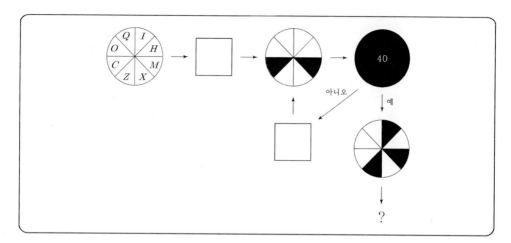

① 1000

② 1100

③ 1150

④ 1170

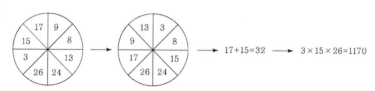

5

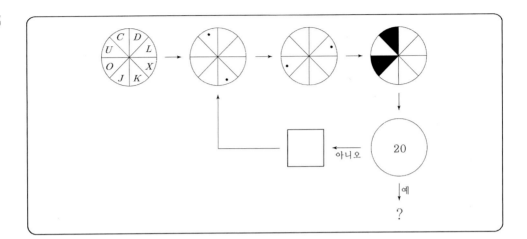

① 20 　　　　　　　　　　　　② 21

③ 22 　　　　　　　　　　　　④ 23

 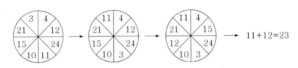

6

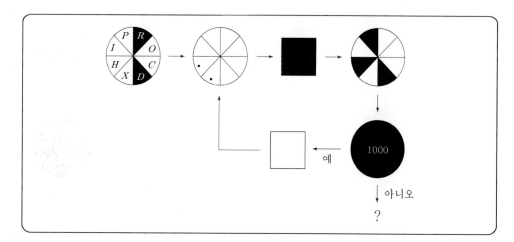

① 1342

② 1456

③ 1536

④ 1753

Tip

$\longrightarrow$ $16 \times 24 \times 4 = 1536$

7

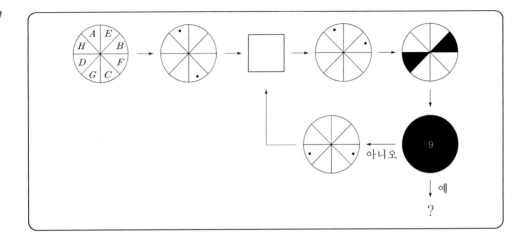

① 5   ② 6

③ 7   ④ 8

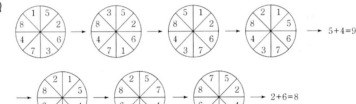

8

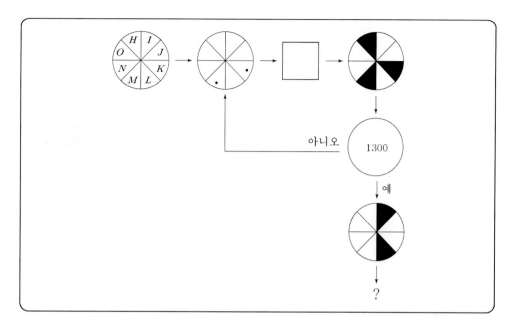

① 20

② 25

③ 30

④ 35

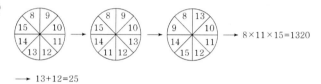

$\longrightarrow$ 13+12=25

9

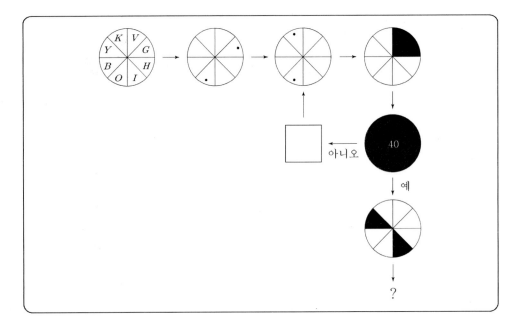

① 31

② 32

③ 33

④ 34

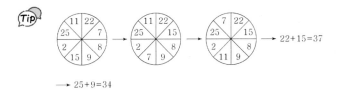

→ 25+9=34

10

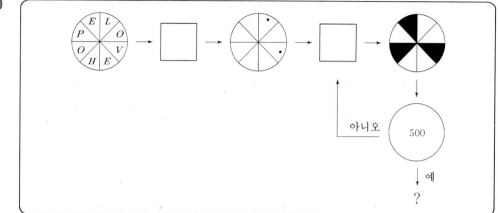

① 600   ② 700

③ 800   ④ 900

 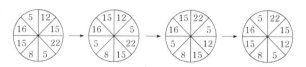

│11~20│ 다음에 제시된 예를 보고 $와 !에 들어갈 도형으로 옳은 것을 고르시오.

〈예〉

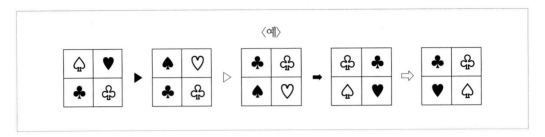

11

① ★ ♡　　　　　　　② ☆ ★

③ ★ ☆　　　　　　　④ ☆ ♥

Tip 제시된 예의 규칙을 파악하면 다음과 같다.
　▶ 1행 색 반전
　▷ 1행과 2행 교환
　➡ 전체 색 반전
　⇨ 1열과 2열 교환

12

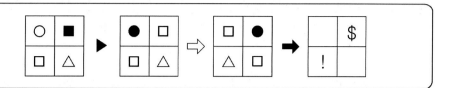

① ○ ▲　　　　　　② ■ ○

③ ○ ■　　　　　　④ ○ △

 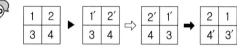

13

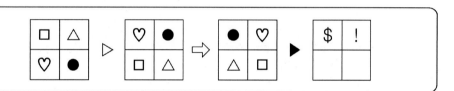

① ● △　　　　　　② ○ ♥

③ △ □　　　　　　④ ● ♡

 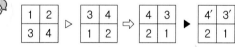

Answer → 11.②　12.①　13.②

14

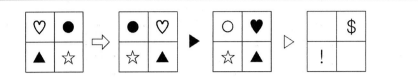

① ▲ ●   ② △ ○

③ △ ●   ④ ▲ ○

 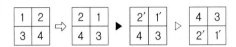

15

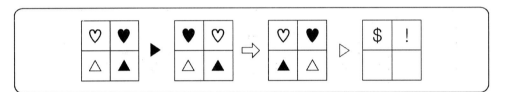

① ▲ △   ② △ ▲

③ ♡ ♥   ④ ♥ ♡

16

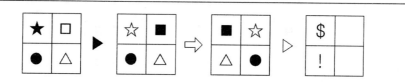

① ● ☆

② △ ■

③ ○ ★

④ ▲ □

 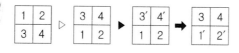

17

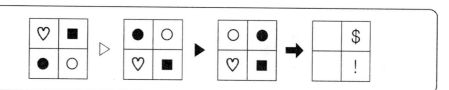

① ♡ ○

② ♥ ■

③ ● □

④ ○ □

18

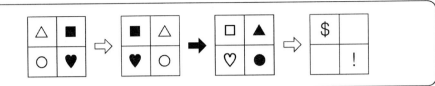

① △ ■   ② ○ ♥

③ ▲ ♡   ④ □ ♡

 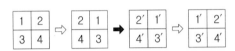

19

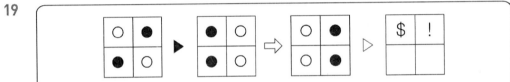

① ○ ●   ② ○ ○

③ ● ●   ④ ● ○

1	2
3	4

1′	2′
3	4

2′	1′
4	3

4	3
2′	1′

20

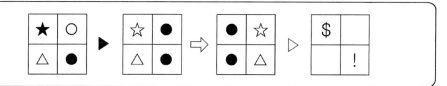

① ○ ☆

② ● ☆

③ △ ●

④ ▲ ○

1	2
3	4

▶

1′	2′
3	4

⇨

2′	1′
4	3

▷

4	3
2′	1′

- 예제 -

※ 제시된 도형을 아래의 [변환] 규칙과, [비교] 규칙에 따라 변환시킨다고 할 때, '?'에 들어갈 도형
  으로 알맞은 것을 고르시오.

[변환]

⇨⇨	1열을 2열로 복제
⇩⇩	1행을 2행으로 복제
↶	가운데를 기준으로 반시계방향으로 한 칸씩 이동
⇧⇩	1행과 3행을 교환

[비교]

□	해당 칸의 최초 도형과 '모양'을 비교
◁	해당 칸의 최초 도형과 모양이 같으면 1열씩 왼쪽으로 이동
△	해당 칸의 최초 도형과 모양이 다르면 1행씩 위로 이동
■	해당 칸의 최초 도형과 '색깔'을 비교
◓	해당 칸의 최초 도형과 색깔이 같으면 해당 행 색 반전
◒	해당 칸의 최초 도형과 색깔이 다르면 해당 열 색 반전

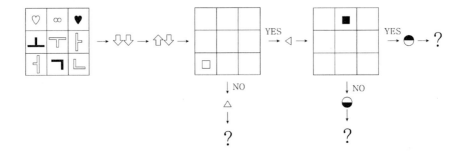

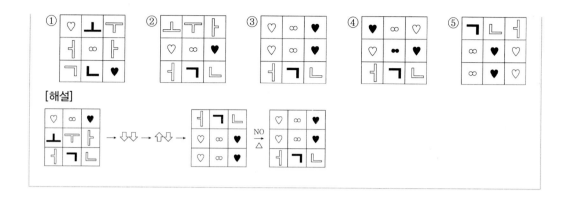

[해설]

|21~30 | 제시된 도형을 아래의 [변환] 규칙과, [비교] 규칙에 따라 변환시킨다고 할 때, '?'에 들어갈 도형으로 알맞은 것을 고르시오.

[변환]

▶▶	1열을 3열로 복제
▼▼	1행을 3행으로 복제
◎	가운데를 기준으로 시계방향으로 한 칸씩 이동
◁▷	1열과 3열을 교환

[비교]

⊗	해당 칸의 최초 도형과 '모양'을 비교
▷	해당 칸의 최초 도형과 모양이 같으면 1열씩 오른쪽으로 이동
▽	해당 칸의 최초 도형과 모양이 다르면 1행씩 아래로 이동
⊗	해당 칸의 최초 도형과 '색깔'을 비교
□	해당 칸의 최초 도형과 색깔이 같으면 해당 열 색 반전
■	해당 칸의 최초 도형과 색깔이 다르면 해당 행 색 반전

21

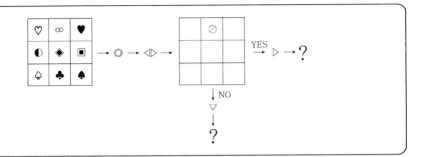

①

♡	∞	♥
♤	♣	♠
◐	◈	■

②

♡	∞	♡
◐	◈	◐
♤	♣	♤

③

♥	◈	◐
■	♤	∞
♣	♡	♠

④

■	♠	♣
∞	♡	◐
♥	◈	♤

♡	∞	♥
◐	◈	■
♤	♣	♠

→ ◎ → ◁▷ →

∞	♡	◐
♥	◈	♤
■	♠	♣

NO / ▽ →

■	♠	♣
∞	♡	◐
♥	◈	♤

22

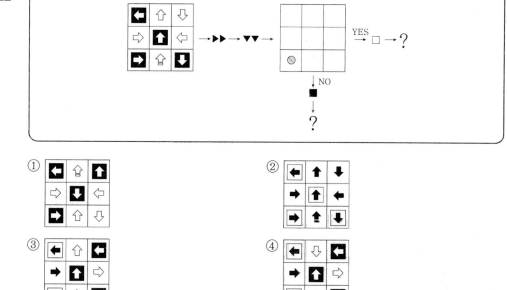

① | ← | ⇧ | ⬆ |
| ⇨ | ⬇ | ⇦ |
| → | ⇧ | ⇩ |

② | ← | ⬆ | ⬇ |
| → | ⬆ | ← |
| → | ⬆ | ⬇ |

③ | ← | ⇧ | ← |
| → | ⬆ | ⇨ |
| ← | ⇧ | ← |

④ | ← | ⇩ | ← |
| → | ⬆ | ⇨ |
| ← | ⇩ | ← |

(Tip)

←	⇧	⇩
⇨	⬆	⇦
→	⇧	⬇
→▶▶→▼▼→
←	⇧	←
⇨	⬆	⇨
←	⇧	←
$\overset{\text{YES}}{\square}$
←	⇧	←
→	⬆	⇨
←	⇧	←

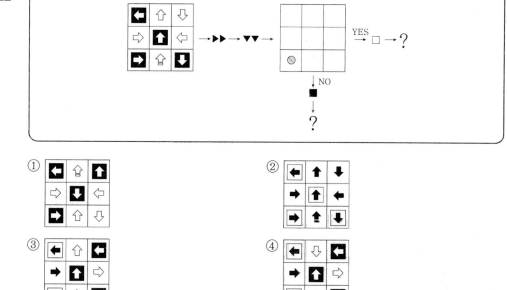

23

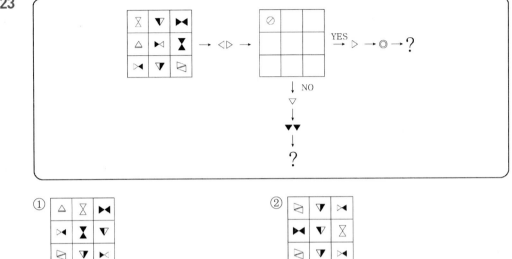

①

②

③

④

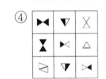

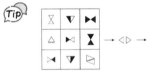

24

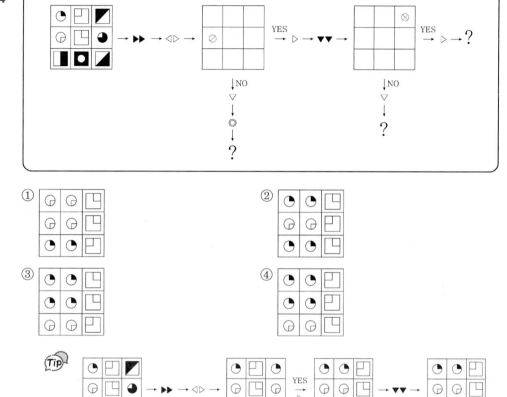

① ②

③ ④

25

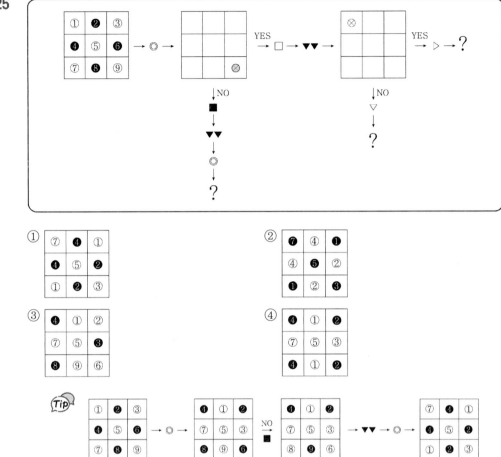

①
⑦	❹	①
❹	⑤	❷
①	❷	③

②
❼	④	❶
④	❺	②
❶	②	❸

③
❹	①	②
⑦	⑤	❸
❽	⑨	⑥

④
❹	①	②
⑦	⑤	③
❹	①	❷

Tip

①	❷	③
❹	⑤	❻
⑦	❽	⑨

→ ◎ →

❹	①	❷
⑦	⑤	③
❽	⑨	⑥

NO
■ →

❹	①	②
⑦	⑤	③
❽	⑨	⑥

→ ▼▼ → ◎ →

⑦	❹	①
❹	⑤	❷
①	❷	③

26

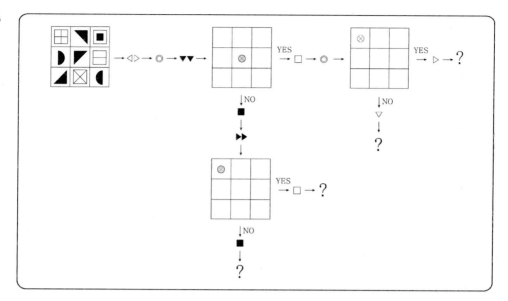

①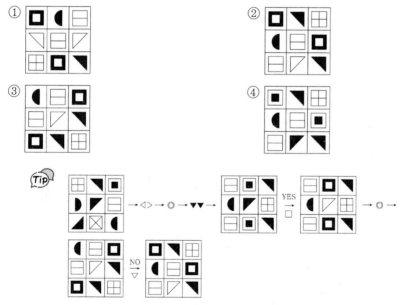

27

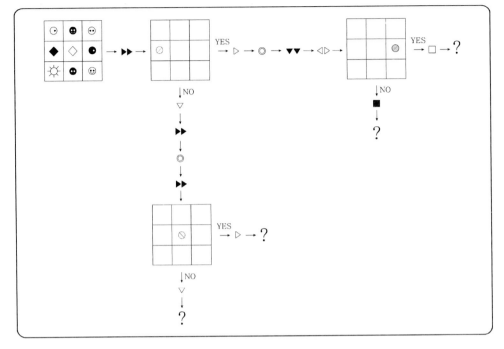

①

②

③

④

Tip

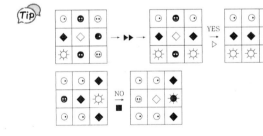

28

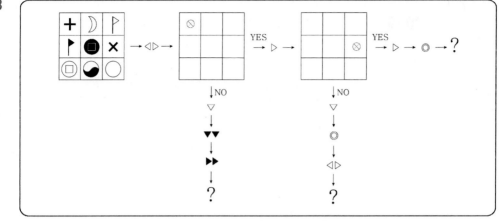

①

②

③

④

 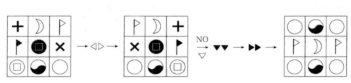

29

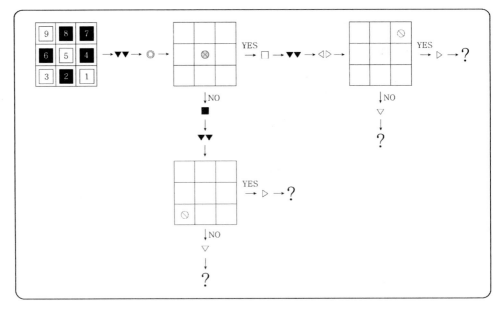

①

②

③

④

Tip

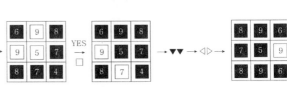

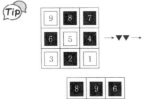

30

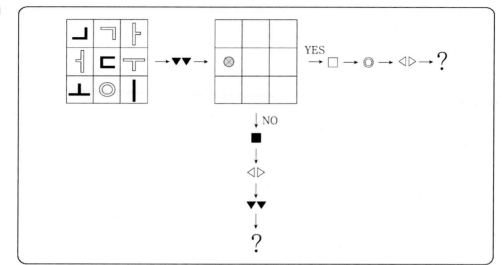

①

②

③

④

┃31~40┃ 다음 [조건 1], [조건 2], [조건 3]을 적용하면 다음과 같은 규칙이 될 때, '?'에 들어갈 도형으로 알맞은 것을 고르시오.

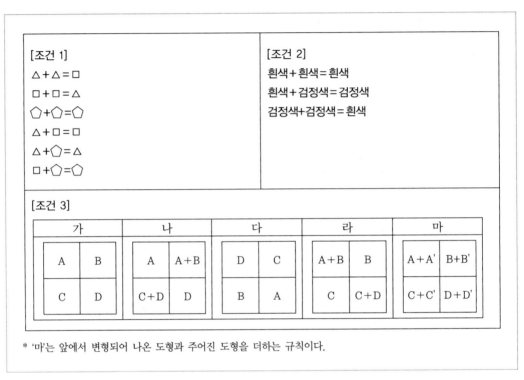

[조건 1]

△+△=□

□+□=△

⬠+⬠=⬠

△+□=□

△+⬠=△

□+⬠=⬠

[조건 2]

흰색+흰색=흰색

흰색+검정색=검정색

검정색+검정색=흰색

[조건 3]

가		나		다		라		마	
A	B	A	A+B	D	C	A+B	B	A+A'	B+B'
C	D	C+D	D	B	A	C	C+D	C+C'	D+D'

* '마'는 앞에서 변형되어 나온 도형과 주어진 도형을 더하는 규칙이다.

[규칙]

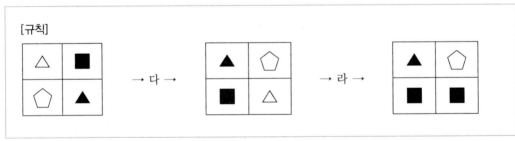

[예제문제]

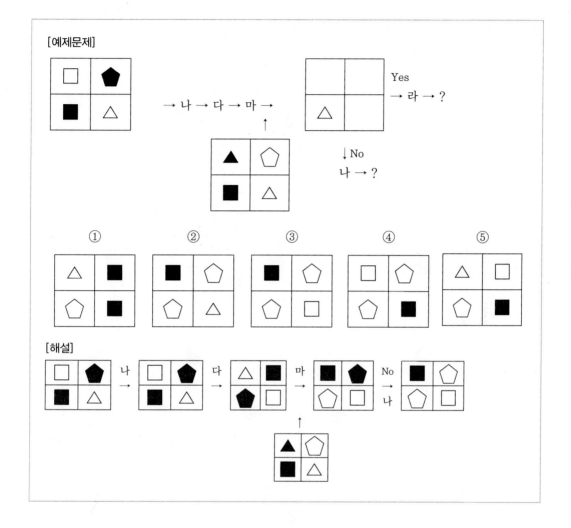

31

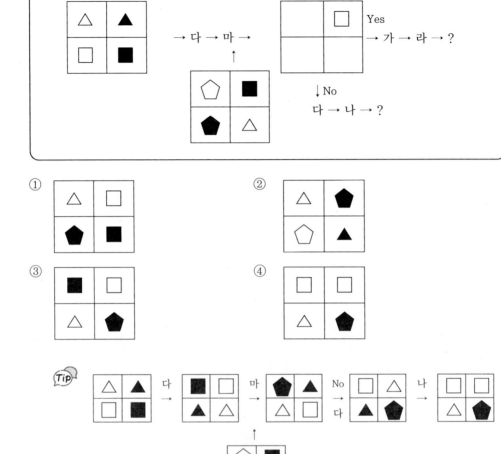

32

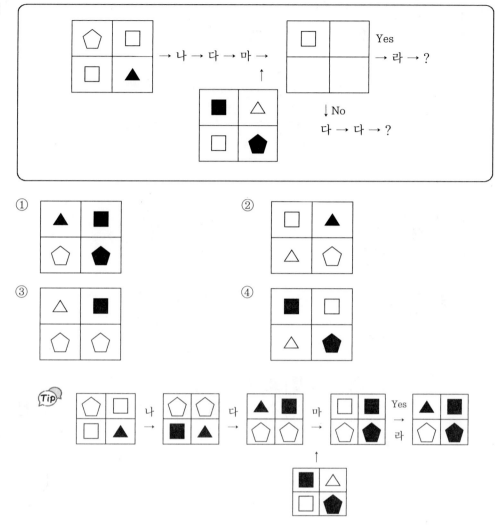

Tip

33

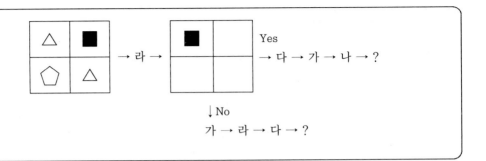

①

②

③

④

Tip 라 → Yes 다 → 가 → 나 →

34

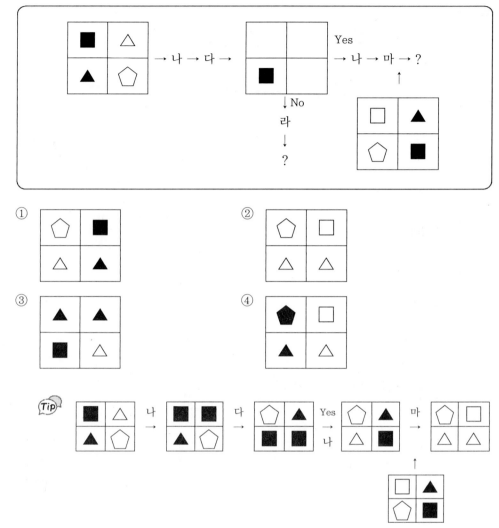

① ② ③ ④

35

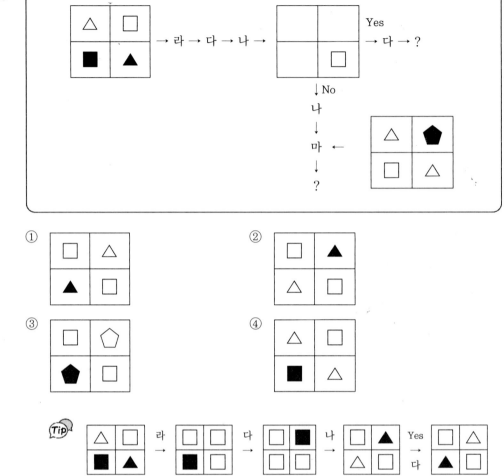

①
□	△
▲	□

②
□	▲
△	□

③
□	⬠
⬟	□

④
△	□
■	△

36

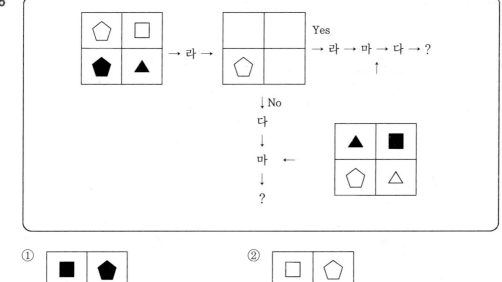

① 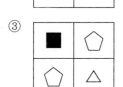　　　②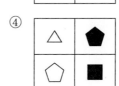

③ 　　　④

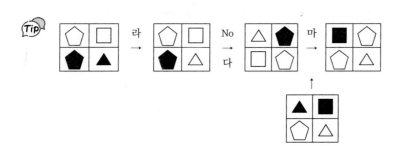

Tip

37

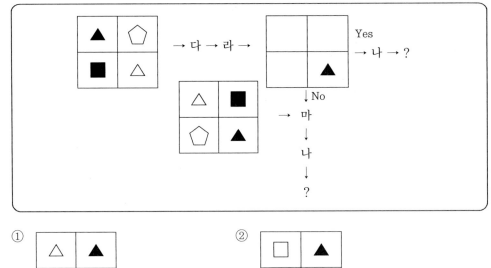

①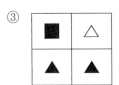

②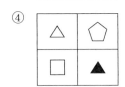

③

④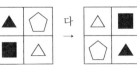

(Tip)

38

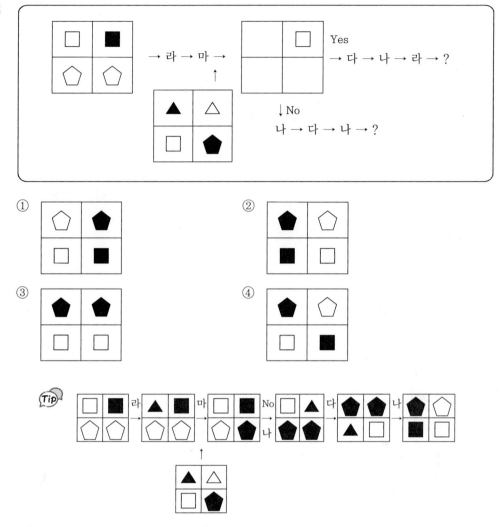

39

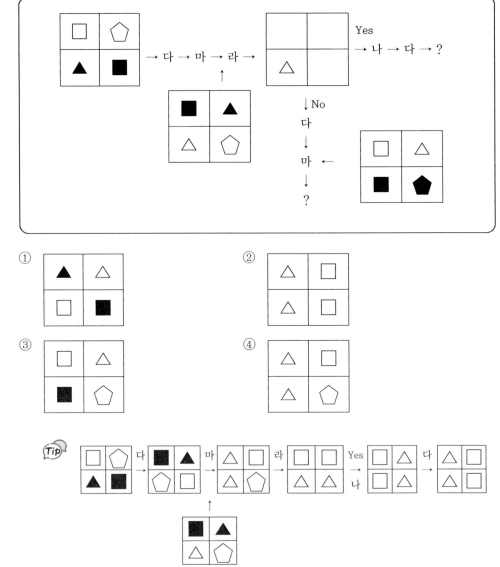

①

②

③

④

40

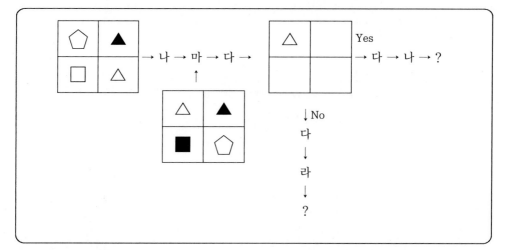

①

②

③

④

Tip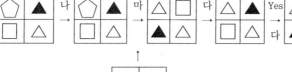

PART

III

인성검사

01 인성검사의 개요

1 허구성 척도의 질문을 파악한다.

　인성검사의 질문에는 허구성 척도를 측정하기 위한 질문이 숨어있음을 유념해야 한다. 예를 들어 '나는 지금까지 거짓말을 한 적이 없다.' '나는 한 번도 화를 낸 적이 없다.' '나는 남을 헐뜯거나 비난한 적이 한 번도 없다.' 이러한 질문이 있다고 가정해보자. 상식적으로 보통 누구나 태어나서 한번은 거짓말을 한 경험은 있을 것이며 화를 낸 경우도 있을 것이다. 또한 대부분의 구직자가 자신을 좋은 인상으로 포장하는 것도 자연스러운 일이다. 따라서 허구성을 측정하는 질문에 다소 거짓으로 '그렇다'라고 답하는 것은 전혀 문제가 되지 않는다. 하지만 지나치게 좋은 성격을 염두에 두고 허구성을 측정하는 질문에 전부 '그렇다'고 대답을 한다면 허구성 척도의 득점이 극단적으로 높아지며 이는 검사항목전체에서 구직자의 성격이나 특성이 반영되지 않았음을 나타내 불성실한 답변으로 신뢰성이 의심받게 되는 것이다. 다시 한 번 인성검사의 문항은 각 개인의 특성을 알아보고자 하는 것으로 절대적으로 옳거나 틀린 답이 없으므로 결과를 지나치게 의식하여 솔직하게 응답하지 않으면 과장 반응으로 분류될 수 있음을 기억하자!

2 '대체로', '가끔' 등의 수식어를 확인한다.

　'대체로', '종종', '가끔', '항상', '대개' 등의 수식어는 대부분의 인성검사에서 자주 등장한다. 이러한 수식어가 붙은 질문을 접했을 때 구직자들은 조금 고민하게 된다. 하지만 아직 답해야 할 질문들이 많음을 기억해야 한다. 다만, 앞에서 '가끔', '때때로'라는 수식어가 붙은 질문이 나온다면 뒤에는 '항상', '대체로'의 수식어가 붙은 똑같은 내용의 질문이 이어지는 경우가 많다. 따라서 자주 사용되는 수식어를 적절히 구분할 줄 알아야 한다.

3　솔직하게 있는 그대로 표현한다.

인성검사는 평범한 일상생활 내용들을 다룬 짧은 문장과 어떤 대상이나 일에 대한 선호를 선택하는 문장으로 구성되었으므로 평소에 자신이 생각한 바를 너무 골똘히 생각하지 말고 문제를 보는 순간 떠오른 것을 표현한다. 또한 간혹 반복되는 문제들이 출제되기 때문에 일관성 있게 답하지 않으면 감점될 수 있으므로 유의한다.

4　모든 문제를 신속하게 대답한다.

인성검사는 시간제한이 없는 것이 원칙이지만 기업체들은 일정한 시간제한을 두고 있다. 인성검사는 개인의 성격과 자질을 알아보기 위한 검사이기 때문에 정답이 없다. 다만, 기업체에서 바람직하게 생각하거나 기대되는 결과가 있을 뿐이다. 따라서 시간에 쫓겨서 대충 대답을 하는 것은 바람직하지 못하다.

5　자신의 성향과 사고방식을 미리 정리한다.

기업의 인재상을 기초로 하여 일관성, 신뢰성, 진실성 있는 답변을 염두에 두고 꼼꼼히 풀다보면 분명 시간의 촉박함을 느낄 것이다. 따라서 각각의 질문을 너무 골똘히 생각하거나 고민하지 말자. 대신 시험 전에 여유 있게 자신의 성향이나 사고방식에 대해 정리해보는 것이 필요하다.

6　마지막까지 집중해서 검사에 임한다.

장시간 진행되는 검사에 지칠 수 있으므로 마지막까지 집중해서 정확히 답할 수 있도록 해야 한다.

02 실전 인성검사

┃1~345┃ 다음 (   ) 안의 진술이 자신에게 적합하면 YES, 그렇지 않다면 NO를 선택하시오 (인성검사는 응시자의 인성을 파악하기 위한 자료이므로 정답이 존재하지 않습니다).

	YES	NO
1. 상대방의 의사, 요구에 민감하다. ···(	) (	)
2. 혼자 일을 다 하려하고 타인에게 위임하지 못한다. ··························(	) (	)
3. 경솔한 편이다. ···(	) (	)
4. 일의 성취도가 높다. ···(	) (	)
5. 자신이 옳다고 생각하는 부분에 대해 주장이 강하다. ····················(	) (	)
6. 자주 흥분해서 침착하지 못하다. ··(	) (	)
7. 지금까지 살면서 타인에게 폐를 끼친 적이 없다. ····························(	) (	)
8. 소곤소곤 이야기하는 것을 보면 자기에 대해 험담하고 있는 것으로 생각된다. ··(	) (	)
9. 무엇이든지 자기가 나쁘다고 생각하는 편이다. ································(	) (	)
10. 자신을 변덕스러운 사람이라고 생각한다. ······································(	) (	)
11. 고독을 즐기는 편이다. ··(	) (	)
12. 자존심이 강하다고 생각한다. ···(	) (	)
13. 금방 흥분하는 성격이다. ···(	) (	)
14. 거짓말을 한 적이 없다. ···(	) (	)
15. 신경질적인 편이다. ···(	) (	)
16. 끙끙대며 고민하는 타입이다. ··(	) (	)
17. 감정적인 사람이라고 생각한다. ···(	) (	)
18. 자신만의 신념을 가지고 있다. ··(	) (	)
19. 다른 사람을 바보 같다고 생각한 적이 있다. ·································(	) (	)
20. 금방 말해버리는 편이다. ··(	) (	)
21. 싫어하는 사람이 없다. ··(	) (	)

22. 대재앙이 오지 않을까 항상 걱정을 한다. ……………………………………( )( )

23. 쓸데없는 고생을 하는 일이 많다. …………………………………………( )( )

24. 자주 생각이 바뀌는 편이다. …………………………………………………( )( )

25. 문제점을 해결하기 위해 여러 사람과 상의한다. …………………………( )( )

26. 내 방식대로 일을 한다. ………………………………………………………( )( )

27. 영화를 보고 운 적이 많다. ……………………………………………………( )( )

28. 어떤 것에 대해서도 화낸 적이 없다. ………………………………………( )( )

29. 사소한 충고에도 걱정을 한다. ………………………………………………( )( )

30. 자신은 도움이 안 되는 사람이라고 생각한다. ……………………………( )( )

31. 금방 싫증을 내는 편이다. ……………………………………………………( )( )

32. 개성적인 사람이라고 생각한다. ……………………………………………( )( )

33. 자기주장이 강한 편이다. ……………………………………………………( )( )

34. 뒤숭숭하다는 말을 들은 적이 있다. ………………………………………( )( )

35. 학교를 쉬고 싶다고 생각한 적이 한 번도 없다. …………………………( )( )

36. 사람들과 관계 맺는 것을 보면 잘하지 못한다. ……………………………( )( )

37. 사고방식이 독특하다. …………………………………………………………( )( )

38. 몸을 움직이는 것을 좋아한다. ………………………………………………( )( )

39. 끈기가 있는 편이다. …………………………………………………………( )( )

40. 신중한 편이라고 생각한다. …………………………………………………( )( )

41. 인생의 목표는 큰 것이 좋다. ………………………………………………( )( )

42. 어떤 일이라도 바로 시작하는 타입이다. …………………………………( )( )

43. 낯가림을 하는 편이다. ………………………………………………………( )( )

44. 생각하고 나서 행동하는 편이다. ……………………………………………( )( )

45. 쉬는 날은 밖으로 나가는 경우가 많다. ……………………………………( )( )

46. 시작한 일은 반드시 완성시킨다. ……………………………………………( )( )

47. 면밀한 계획을 세운 여행을 좋아한다. ……………………………………( )( )

48. 야망이 있는 편이라고 생각한다. ……………………………………………( )( )

49. 활동력이 있는 편이다. ……………………………………………………… ( )( )

50. 많은 사람들과 왁자지껄하게 식사하는 것을 좋아하지 않는다. ………… ( )( )

51. 장기적인 계획을 세우는 것을 꺼려한다. ……………………………………( )( )

52. 자기 일이 아닌 이상 무심한 편이다. ……………………………………( )( )

53. 하나의 취미에 열중하는 타입이다. ………………………………………( )( )

54. 스스로 모임에서 회장에 어울린다고 생각한다. ……………………( )( )

55. 입신출세의 성공이야기를 좋아한다. ……………………………………( )( )

56. 어떠한 일도 의욕을 가지고 임하는 편이다. …………………………( )( )

57. 학급에서는 존재가 희미했다. ……………………………………………( )( )

58. 항상 무언가를 생각하고 있다. ……………………………………………( )( )

59. 스포츠는 보는 것보다 하는 게 좋다. …………………………………( )( )

60. 문제 상황을 바르게 인식하고 현실적이고 객관적으로 대처한다. …( )( )

61. 흐린 날은 반드시 우산을 가지고 간다. ………………………………( )( )

62. 여러 명보다 1 : 1로 대화하는 것을 선호한다. ……………………( )( )

63. 공격하는 타입이라고 생각한다. …………………………………………( )( )

64. 리드를 받는 편이다. …………………………………………………………( )( )

65. 너무 신중해서 기회를 놓친 적이 있다. ………………………………( )( )

66. 시원시원하게 움직이는 타입이다. ………………………………………( )( )

67. 야근을 해서라도 업무를 끝낸다. …………………………………………( )( )

68. 누군가를 방문할 때는 반드시 사전에 확인한다. ……………………( )( )

69. 솔직하고 타인에 대해 개방적이다. ……………………………………( )( )

70. 아무리 노력해도 결과가 따르지 않는다면 의미가 없다. …………( )( )

71. 유행에 둔감하다고 생각한다. ……………………………………………( )( )

72. 정해진 대로 움직이는 것은 시시하다. …………………………………( )( )

73. 꿈을 계속 가지고 있고 싶다. ……………………………………………( )( )

74. 질서보다 자유를 중요시하는 편이다. …………………………………( )( )

75. 혼자서 취미에 몰두하는 것을 좋아한다. ………………………………( )( )

76. 직관적으로 판단하는 편이다. ···(   )(   )

77. 영화나 드라마를 보며 등장인물의 감정에 이입한다. ··················(   )(   )

78. 시대의 흐름에 역행해서라도 자신을 관철하고 싶다. ···············(   )(   )

79. 다른 사람의 소문에 관심이 없다. ···(   )(   )

80. 창조적인 편이다. ··(   )(   )

81. 비교적 눈물이 많은 편이다. ···(   )(   )

82. 융통성이 있다고 생각한다. ···(   )(   )

83. 친구의 휴대전화 번호를 잘 모른다. ···(   )(   )

84. 스스로 고안하는 것을 좋아한다. ···(   )(   )

85. 정이 두터운 사람으로 남고 싶다. ···(   )(   )

86. 조직의 일원으로 별로 안 어울린다. ···(   )(   )

87. 세상의 일에 별로 관심이 없다. ···(   )(   )

88. 변화를 추구하는 편이다. ···(   )(   )

89. 업무는 인간관계로 선택한다. ···(   )(   )

90. 환경이 변하는 것에 구애되지 않는다. ·······································(   )(   )

91. 불안감이 강한 편이다. ···(   )(   )

92. 인생은 살 가치가 없다고 생각한다. ···(   )(   )

93. 의지가 약한 편이다. ···(   )(   )

94. 다른 사람이 하는 일에 별로 관심이 없다. ·······························(   )(   )

95. 사람을 설득시키는 것은 어렵지 않다. ·······································(   )(   )

96. 심심한 것을 못 참는다. ···(   )(   )

97. 다른 사람을 욕한 적이 한 번도 없다. ·······································(   )(   )

98. 다른 사람에게 어떻게 보일지 신경을 쓴다. ·······························(   )(   )

99. 금방 낙심하는 편이다. ···(   )(   )

100. 다른 사람에게 의존하는 경향이 있다. ·······································(   )(   )

101. 그다지 융통성이 있는 편이 아니다. ....(   )(   )

102. 다른 사람이 내 의견에 간섭하는 것이 싫다. ....(   )(   )

103. 낙천적인 편이다. ....(   )(   )

104. 숙제를 잊어버린 적이 한 번도 없다. ....(   )(   )

105. 밤길에는 발소리가 들리기만 해도 불안하다. ....(   )(   )

106. 상냥하다는 말을 들은 적이 있다. ....(   )(   )

107. 자신은 유치한 사람이다. ....(   )(   )

108. 잡담을 하는 것보다 책을 읽는 게 낫다. ....(   )(   )

109. 나는 영업에 적합한 타입이라고 생각한다. ....(   )(   )

110. 술자리에서 술을 마시지 않아도 흥을 돋울 수 있다. ....(   )(   )

111. 한 번도 병원에 간 적이 없다. ....(   )(   )

112. 나쁜 일은 걱정이 되어서 어쩔 줄을 모른다. ....(   )(   )

113. 금세 무기력해지는 편이다. ....(   )(   )

114. 비교적 고분고분한 편이라고 생각한다. ....(   )(   )

115. 독자적으로 행동하는 편이다. ....(   )(   )

116. 적극적으로 행동하는 편이다. ....(   )(   )

117. 금방 감격하는 편이다. ....(   )(   )

118. 어떤 것에 대해서 불만을 가진 적이 없다. ....(   )(   )

119. 걱정으로 밤에 못 잘 때가 많다. ....(   )(   )

120. 자주 후회하는 편이다. ....(   )(   )

121. 쉽게 학습하지만 쉽게 잊어버린다. ....(   )(   )

122. 자신만의 세계를 가지고 있다. ....(   )(   )

123. 많은 사람 앞에서도 긴장하지 않는다. ....(   )(   )

124. 말하는 것을 아주 좋아한다. ....(   )(   )

125. 인생을 포기하는 마음을 가진 적이 한 번도 없다. ....(   )(   )

126. 규칙에 대해 드러나게 반발하기보다 속으로 반발한다. ……………………( )( )

127. 금방 반성한다. ……………………………………………………………………( )( )

128. 활동범위가 좁아 가던 곳만 고집한다. ……………………………………( )( )

129. 나는 끈기가 다소 부족하다. ………………………………………………( )( )

130. 좋다고 생각하더라도 좀 더 검토하고 나서 실행한다. ………………( )( )

131. 위대한 인물이 되고 싶다. …………………………………………………( )( )

132. 한 번에 많은 일을 떠맡아도 힘들지 않다. ………………………………( )( )

133. 사람과 약속은 부담스럽다. …………………………………………………( )( )

134. 질문을 받으면 충분히 생각하고 나서 대답하는 편이다. ………………( )( )

135. 머리를 쓰는 것보다 땀을 흘리는 일이 좋다. ……………………………( )( )

136. 결정한 것에는 철저히 구속받는다. ………………………………………( )( )

137. 외출 시 문을 잠갔는지 몇 번을 확인한다. ………………………………( )( )

138. 이왕 할 거라면 일등이 되고 싶다. ………………………………………( )( )

139. 과감하게 도전하는 타입이다. ………………………………………………( )( )

140. 자신은 사교적이 아니라고 생각한다. ……………………………………( )( )

141. 무심코 도리에 대해서 말하고 싶어진다. …………………………………( )( )

142. '항상 건강하네요'라는 말을 듣는다. ………………………………………( )( )

143. 단념하기보다 실패하는 것이 낫다고 생각한다. …………………………( )( )

144. 예상하지 못한 일은 하고 싶지 않다. ……………………………………( )( )

145. 파란만장하더라도 성공하는 인생을 살고 싶다. …………………………( )( )

146. 활기찬 편이라고 생각한다. …………………………………………………( )( )

147. 자신의 성격으로 고민한 적이 있다. ………………………………………( )( )

148. 무심코 사람들을 평가 한다. …………………………………………………( )( )

149. 때때로 성급하다고 생각한다. ………………………………………………( )( )

150. 자신은 꾸준히 노력하는 타입이라고 생각한다. …………………………( )( )

151. 터무니없는 생각이라도 메모한다. ································( )( )

152. 리더십이 있는 사람이 되고 싶다. ································( )( )

153. 열정적인 사람이라고 생각한다. ································( )( )

154. 다른 사람 앞에서 이야기를 하는 것이 조심스럽다. ·········( )( )

155. 세심하기보다 통찰력이 있는 편이다. ························( )( )

156. 엉덩이가 가벼운 편이다. ······································( )( )

157. 여러 가지로 구애받는 것을 견디지 못한다. ···············( )( )

158. 돌다리도 두들겨 보고 건너는 쪽이 좋다. ··················( )( )

159. 자신에게는 권력욕이 있다. ···································( )( )

160. 자신의 능력보다 과중한 업무를 할당받으면 기쁘다. ·······( )( )

161. 사색적인 사람이라고 생각한다. ································( )( )

162. 비교적 개혁적이다. ··( )( )

163. 좋고 싫음으로 정할 때가 많다. ·······························( )( )

164. 전통에 얽매인 습관은 버리는 것이 적절하다. ··············( )( )

165. 교제 범위가 좁은 편이다. ·····································( )( )

166. 발상의 전환을 할 수 있는 타입이라고 생각한다. ·········( )( )

167. 주관적인 판단으로 실수한 적이 있다. ·····················( )( )

168. 현실적이고 실용적인 면을 추구한다. ·······················( )( )

169. 타고난 능력에 의존하는 편이다. ·····························( )( )

170. 다른 사람을 의식하여 외모에 신경을 쓴다. ···············( )( )

171. 마음이 담겨 있으면 선물은 아무 것이나 좋다. ···········( )( )

172. 여행은 내 마음대로 하는 것이 좋다. ·······················( )( )

173. 추상적인 일에 관심이 있는 편이다. ·························( )( )

174. 큰 일을 먼저 결정하고 세세한 일을 나중에 결정하는 편이다. ···( )( )

175. 괴로워하는 사람을 보면 답답하다. ··························( )( )

176. 자신의 가치기준을 알아주는 사람은 아무도 없다. ·······························( )( )

177. 인간성이 없는 사람과는 함께 일할 수 없다. ·······························( )( )

178. 상상력이 풍부한 편이라고 생각한다. ·······································( )( )

179. 의리, 인정이 두터운 상사를 만나고 싶다. ·······························( )( )

180. 인생은 앞날을 알 수 없어 재미있다. ·······································( )( )

181. 조직에서 분위기 메이커다. ···( )( )

182. 반성하는 시간에 차라리 실수를 만회할 방법을 구상한다. ················( )( )

183. 늘 하던 방식대로 일을 처리해야 마음이 편하다. ·························( )( )

184. 쉽게 이룰 수 있는 일에는 흥미를 느끼지 못한다. ·······················( )( )

185. 좋다고 생각하면 바로 행동한다. ···( )( )

186. 후배들은 무섭게 가르쳐야 따라온다. ·······································( )( )

187. 한 번에 많은 일을 떠맡는 것이 부담스럽다. ·······························( )( )

188. 능력 없는 상사라도 진급을 위해 아부할 수 있다. ·······················( )( )

189. 질문을 받으면 그때의 느낌으로 대답하는 편이다. ·························( )( )

190. 땀을 흘리는 것보다 머리를 쓰는 일이 좋다. ·······························( )( )

191. 단체 규칙에 그다지 구속받지 않는다. ·······································( )( )

192. 물건을 자주 잃어버리는 편이다. ···( )( )

193. 불만이 생기면 즉시 말해야 한다. ···( )( )

194. 안전한 방법을 고르는 타입이다. ···( )( )

195. 사교성이 많은 사람을 보면 부럽다. ···( )( )

196. 성격이 급한 편이다. ···( )( )

197. 갑자기 중요한 프로젝트가 생기면 혼자서라도 야근할 수 있다. ···········( )( )

198. 내 인생에 절대로 포기하는 경우는 없다. ···································( )( )

199. 예상하지 못한 일도 해보고 싶다. ···( )( )

200. 평범하고 평온하게 행복한 인생을 살고 싶다. ·······························( )( )

201. 상사의 부정을 눈감아 줄 수 있다. ··( )( )

202. 자신은 소극적이라고 생각하지 않는다. ···( )( )

203. 이것저것 평하는 것이 싫다. ···( )( )

204. 자신은 꼼꼼한 편이라고 생각한다. ···( )( )

205. 꾸준히 노력하는 것을 잘 하지 못한다. ··( )( )

206. 내일의 계획이 이미 머릿속에 계획되어 있다. ··································( )( )

207. 협동성이 있는 사람이 되고 싶다. ···( )( )

208. 동료보다 돋보이고 싶다. ···( )( )

209. 다른 사람 앞에서 이야기를 잘한다. ···( )( )

210. 실행력이 있는 편이다. ··( )( )

211. 계획을 세워야만 실천할 수 있다. ···( )( )

212. 누구라도 나에게 싫은 소리를 하는 것은 듣기 싫다. ·······················( )( )

213. 생각으로 끝나는 일이 많다. ···( )( )

214. 피곤하더라도 웃으며 일하는 편이다. ···( )( )

215. 과중한 업무를 할당받으면 포기해 버린다. ·······································( )( )

216. 상사가 지시한 일이 부당하면 업무를 하더라도 불만을 토로한다. ·········( )( )

217. 또래에 비해 보수적이다. ···( )( )

218. 자신에게 손해인지 이익인지를 생각하여 결정할 때가 많다. ·············( )( )

219. 전통적인 방식이 가장 좋은 방식이라고 생각한다. ···························( )( )

220. 때로는 친구들이 너무 많아 부담스럽다. ··( )( )

221. 상식적인 판단을 할 수 있는 타입이라고 생각한다. ··············· ( )( )

222. 너무 객관적이라는 평가를 받는다. ···( )( )

223. 안정적인 방법보다는 위험성이 높더라도 높은 이익을 추구한다. ········( )( )

224. 타인의 아이디어를 도용하여 내 아이디어처럼 꾸민 적이 있다. ········( )( )

225. 조직에서 돋보이기 위해 준비하는 것이 있다. ··································( )( )

226. 선물은 상대방에게 필요한 것을 사줘야 한다. ……………………………( )( )

227. 나무보다 숲을 보는 것에 소질이 있다. …………………………………( )( )

228. 때때로 자신을 지나치게 비하하기도 한다. ……………………………( )( )

229. 조직에서 있는 듯 없는 듯 한 존재이다. …………………………………( )( )

230. 다른 일을 제쳐두고 한 가지 일에 몰두한 적이 있다. …………………( )( )

231. 가끔 다음 날 지장이 생길만큼 술을 마신다. ……………………………( )( )

232. 또래보다 개방적이다. ………………………………………………………( )( )

233. 사실 돈이면 안 될 것이 없다고 생각한다. ……………………………( )( )

234. 능력이 없더라도 공평하고 공적인 상사를 만나고 싶다. ………………( )( )

235. 사람들이 자신을 비웃는다고 종종 여긴다. ……………………………( )( )

236. 내가 먼저 적극적으로 사람들과 관계를 맺는다. ………………………( )( )

237. 모임을 스스로 만들기보다 이끌려가는 것이 편하다. …………………( )( )

238. 몸을 움직이는 것을 좋아하지 않는다. …………………………………( )( )

239. 꾸준한 취미를 갖고 있다. …………………………………………………( )( )

240. 때때로 나는 경솔한 편이라고 생각한다. ………………………………( )( )

241. 때로는 목표를 세우는 것이 무의미하다고 생각한다. …………………( )( )

242. 어떠한 일을 시작하는데 많은 시간이 걸린다. …………………………( )( )

243. 초면인 사람과도 바로 친해질 수 있다. …………………………………( )( )

244. 일단 행동하고 나서 생각하는 편이다. …………………………………( )( )

245. 쉬는 날은 집에 있는 경우가 많다. ………………………………………( )( )

246. 마무리를 짓지 못해 포기하는 경우가 많다. ……………………………( )( )

247. 여행은 계획 없이 떠나는 것을 좋아한다. ………………………………( )( )

248. 욕심이 없는 편이라고 생각한다. …………………………………………( )( )

249. 성급한 결정으로 후회한 적이 있다. ……………………………………( )( )

250. 많은 사람들과 왁자지껄하게 식사하는 것을 좋아한다. ………………( )( )

251. 이유 없이 불안할 때가 종종 있다. ··( )( )

252. 주위 사람이 상처받는 것을 고려해 발언을 자제할 때가 있다. ·····················( )( )

253. 자존심이 강한 편이다. ···( )( )

254. 생각 없이 함부로 말하는 사람을 보면 불편하다. ·······································( )( )

255. 취미생활을 서너 개는 갖고 있다. ···( )( )

256. 거짓말을 한 적이 한 번도 없다. ··( )( )

257. 경쟁사라도 많은 연봉을 주면 옮길 수 있다. ···( )( )

258. 자신은 충분히 신뢰할만한 사람이라고 생각한다. ·······································( )( )

259. 좋고 싫음이 얼굴에 분명히 드러난다. ···( )( )

260. 자신만이 할 수 있는 일을 하고 싶다. ···( )( )

261. 자신을 과소평가하는 경향이 있다. ···( )( )

262. 책상 위나 서랍 안은 항상 깔끔히 정리해야 직성이 풀린다. ·······················( )( )

263. 건성으로 일을 할 때가 때때로 있다. ···( )( )

264. 남의 험담을 한 적이 있다. ···( )( )

265. 쉽게 화를 낸다는 말을 듣는다. ··( )( )

266. 초조하면 손을 떨고, 심장박동이 빨라진다. ···( )( )

267. 토론에서는 진 적이 한 번도 없다. ···( )( )

268. 나보다 나이가 많은 사람을 대하는 것이 불편하다. ·······································( )( )

269. 의심이 많은 편이다. ···( )( )

270. 주변 사람이 자기 험담을 하고 있다고 생각할 때가 있다. ····························( )( )

271. 이론만 내세우는 사람이라는 평가를 받는다. ···( )( )

272. 실패보다 성공을 먼저 생각한다. ··( )( )

273. 자신에 대한 자부심이 강한 편이다. ···( )( )

274. 주변 사람이 피곤해 하여도 자신은 원기왕성하다. ·······································( )( )

275. 친구를 재미있게 하는 것을 좋아한다. ···( )( )

276. 아침부터 아무것도 하고 싶지 않을 때가 있다. ·······································(   )(   )

277. 지각을 하면 학교를 결석하고 싶어졌다. ···(   )(   )

278. 이 세상에 없는 세계가 존재한다고 생각한다. ·································(   )(   )

279. 하기 싫은 것을 하고 있으면 무심코 불만을 말한다. ·····················(   )(   )

280. 동료와의 경쟁심으로 불법을 저지른 적이 있다. ·····························(   )(   )

281. 자신을 배신한 사람에게는 반드시 복수한다. ·································(   )(   )

282. 오히려 고된 일을 헤쳐 나가는데 자신이 있다. ·····························(   )(   )

283. 착한 사람이라는 말을 들을 때가 많다. ···(   )(   )

284. 업무적인 능력으로 칭찬 받을 때가 자주 있다. ·····························(   )(   )

285. 개성적인 사람이라는 말을 자주 듣는다. ···(   )(   )

286. 누구와도 편하게 대화할 수 있다. ···(   )(   )

287. 나보다 나이가 많은 사람들하고도 격의 없이 지낸다. ·················(   )(   )

288. 사물의 근원과 배경에 대해 관심이 많다. ·······································(   )(   )

289. 쉬는 것보다 일하는 것이 편하다. ···(   )(   )

290. 계획하는 시간에 직접 행동하는 것이 효율적이다. ·····················(   )(   )

291. 높은 수익이 안정보다 중요하다. ···(   )(   )

292. 지나치게 꼼꼼하게 검토하다가 시기를 놓친 경험이 있다. ·········(   )(   )

293. 이성보다 감성이 풍부하다. ···(   )(   )

294. 약속한 일을 어기는 경우가 종종 있다. ···(   )(   )

295. 생각했다고 해서 꼭 행동으로 옮기는 것은 아니다. ·····················(   )(   )

296. 목표 달성을 위해서 타인을 이용한 적이 있다. ·····························(   )(   )

297. 적은 친구랑 깊게 사귀는 편이다. ···(   )(   )

298. 경쟁에서 절대로 지고 싶지 않다. ···(   )(   )

299. 내일해도 되는 일을 오늘 안에 끝내는 편이다. ·····························(   )(   )

300. 정확하게 한가지만 선택해야 하는 결정은 어렵다. ·····················(   )(   )

301. 시작하기 전에 정보를 수집하고 계획하는 시간이 더 많다. ……………………( )( )

302. 복잡하게 오래 생각하기보다 일단 해나가며 수정하는 것이 좋다. …………( )( )

303. 나를 다른 사람과 비교하는 경우가 많다. ……………………………………( )( )

304. 개인주의적 성향이 강하여 사적인 시간을 중요하게 생각한다. ……………( )( )

305. 논리정연하게 말을 하는 편이다. ………………………………………………( )( )

306. 어떤 일을 하다 문제에 부딪히면 스스로 해결하는 편이다. …………………( )( )

307. 업무나 과제에 대한 끝맺음이 확실하다. ………………………………………( )( )

308. 남의 의견에 순종적이며 지시받는 것이 편안하다. ……………………………( )( )

309. 부지런한 편이다. ……………………………………………………………………( )( )

310. 뻔한 이야기나 서론이 긴 것을 참기 어렵다. …………………………………( )( )

311. 창의적인 생각을 잘 하지만 실천은 부족하다. …………………………………( )( )

312. 막판에 몰아서 일을 처리하는 경우가 종종 있다. ………………………………( )( )

313. 나는 의견을 말하기에 앞서 신중히 생각하는 편이다. ………………………( )( )

314. 선입견이 강한 편이다. ……………………………………………………………( )( )

315. 돌발적이고 긴급한 상황에서도 쉽게 당황하지 않는다. ………………………( )( )

316. 새로운 친구를 사귀는 것보다 현재의 친구들을 유지하는 것이 좋다. ………( )( )

317. 글보다 말로 하는 것이 편할 때가 있다. ………………………………………( )( )

318. 혼자 조용히 일하는 경우가 능률이 오른다. …………………………………( )( )

319. 불의를 보더라도 참는 편이다. …………………………………………………( )( )

320. 기회는 쟁취하는 사람의 것이라고 생각한다. …………………………………( )( )

321. 내가 가장 따르고 존경하는 사람은 어머니이다. ………………………………( )( )

322. 나에게는 도저히 고쳐지지 않는 나쁜 버릇이 한두 가지 있다. ……………( )( )

323. 나는 고집이 매우 세다. ……………………………………………………………( )( )

324. 내게 일어나고 있는 나쁜 일들에 대해 나는 책임이 없다. …………………( )( )

325. 내가 좀 더 건강하다면 모든 근심이 사라질 것이다. …………………………( )( )

326 사적인 문제는 남에게 알리지 말고 혼자 간직해야 한다. ·················( )( )

327 내 삶에 대해 불만스럽지만 지금에 와서 어떻게 해 볼 도리가 없다. ··············( )( )

328 해결해야 할 문제가 있으면 보통 남들에게 주도권을 넘겨버린다. ···············( )( )

329 문제가 있을 때 누군가와 이야기하고 나면 훨씬 낫다. ·······················( )( )

330 규칙을 어기더라도 항상 자신의 신념을 따라야 한다. ·······················( )( )

331 나의 삶에 변화를 한 번 가져볼까 하는 생각만 해도 상당히 괴로워진다. ·········( )( )

332 사람들은 그다지 내게 친절하지 않다. ··································( )( )

333 보통 내가 하는 일이 성공하리라 기대한다. ·····························( )( )

334 집안에서 내가 하기로 되어 있는 일들을 한다. ··························( )( )

335 술을 마시고 싸움에 말려든 적이 가끔 있다. ···························( )( )

336 단지 과시하기 위해서 남들이 내게 기대하는 것과는 정반대로 행동하는 때가

있다. ···( )( )

337 혼자만의 비밀이 많다. ··( )( )

338 나는 대게 남들이 함께 있으면 매우 조용하다. ·························( )( )

339 친구들이 하라고 해서 내가 하고 싶지 않은 나쁜 일들을 한 적이 있다. ·········( )( )

340 내 친구들에 비해 나는 겁이 거의 없는 편이다. ·························( )( )

341 나는 어떠한 자리에서도 리더가 되어야 한다. ··························( )( )

342 갑자기 많은 사람들의 주목을 받으면 당황한다. ·························( )( )

343 대인관계에서 상황을 빨리 파악하는 편이다. ···························( )( )

344 나는 남의 기분을 상하게 하지 않기 위해 끊임없이 신경을 쓴다. ··············( )( )

345 나는 항상 모든 것을 예견하며 생활하고 있다. ·························( )( )

PART IV

상식

01 핵심용어정리

1 경제 · 금융상식

(1) 거시경제

〉〉 Tobin의 q이론

미국의 경제학자인 제임스 토빈(James Tobin)이 창시한 개념으로, 주식시장에서 평가된 기업의 시장가치를 기업 실물자본의 대체비용으로 나눈 것을 비율이다. 주로 설비투자의 동향을 설명하거나 기업의 가치평가에 이용되는 지표로, Tobin의 q이론에 의하면 기업은 1단위 실물투자로 기업가치가 증대될 수 있을 경우 M&A 등과 같은 시장지배 보다는 투자확대를 추구한다고 본다.

〉〉 배드뱅크(bad bank)

은행 등 금융기관의 부실자산이나 채권만을 사들여 전문적으로 처리하는 기관이다. 방만한 운영으로 부실자산이나 채권이 발생한 경우, 배드뱅크를 자회사로 설립하여 그곳으로 부실자산이나 채권을 넘겨줌으로써 본 은행은 우량자산과 채권만을 보유한 굿뱅크(good bank)로 전환되어 정상적인 영업활동이 가능하다.

〉〉 디레버리지(deleverage)

레버리지(leverage)는 '지렛대'라는 의미로 금융권에서는 차입의 의미로 사용된다. 디레버리지는 레버리지의 반대어로 상환의 의미를 가진다. 경기가 좋을 때에는 빚을 지렛대 삼아 투자수익률을 극대화하는 레버리지가 효과적이지만, 최근 금융위기로 자산가치가 폭락하자 빚을 상환하는 디레버리지가 급선무가 되었다. 다만 2012년 하반기 이후 디레버리지 속도가 다소 둔화되었다.

>> 서브프라임 모기지

미국에서 신용등급이 낮은 저소득층을 대상으로 높은 금리에 주택 마련 자금을 빌려 주는 비우량 주택담보대출을 뜻한다. 미국의 주택담보대출은 신용도가 높은 개인을 대상으로 하는 프라임 (prime), 중간 정도의 신용을 가진 개인을 대상으로 하는 알트 A(Alternative A), 신용도가 일정 기준 이하인 저소득층을 상대로 하는 서브프라임의 3등급으로 구분된다. 2007년 서브프라임 모기지로 대출을 받은 서민들이 대출금을 갚지 못해 집을 내놓았고 집값이 폭락하며 금융기관의 파산 및 글로벌 금융위기를 야기 시킨 바 있다. 최근 시사주간지 타임에서는 서브프라임 모기지를 '2010년 세계 50대 최악의 발명품'으로 선정하였다.

>> 모라토리엄(moratorium)

한마디로 지불유예를 말한다. 경제 환경이 극도로 불리해 대외채무의 정상적인 이행이 불가능할 때 파산 또는 신용의 파탄을 방지하기 위해 취해지는 긴급적인 조치로 일정기간동안 채무의 상환을 연기시키는 조치를 말한다. 이와 비슷한 용어로는 디폴트가 있으나 상환할 의사의 유무에 따라 구분된다.

> Point >> 모라토리엄증후군(moratorium syndrome)
> 지적·육체적 능력이 충분히 갖추어져 있음에도 불구하고 사회로 진출하는 것을 꺼리는 증세로 대개 20대 후반에서 30대 초반 사이의 고학력 청년들에게 나타난다.
> 수년씩 대학을 다니며 졸업을 유예하거나 대학 졸업 후 취직하지 않은 채 빈둥거리는 것도 모라토리엄증후군에 포함된다.
> 경제 침체와 고용 불안, 미래에 대한 불안 등이 발생의 주원인이지만 경제 활동보다는 다른 곳에서 자신의 삶의 가치를 찾으려는 경향도 그 원인으로 주목받고 있다.

>> 고용탄성치

특정 산업의 경제성장에 따른 고용흡수 능력의 크기로, 한 산업이 1% 성장했을 때 얼마만큼의 고용이 창출되었는가를 나타낸 지표이다. '취업자 증가율/국내총생산'으로 산출하며, 고용탄성치가 높을수록 경제성장에 대해 취업자 수가 많이 늘어난 것을 의미한다.

>> 기업경기실사지수(BSI ; Business Survey Index)

기업의 체감경기를 지수화한 지표로, 경기에 대한 기업가들의 예측 및 판단, 이를 기반으로 한 계획의 변화 등을 관찰하여 지수화한 것이다. 기업의 경영계획 및 위기에 대한 대응책 수립에 활용할 수 있는 기초자료로 쓰이며, 주요 업종의 경기 동향 및 전망 등을 알 수 있다. 기업경기실사지수는 기업가의 심리적인 요소 등과 같은 주관적인 요소까지 조사가 가능하다.

(2) 해외경제

〉〉 베일인(bail-in)

채무를 상환할 능력이 부족한 채무자를 돕기 위한 방법의 하나로 채권자가 자발적으로 채무자의 손실을 분담하거나 직접 자본참여자가 되는 채무구제방식이다. 채무자의 부담을 줄여주는 방식이라는 점에서 구제금융인 bail-out과 동일하지만, 베일인은 추가자금 지원이 없다는 특징이 있다. 베일인은 보통 상환기간 연장 및 이자율 조정, 액면금액 감액 등의 방식으로 이뤄진다.

〉〉 손주(孫) 비즈니스

자신을 위해서는 지출하는 것을 망설이지만 손자나 손녀를 위해서라면 기꺼이 지갑을 여는 시니어 세대를 타깃으로 하는 사업을 말한다. 손주 비즈니스 시장은 저출산과 고령화 사회로 접어들면서 자녀는 줄어드는 반면 조부모는 늘어나면서 급성장하고 있다.

> **Point 〉〉** 식스 포켓(six pocket) … 아이 한 명에 부모, 친조부모, 외조부모 등 6명의 어른들이 지갑을 연다는 의미이다.

〉〉 세계경제포럼(WEF ; World Economic Forum)

매년 초 스위스 다보스(davos)에서 열리는 경제포럼으로 각국의 정·재계의 인사들이 모여 세계경제 발전에 대해 논의하고, 글로벌 의제를 선정한다. WEF는 '세계경제의 핵심의제', '국가경쟁력지수' 등 세계경제의 주요 현안 및 전망을 포괄적으로 다루고 있다는 점에서 주목할 만하다. 2012년 WEF의 주제는 '대전환 : 신모델 형성'으로 성장과 고용, 리더십과 혁신, 지속가능성과 자원, 사회·기술 등에 대해 논의하였다.

(3) 자본시장

〉〉 채권 수익률 곡선(Yield Curve)

금융자산 중 채권의 만기 수익률과 만기와의 관계를 나타내는 것으로 반기별 채권 금리들의 관계를 나타낸다는 점에서 기간 구조라고도 부른다. 채권 수익률 곡선은 일반적으로 우상향하는 모습을 보이지만, 우하향 또는 수평(flat)의 형태를 나타내기도 한다. 채권 수익률 곡선은 채권 시장을 종합적으로 파악하는 데 용이하며 미래 금리 및 경기 예측, 개별 채권 가격 평가와 투자 전략 수립에도 활용 가능하다.

〉〉 장수채권(longevity bonds)

장수리스크(기대수명이 예상보다 증가함에 따라 발생하는 불확실성) 관리대상의 생존율과 연계되어 원리금을 지급하는 채권이다. 연금가입자가 기대수명 이상으로 생존함에 따라 증가하는 연금지급자의 장수리스크를 자본시장으로 이전한 것으로, 정부 또는 금융회사에서 발행한 장수채권에 연금지급자가 투자하고 정부나 금융회사가 이에 대한 이자를 지급하는 구조로 이루어진다.

〉〉 메자닌금융(Mezzanine finance, 성과공유형대출)

주식을 담보로 한 자금조달이나 대출이 어려울 때 은행 및 대출기관에서 일정 금리 외에 신주인수권, 주식전환권 등과 같은 주식 관련 권리를 받고 무담보로 자금을 제공하는 금융기법이다.

'Mezzanine'은 건물의 1층과 2층 사이에 있는 로비 등의 공간을 의미하는 이탈리아어로, 이렇게 제공받은 자금이 부채와 자본의 중간적 성격을 띤다는 점에서 유래되었다. 초기성장단계에 있는 벤처기업 등이 은행 및 대기업 등의 자본참여에 따른 소유권 상실의 우려를 덜고 양질의 자금을 조달할 수 있도록 하기 위해 도입되었다.

〉〉 농산물 ETF

ETF는 Exchange Traded Fund의 약자로, 주가지수의 등락률과 같거나 비슷하게 수익률이 결정되어 상장지수펀드라고 한다. 농산물의 경우 과거에는 거래·보관 등의 어려움으로 인해 개인의 투자가 제한적이었으나 농산물 ETF의 등장으로 주식처럼 투자할 수 있게 되었다. 농산물은 수급이 비탄력적이고 가격이 기후 및 유가 등 다양한 요인에 의해 영향을 받아 변동성이 큰 편이라 ETF를 통한 분산투자가 요구된다. 주요 농산물 ETF로는 여러 농산물에 투자하는 ETF, 개별 농산물에 투자하는 ETF, 농산물 관련 기업에 투자하는 ETF로 구분된다.

〉〉 물가연동채권(TIPS ; Treasury Inflation-Protected Securities)

본래의 투자 원금에 물가의 변동분을 반영한 뒤 재계산하여 그에 대한 이자를 지급하는 채권이다. 만기 시 물가변동에 따라 조정된 원금을 지급하므로 인플레이션이 일어나더라도 투자금의 실질가치를 보장한다. 정부보증채권으로 원리금지급이 보장되어 위험이 0에 가까우며 국채처럼 입찰을 통해 발행수익률이 정해지고 만기까지 불변한다.

>> CMI · CMIM

CMI(Chinag Mai Initiative, 치앙마이 이니셔티브)는 회원국간 양자간 통화스왑협정으로, 일정 금액을 약정하였다가 위기가 발생했을 때 자국의 화폐를 맡기고 상대국 화폐 또는 달러를 차입할 수 있도록 한 협정이다.

CMIM(Chinag Mai Initiative Multilateral, 치앙마이 이니셔티브 다자화)는 CMI에서 발전된 개념으로 회원국 다자간 통화협정이다. 각국이 일정 비율로 분담금 지원을 약속하고 위기가 발생하면 그에 따라 지원한다.

>> 국부펀드(SWF ; Sovereign Wealth Fund)

국가가 자산을 운용하기 위해 특별히 설립한 투자펀드로, 적정 수준 이상의 보유 외환을 투자용으로 분리해 놓은 자금이다. 무역수지 흑자를 재원으로 하는 '상품펀드'와 석유 및 자원 등 상품 수출을 통해 벌어들인 잉여 자금을 재원으로 하는 '비상품펀드'로 구분할 수 있다. 국부펀드는 원유 수출을 주로 하는 중동지역에서 발전한 것으로 투자규모도 크지 않고 투자 대상도 제한적이어서 국제금융시장의 큰 주목을 받지 못했지만, 최근 국제금융시장에서 국부펀드의 자금공급원 역할이 확대됨에 따라 국부펀드에 대한 논의가 확대되는 추세이다.

(4) 자산관리

>> 가문자산관리(family office)

유럽에서 출발하여 20세기 초 미국에서 발달한 것으로 재계의 거물을 중심으로 한 부유층이 가문의 자산을 관리하기 위해 자산관리 매니저 및 변호사, 회계사 등을 고용하여 전문적으로 자산을 관리하는 것을 말한다. 'family office'란 6세기의 로열패밀리의 자산 및 집안을 총괄하는 집사 사무실이라는 개념에서 출발했다. 우리나라의 경우 2011년 삼성생명의 '삼성패밀리오피스'를 필두로 미래에셋증권, 신영증권 등에서 가문자산관리 서비스를 제공하고 있다.

>> 변액보험(variable insurance)

보험계약자가 납입한 보험료 중 일부를 주식이나 채권과 같은 유가증권에 투자해 그 운용 결과에 따라 계약자에게 투자 성과를 배당해주는 실적배당형 보험 상품이다. 1952년 미국에서 최초 등장하였으나 상품화한 것은 네덜란드가 최초이다. 장기간의 안정성을 추구하기 보다는 수익성에 비중을 두고 있으며 보험에 투자와 저축의 개념을 통합하였다고 볼 수 있다. 우리나라의 경우 2001년부터 판매를 시작하였다.

》 개인형퇴직연금(IRP ; Individual Retirement Pension)

이직이나 은퇴로 받을 퇴직금을 자신 명의의 퇴직계좌에 적립하여 연금 등 노후자금으로 활용할 수 있게 하는 제도이다. 현행 퇴직급여제도의 하나인 개인퇴직계좌(IRA)를 확대·개편한 것으로 근로자가 조기 퇴직하거나 이직을 하더라도 퇴직금을 생활자금으로 소진하는 것을 방지하고 지속적으로 적립·운용하여 향후 은퇴자금으로 활용할 수 있도록 하는 것이다. 기존의 IRA가 퇴직한 근로자만이 선택적으로 가입할 수 있는 반면, IRP의 경우 재직여부에 상관없이 가입이 가능하다.

(5) 마케팅

》 리세스 오블리주(richesse oblige)

UK의 유대교 최고지도자인 조너선 삭스가 그의 저서 「차이의 존중」에서 언급한 개념이다. 노블레스 오블리주(noblesse oblige)가 지도층의 의무를 강조했다면, 리세스 오블리주는 부(富)의 도덕적 의무와 사회적 책임을 강조한다.

》 금융소외(financial exclusion)

정상적인 제도권 금융기관의 금융서비스 및 금융상품에 접근할 수 없거나 이용할 수 없는 것을 말한다. 1980년 이후 금융기관의 수익성이 강화되면서 수익이 발생할 것으로 기대되지 않는 계층에 대한 금융소외 문제가 대두되었다. 넓은 의미의 금융소외는 지리적, 신체적, 비용적 배제를 의미하며 좁은 의미의 금융소외는 저신용 및 저소득층의 금융서비스 제한을 말한다.

》 소셜 큐레이션(social curation)

큐레이션은 미술관 등에서 작품 관리 및 전시, 해석 및 전파 활동을 통칭하는 의미로, 소셜 큐레이션은 소셜미디어를 활용하여 큐레이션 서비스를 제공하는 것을 말한다. 소셜네트워크서비스와 유사하지만 전문가 등에 의해 걸러지고 체계화 된 정보를 제공한다는 점에서 그 신뢰성 및 편의성이 보다 확보된다.

》 하드 럭셔리(Hard Luxury)

명품 중 가죽 및 의류 등을 의미하는 '소프트 럭셔리'에 대해 시계 및 보석을 의미하는 용어이다. 2008년 서브 프라임 사태 및 금융위기로 명품 시장의 규모가 감소하였으나 2010~2011년 점차 증가하며 회복세를 보이고 있다. 명품시장에서 하드 럭셔리 시장이 차지하는 비중은 약 22%로 명품 소비 패턴은 부유층, 고액순자산가일수록 시계·보석의 비중이 높다.

〉〉 마케팅 기법

① **니치마케팅** : 특정한 성격을 가진 소규모의 소비자를 대상으로 판매목표를 설정하여 틈새시장을 공략하는 마케팅 기법

② **넛지마케팅** : 사람들을 원하는 방향으로 유도하되 직접적인 지시는 하지 않으며, 선택의 자유는 여전히 개인에게 주는 마케팅 기법

③ **데카르트마케팅** : 제품에 예술적 디자인을 접목시킴으로써 소비자의 감성에 호소하고 브랜드 이미지와 품격을 높이는 마케팅 기법

④ **바이럴마케팅** : 누리꾼이 이메일이나 다른 전파 가능한 매체를 통해 자발적으로 어떤 기업이나 제품을 홍보하기 위해 널리 퍼뜨리는 마케팅 기법

⑤ **노이즈마케팅** : 자신들의 상품을 각종 구설수에 휘말리도록 하여 소비자들의 이목을 집중시키는 마케팅 기법

〉〉 스마트 금융

고객이 금융 채널을 자신이 원하는 다양한 방식으로 활용할 수 있도록 지원하는 스마트한 금융 서비스를 말한다. 스마트 금융의 핵심은 다양한 채널에서 사용자를 만족시킴과 동시에 채널 간에 끊김 없는 연결을 구현하는 것이다. 생활에서 인터넷, 모바일 등의 비대면 채널이 차지하는 비중이 높아지면서 전 세계적으로 나타나는 현상으로 우리나라의 경우 그 속도가 빠른 편이다.

〉〉 오픈뱅킹

MS사의 Windows Internet Explorer 환경에서만 가능하던 인터넷 뱅킹을 Mozilla사의 Firefox, Google의 Chrome 등의 웹브라우저와 Google의 Android, Apple사의 iOS 등의 모바일 OS에서도 동일하게 이용 가능하도록 구축한 멀티 플랫폼 뱅킹 시스템을 말한다.

〉〉 선택설계

인간은 제한된 합리성을 가진 존재로 이러한 사람들이 올바른 선택을 할 수 있도록 선택에 영향을 미치는 요소들을 디자인하는 것을 의미한다. 기존 경제학에서 전제하고 있는 완벽한 합리성에 대한 비판에서 기반하며, 고객의 심리를 활용해 선택의 자유를 존중하면서도 현명한 선택을 할 수 있도록 상황을 설계하는 것이다. '자유적 개입주의', '넛지(nudge)'라고도 불린다.

(6) 부동산

>> 농지연금

만 65세 이상 고령농업인이 소유한 농지를 담보로 노후생활 안정자금을 매월 연금형식으로 지급 받는 제도이다. 농지자산을 유동화하여 노후생활자금이 부족한 고령농업인의 노후 생활안정 지원으로 농촌사회의 사회 안정망 확충 및 유지를 목적으로 한다.

>> 주택분양보증

주택을 건설하던 회사가 도산 등의 사유로 분양계약을 이행할 수 없게 되는 경우 피해를 입을 수 있는 분양자를 보호하기 위한 제도로, 당해 건축물 분양의 이행 또는 납부한 분양대금의 환급을 책임지는 보증이다. 주택법 제76조에 의거 공동주택을 선분양 하는 경우 대한주택보증의 주택분양에 반드시 가입해야 한다.

>> 상가건물임대차보호법

상가건물 임대차에 관하여 민법에 대한 특례를 규정하여 국민 경제생활의 안정을 보장함을 목적으로 하는 법이다. 주택임대차보호법, 대부업법 등과 함께 민생 3법으로 사회적 약자인 상가건물 임차인의 권리를 보호하고, 과도한 임대료 인상을 법적으로 억제하는 역할을 한다.

>> 도시형 생활주택

「국토의 계획 및 이용에 관한 법률」에 따라 난개발이 우려되는 비도시지역을 제외한 도시지역에 건설하는 300세대 미만의 국민주택 규모의 공동주택을 말한다. 세대당 주거전용면적 85㎡ 이하의 연립주택인 단지형 연립과 세대당 주거전용면적 85㎡ 이하의 다세대 주택인 단지형 다세대, 세대당 주거전용면적 50㎡ 이하의 원룸형의 세 가지로 구분된다.

>> 부동산 경매제도

부동산담보물권에 부여되는 환가권에 바탕하여 실행되는 임의경매와 채무자에 대한 채권에 바탕하여 청구권실현을 위해 실행되는 강제경매로 나뉜다. 2002년 「민사집행법」의 제정으로 경매절차에서 악의적인 채무자에 의한 경매진행의 어려움을 해소하고 신속한 경매진행제도 등을 도입하여 점차 일반인들의 경매 참가가 확대되었다. 경매는 일반적으로 목적물을 압류하여 현금화 한 후 채권자의 채권을 변제하는 단계로 행해진다.

〉〉 공모형 PF사업

공공부문이 보유하고 있는 부지에 민간과 공동으로 출자하여 개발하는 민관합동방식의 개발사업을 말한다. 공모형 PF사업은 민간사업자를 공모하여 우선협상대상자를 선정하고 사업협약을 체결한 뒤 공동으로 출자하여 프로젝트 회사인 SPC를 설립, 자금을 조달하여 개발사업에 착수한다. 대형 복합시설의 적기 공급 및 도시개발의 효율성을 도모하기 위해 도입되었다.

〉〉 주택저당증권(MBS ; Mortgage-Backed Securities)

금융기관이 주택을 담보로 하여 만기 20~30년의 장기대출을 해준 주택저당채권을 대상자산으로 하여 발행한 증권을 말한다. 자산담보부증권(ABS)의 일종으로 '주택저당채권 담보부증권'이라고도 한다.

〉〉 지식산업센터

'아파트형 공장'이라고도 하며 동일 건축물에 제조업, 지식산업 및 정보통신업을 영위하는 자와 이를 지원하는 시설이 복합적으로 입주해 있는 다층형 집합건축물을 말한다. 공장 및 산업시설, 근린 생활시설 등이 하나의 공간에 모여 있는 것으로, 공개분양을 통해 입주자를 모집하고 소규모 제조공장이나 IT기업 등이 매입, 임대 등을 통해 입점한다.

(7) 산업분석

〉〉 마을기업

마을 주민들이 주도적으로 지역의 각종자원을 활용한 수익사업을 추진하여 지역 공동체를 활성화하고, 지역 주민에게 소득과 일자리를 제공하는 마을단위 기업이다. 여기서 마을 주민 주도적이란 마을 주민 출자가 총 사업비의 10% 이상을 차지할 경우를 말하며, 출자한 주민이 참여하여 의사를 결정하는 구조여야 한다.

〉〉 셰일오일(shale oil)

석유가 생성되는 퇴적암에서 추출하는 전통적 의미의 원유와 달리 원유가 생성되는 셰일(점토)층에서 뽑아내는 원유를 말한다. 셰일오일 생산이 장기적으로 지속될 경우 세계 원유 공급 확대 요인으로 작용하여 국제유가 하락 압력으로 작용할 전망이다. 현제 셰일오일의 생산은 미국이 주도적으로 담당하고 있으며, 이는 곧 국제 원유 시장에서 중동 석유수출국의 영향력 감소 및 미국의 영향력 확대를 가져올 것으로 보인다.

(8) 경영환경

>> CIB(Commercial Investment Bank)

상업은행과 투자은행을 결합한 용어로 금융지주회사 형태의 통합금융회사를 의미한다. 1933년 상업은행과 투자은행의 업무를 엄격하게 분리한 글라스-스티걸법의 제정으로 은행부분과 증권부분이 분리됐으나 최근 금융위기로 골드만삭스, JP모건 등 투자은행들이 은행지주회사 구조로 전환하면서 CIB가 그 대안으로 부상하고 있다.

>> 금융발전지수(Financial Development Index)

세계경제포럼에서 발표한 지수로 금융발전을 가능하게 하는 정량적, 정성적 요인들에 대한 점수를 산출하여 금융시스템의 경쟁력 순위를 평가한 것이다. 효과적인 금융 중개와 금융시장의 기반이 되는 제도적, 정책적 요인 및 자본, 금융서비스에 대한 접근성 등을 바탕으로 측정한다.

>> 글로벌 3대 신용평가사

신용평가사란 유가증권 및 발행기관의 신용도를 평가·등급화하는 기관으로, 투자자들의 의사결정에 영향을 미치며 그에 따른 발행기관의 조달비용에도 영향을 미친다. S&P, 무디스(moodys), 피치(fitch)는 글로벌 3대 신용평가사로 세계시장의 약 95%를 점유하고 있으며 미국, 중국, G7, Fed보다 큰 영향력을 발휘한다.

>> DBS(Development Bank of Singapore)

1968년 싱가포르 개발은행으로 설립되어 아시아에서 특화된 은행이다. 싱가포르에서 DBS와 POSB 두 개의 브랜드로 영업하며, 세전 이익의 95%가 아시아에서 발생하는 특징이 있다. 아시아 15개국에 약 200개의 지점, 4만 8천 여 명의 직원을 보유하고 있으며 소매·도매 금융, 자산관리, IB업무 등 금융 전반에 걸친 서비스를 제공한다.

(9) 기타 금융 · 경제 상식

〉〉 더블 딥(double dip)

경기가 침체된 후 회복되는 듯이 보이다가 다시금 침체로 빠져드는 현상. 일반적으로 경기 침체로 규정되는 2분기 연속 마이너스 성장 직후 잠시 회복 기미를 보이다가 다시 2분기 연속 마이너스 성장으로 추락하는 것을 말한다. 두 번의 경기침체를 겪어야 회복기로 돌아선다는 점에서 'W자형' 경제구조라고도 한다. 우리말로는 '이중하강', '이중하락', '이중침체' 등으로 번역된다. 2001년 미국 모건스탠리 증권의 스테판 로치가 미국 경제를 진단하며 이 이 표현을 처음 썼다. 스테판 로치에 의하면 과거 6번의 미국 경기침체 중에서 5번의 더블딥이 있었다고 한다.

〉〉 순이자마진(NIM)

net interest margin. 은행 등 금융기관이 자산을 운용해 낸 수익에서 조달비용을 뺀 나머지를 운용자산 총액으로 나눈 수치로 금융기관 수익성을 나타내는 지표다. 예금과 대출의 금리 차이에서 발생한 수익과 채권 등 유가증권에서 발생한 이자도 포함된다. 순이자마진이 높을수록 은행의 수익이 커지는 반면 고객의 예금을 저금리로 유치해 고금리 대출을 한다는 비난을 받을 가능성이 커진다.

〉〉 그린스펀 풋(버냉키 콜)

전 FRB의장이었던 앨런 그린스펀 FRB의장은 1998년 발생한 롱텀캐피털매니지먼트(LTCM) 사태를 3차에 걸친 금리인하를 통해 성공적으로 마무리하며 시장의 신뢰를 회복했다. 위험을 상쇄시키는 능력 때문에 증시 침체로부터 옵션보유자를 보호하는 풋옵션과 비슷하다는 뜻으로 '그린스펀 풋(Greenspan put)'이란 용어까지 탄생했다. 이에 비해 그의 후임인 벤 버냉키 의장은 잦은 말바꿈으로 인해 시장의 안정을 얻지 못했다. 취임 초기에는 인플레이션에 대한 언급 수위에 따라 증시가 요동을 친 적이 있었다. 인플레이션 우려로 금리 인상 가능성이 높아지면 '버냉키 충격(Bernanki shock)'이라 불릴 정도로 주가가 급락했고, 인플레이션이 통제 가능해 금리 인상 우려가 줄어들면 '버냉키 효과(Bernanki effect)'라 표현될 정도로 주가가 급등했다. 버냉키 콜 (Bernanki call)은 잦은 말바꿈으로 시장 참여자들이 느끼는 피로가 누적되면 옵션 보유자를 보호하지 못해 만기 이전이라도 권리행사를 촉진시키는 콜옵션과 비슷한 뜻으로 사용되고 있다.

>> 코바 워런트, KOBA 워런트, 조기종료 ELW(KOBA Warrant)

일반 주식워런트증권(ELW)에 조기종료(knock-out) 조건을 더해 손실위험을 상대적으로 줄인 상장 파생상품이다. 기초자산 가격이 조기종료 기준가에 도달하면 바로 상장폐지된다. 일반 ELW는 원금을 전액 날릴 수도 있지만 KOBA워런트는 조기종료되더라도 잔존가치만큼 원금을 건질 수 있다. 2010년 9월 6일 도입됐다.

>> 윔블던현상

윔블던 테니스대회의 주최국은 영국이지만, 우승은 외국 선수들이 더 많이 하는 현상에서 유래한 말로, 개방된 국내시장에서 자국 기업의 활동보다 외국계 기업들의 활동이 더 활발히 이루어지는 현상을 뜻한다.

① 영국은 1986년 금융빅뱅 단행 이후, 금융 산업의 개방화 · 자유화 · 국제화가 이루어지면서 영국 10대 증권사 대부분이 막강한 자금력을 동원한 미국과 유럽의 금융기관에 흡수합병되거나 도산하였다.

② 금융빅뱅 … 1986년 영국 정부가 단행한 금융 대개혁에서 유래된 말로, 금융 산업의 판도 변화를 위해 규제완화 등의 방법으로 금융 산업 체계를 재편하는 것을 이른다.

>> 메뉴비용

가격표나 메뉴판 등과 같이 제품의 가격조정을 위하여 들어가는 비용을 메뉴비용이라고 한다. 인플레이션의 발생으로 제품의 가격을 조정해야 할 필요가 있음에도 불구하고 기업들이 가격을 자주 조정하지 않는 이유는 이렇듯 가격을 조정하는 데 비용이 들기 때문이다. 하지만 최근 전자상거래, 시스템 등의 발달로 중간상인이 줄어들고, 손쉽게 가격조정이 가능해지면서 메뉴비용이 점차 낮아지고 있는 추세이다.

>> CBO와 LBO

① CBO(Collateralized Bond Obligation, 채권담보부증권) : 고수입 · 고위험의 투기등급 채권을 담보로 발행하는 증권으로, 회사채담보부증권이라고도 한다. 자산담보부채권(ABS)의 일종으로 미국 등에서는 부실위험을 회피하기 위해 예전부터 보편화되었다. 우선적으로 담보권을 행사할 수 있는 '선순위채권'과 그렇지 않은 '후순위채권'으로 분류된다.

② LBO(Leveraged Buy-Out) : 기업을 인수하는 M&A 기법의 하나로, 인수할 기업의 자산이나 앞으로의 현금흐름을 담보로 금융기관에서 돈을 빌려 기업을 인수 · 합병하는 것이다. 이러한 이유로 적은 자기자본으로도 큰 기업의 매수가 가능하다.

>> 페이고 원칙

'pay as you go'의 줄임말로 지출 증가나 세입 감소를 수반하는 새로운 법안을 상정할 때, 이에 상응하는 지출 감소나 세입 증가 등의 재원조달 방안을 동시에 입법화 하도록 의무화하는 것이다. 재정건전성을 저해할 수 있는 법안을 제한하고자 하는 취지이지만, 이로 인해 정책의 유연성이 떨어지는 단점이 있을 수 있다.

>> CDS(Credit Default Swap)

채권 등의 형태로 자금을 조달한 채무자의 신용위험만을 별도로 분리해 이를 시장에서 사고파는 신용파생상품의 일종이다. 자본시장이 채무자의 신용위험에 대한 프리미엄을 받고 위험을 부담하는 보험의 역할을 한다. 금융기관 대 금융기관의 파생상품거래의 성격이기 때문에 CDS 거래가 많아져야 시장이 활성화된다.

>> 대차거래(loan transaction)

신용거래의 결제에 필요한 자금이나 유가증권을 증권금융회사와 증권회사 사이에 대차하는 거래를 말한다. 일본의 증권용어로 우리나라의 유통금융과도 유사하다.
　　㉠ 대차종목 : 대차거래에 있어 적격종목
　　㉡ 대차가격 : 종목별 융자 또는 대주를 실시할 때 적용되는 주당가격

>> 유상증자

회사가 사업을 운영하는 중 필요한 자금 조달을 위해 신주를 발행하여 주주로부터 자금을 납입받아 자본을 늘리는 것을 말한다. 유상증자의 형태에는 다음 3가지가 있다.

① 주주할당방법 … 주주에게 신주인수권을 주어 이들로부터 신주주를 모집

② 제3자할당방법 … 회사의 임원·종업원·거래선 등에게 신주인수권을 주어서 신주를 인수

③ 널리 일반으로부터 주주를 모집

〉〉 특별재난지역

　특별재난지역은 크게 인적재난과 자연재난으로 나뉘며, 태풍·홍수·강풍·가뭄·지진·황사·적조 등의 자연재해나 화재·붕괴·폭발 등의 대형사고와 같은 인적재난, 에너지·통신·금융·의료·수도 등 국가기반체계의 마비와 전염병 확산 등으로 인해 극심한 피해를 입었을 경우 이의 수습 및 복구를 위해 특별한 조치 및 국가적 차원의 지원이 필요하다고 인정되는 지역을 말한다. 재난으로 인한 피해와 효과적인 수습과 복구를 위하여 특별한 조치가 필요하다고 인정되는 경우, 중앙대책본부장은 중앙안전관리위원회의 심의를 거쳐 재난지역을 특별재난지역으로 선포할 것을 대통령에게 건의할 수 있다(재난 및 안전관리기본법). 이 특별재난지역의 선포를 건의받은 대통령은 당해 지역을 특별재난지역으로 선포할 수 있다. 특별재난지역으로 선포된 지역은 대통령령이 정하는 응급대책 및 재난구호와 복구에 필요한 행정·재정·금융·의료상의 특별지원을 받을 수 있다. 1995년 7월 19일 삼풍백화점붕괴사고 지역, 2000년 4월 동해안의 고성·삼척·강릉·동해·울진 등에 발생한 사상 최대의 산불피해지역, 2003년 2월 18일 대구지하철화재참사를 겪은 대구 지역, 2007년 12월 7일 유조선과 해상크레인 충돌로 인한 원유유출사고 피해를 입은 충남 태안군 일대, 2008년 7월 태풍 및 집중호우 피해를 입은 경북 봉화군 등 67개 시·군·구 등이 특별재난지역으로 선포된 바 있으며, 2012년 10월 8일 불산가스 유출 사고로 피해를 입은 경상북도 구미지역도 인적재해 특별재난지역으로 선포되었다.

〉〉 국가인권위원회

　1993년 6월 오스트리아 빈에서 열린 국제연합 세계인권대회에 참여한 민간단체의 설치요청에 따라 정부는 2001년 5월 인권법을 제정, 2001년 11월 26일 출범한 독립기구이다. 개인의 기본적 인권 보호 및 인간의 존엄과 가치를 구현한 민주사회를 실현하는데 목적을 두며, 인권침해·차별행위에 대한 진정 조사 및 관계기관 시정권고와 인권교육 프로그램을 개발하는 업무를 담당한다. 인권위의 위원장은 대통령이 임명하고, 대통령의 지명 4명, 국회의 추천 4명, 대법원장의 추천 3명 등의 11명 위원으로 인권위가 구성된다.

›› 캐스팅보트(casting vote)

의회의 표결에 있어서 가부동수(可否同數)인 경우 의장이 던지는 결정권 투표나, 2대 정당의 세력이 거의 같을 때 그 승패를 결정하는 제3당의 투표를 말한다.

›› 섀도캐비닛(shadow cabinet)

각료후보로 조직된 내각으로, 야당에서 정권을 잡는 경우를 예상하여 조직되는 것이다. 1876년에 생긴 제도로, 양당제가 잘 발달되어 있는 영국에서는 야당이 정권획득에 대비하여 총리 이하 각 각료로 예정된 멤버를 정해두고, 정권을 잡으면 그 멤버가 그대로 내각의 장관이 되는 경우가 많았다. '그늘의 내각' 또는 '그림자 내각'으로 번역되는데, 본래는 영국 야당의 최고지도부를 말하는 것이었다.

›› 비정부기구(NGO : Non-Government Organization)

지역·국가·국제적으로 조직된 자발적인 비영리시민단체를 말한다. 본래 UN헌장 제17조에 있는 용어로 경제사회이사회의 자문기관으로 인정되고 있다. 공동의 이해를 가진 사람들이 특정 목적을 위해 조직한 NGO는 다양한 서비스와 인도주의적 기능을 수행하며, 정부정책을 감시하고 정보제공을 통해 시민의 정치참여를 장려하며, 인권·환경·보건·성차별 등의 특정 이슈를 추구하기도 한다. UN기구와는 조직의 목적에 따라 다양한 관계에 있는데, 중요한 문제를 제기하고 참신한 기획과 실천적인 프로그램을 제공하며 총회에서 결의되는 내용을 의뢰받아 자문과 운영상의 문제점을 지적하고 프로그램을 제작한다. 국제적으로 대중의 연대가 활발해짐에 따라 인권·환경·빈곤추방·부패방지 등의 문제에서 역할이 커지고 있다.

›› 도미노이론(domino theory)

도미노 골패가 차례로 넘어지듯이 한 지역의 공산주의화가 차례로 인접지역에 파급되어 간다는 논리를 말한다. 예컨대 베트남이 공산화되면 타이·캄보디아 등 동남아시아의 국가들이 차례로 공산세력에 점령당하게 되고, 이것은 결국 미국의 안보를 위태롭게 한다는 것이다. 미국이 베트남내전에 개입한 것을 정당화하는 이론으로서, 1960년대에 미국 덜레스 국무장관에 의하여 제창되었다.

›› 그레이보트(Grey vote)

노년층이 선거를 좌우하는 경향을 일컫는 말로, 고령화가 심화됨에 따라 노년층이 점차 증가하고 있어 그들이 선거에서 중요한 역할을 하게 되었다는 것을 의미한다. 우리나라의 경우에도 2016년 4월 13일 총선의 경우 60대 이상 유권자가 전체 유권자 4명 중 1명을 차지하면서 노년층이 주도하는 첫 선거가 되었다.

〉〉 불체포특권(不逮捕特權)

국회의원은 현행범이 아닌 이상 회기 중 국회의 동의 없이 체포 또는 구금되지 아니하며, 회기 전에 체포 또는 구금된 때에도 현행범이 아닌 한 국회의 요구가 있으면 회기 중에도 석방되는 특권 이다. 면책특권과 더불어 헌법에서 보장한 국회의원의 2대 특권 중 하나이다.

〉〉 한글공정

한글공정은 동북공정에 빗대어 지은 이름으로 중국이 휴대폰·스마트폰·태블릿PC 등의 모바일기 기에 한글 입력방식을 중국식으로 국제표준화하려는 움직임을 보인다는 언론보도에 소설가 이외수 가 자신의 입장에 대해 말하면서 알려지게 되었다. 동북공정에 이어 한글의 문화까지 중국의 문화에 예속시키려는 중국의 이러한 움직임에 많은 논란이 일고 있다.

⁺PLUS TIP

- **동북공정** … 2002년부터 중국이 추진하고 있는 중국 국경 안 모든 역사 즉 고구려와 발해 등의 한반도 와 관련된 역사를 중국의 역사로 편입시켜 한반도가 통일되었을 때 일어날 수 있는 영토분쟁을 미연에 방지하려는 연구 프로젝트를 말한다.
- **김치공정** … 2011년 3월 '동북공정'이나 '한글공정'에 빗대어 중국 청두시에서 생산되는 식초 술에 절인 채 소를 두고 '청두파오차이협회'를 발족, 1500년 전 쓰촨성에서 만들어진 파오차이가 한국으로 넘어가 김치 가 됐다고 주장하는 것을 말한다.

〉〉 독도(獨島)

독도는 울릉도에서 동남쪽으로 87.4㎞ 떨어진 해상에 있는 화산섬으로 동도(東島)와 서도(西島), 그 주변에 흩어진 89개의 바위섬으로 이루어졌다. 동도와 서도간 거리는 약 151m로, 동도는 동경 131도 52분 10.4초, 북위 37도 14분 26.8초에 위치하고 해발고도 98.6m, 면적 73,297㎡이고, 서도 는 동경 131도 51분 54.6초, 북위 37도 14분 30.6초에 위치하고 해발고도 168.5m, 면적 88,740㎡ 이다. 삼국사기에는 독도가 우산도(于山島)로, 1432년에 편찬된 세종실록지리지에 우산과 무릉 두 섬은 날씨가 맑은 날 서로 바라볼 수 있다고 기록되어 있고, 1471년엔 삼봉도(三峰島), 1794년엔 가 지도(可支島)로 불린 기록이 있다. 1906년 울릉군수 심흥택이 중앙정부에 올린 보고서에 독도가 행 정지명으로 처음 언급됐다. 그러나 1905년에 일본이 일방적으로 독도를 다케시마(竹島)로 바꾸고 시 마네현에 편입한 뒤 계속해서 독도 영유권을 주장하고 있다. 독도는 독도기점 선언 시 약 2만㎢의 해양면적을 획득하여 동해어업전진 기지로 삼아 해양 경제획정의 기준이 되고 통신기지를 구축하여 주변국의 이동상황을 파악하는 등 군사적으로도 매우 중요한 가치로 평가되고 있다.

+PLUS **TIP**

주요 영유권 분쟁

- **조어도영유권분쟁(釣魚島領有權紛爭)** … 중국명 조어대열도로 일본명 센카쿠(尖閣)군도를 둘러싼 일본과 중국·대만 간의 영유권분쟁을 뜻한다. 조어도열도는 대만으로부터 동북쪽 120㎞ 지점에 있는 동중국해상의 8개의 무인도이다. 중국·대만의 영유권 주장논리는 조어도는 역사적으로 중국영토였으며 청·일전쟁에서 청나라가 져 일본이 대만을 점령하면서 처음으로 대만과 함께 일본의 관할 아래 들어갔으나, 1945년 일본의 태평양전쟁 패전으로 대만이 중국의 일부가 됐으므로 당연히 조어도도 중국에 반환된 것으로 보아야 한다는 것이다. 그러나 일본은 1969년 미국과 맺은 오키나와 반환협정에 "조어도열도는 일본에 반환된다."는 내용이 포함돼 있음을 들어 자국 영토라고 주장하고 있다.
- **북방 4개 도서** … 러시아와 일본 간의 현안문제로 대두하고 있는 섬으로 러시아의 쿠릴열도(일본명 천도열도)와 일본의 북해도 사이에 에토로후·쿠나시리·시코탄·하보마이 등 4개 섬을 말한다. 일본은 이 4개 섬의 반환을 강력히 요구하고 있다.
- **남사군도(南沙群島)** … 중국·대만·베트남·말레이시아·인도네시아·브루나이·필리핀 등이 군도 전체 또는 일부의 영유권을 주장하는 남지나해 중부의 산호초군도이다. 최대규모의 태평도를 비롯하여 70여개의 섬들로 이루어져 있다. 석유·천연가스 등 해저유전이 있고, 해상교통의 요충지이기 때문에 1970년대 이후 크고 작은 영유권분쟁이 계속되고 있다.

〉〉 문명충돌이론

하버드대학교 교수 겸 정치가 새뮤얼 헌팅턴(S. Huntington)의 이론으로 공산권이 몰락한 이후의 세계를 예측했다. 미국과 구 소련의 냉전기간 중에는 미국 주도의 서방과 구소련 중심의 공산권, 그리고 제3세계 비동맹국 등 3개의 진영으로 나뉘어 있었으나 앞으로 공산권이 몰락한 후에는 세계적으로 문화적 요인 특히 종교에 의한 국가 간의 결속과 대립이 두드러질 것이라고 예측하였다.

〉〉 코아비타시옹(cohabitation)

프랑스어로 '동거'란 말로, 정치적으로 다른 정파가 서로 연합해 정부를 구성하는 것을 말한다. 동거정부는 프랑스 정치과정의 독특한 형태로, 직선 대통령이 있지만 내각은 의회다수당이 구성하게 한 제5공화국 헌법에 따라 가능해진 것이다. 즉, 대통령의 여당이 총선에 과반수 의석 획득에 실패해 여소야대 정국이 형성될 경우 행정부 구성을 야당 측에 맡김으로써 탄생한다. 동거정부가 들어서면 대통령의 권한은 국방과 외교에 국한되고 총리가 경제 등 나머지 모든 권한을 갖게 된다. 따라서 대통령이 펴 온 국정노선은 대폭 수정되는 것이 관례이다.

〉〉 광주민주화운동(光州民主化運動)

10·26사태 이후 1980년에 맞이한 민주화의 봄이 5월 17일 계엄령의 전국 확대와 고 김대중 전 대통령 등 수많은 정치인·학생·재야인사들의 구속으로 꽃을 피우지 못하고 무산되자, 광주를 중심으로 전남지방 곳곳에서 학생과 시민들이 합세하여 일으켰던 민주화를 위한 민중항쟁운동이다. 이 운동은 계엄확대조치에 따라 18일 광주에 투입된 계엄군(특전사)과 전남대 학생들과의 충돌에서 비롯되어 시위군중에 대한 계엄군의 초기 과잉진압이 광주시민의 반정부 감정을 폭발시켜 급속도로 확대됐으며, 5월 27일 계엄군이 총을 난사하며 시위대가 점거하고 있던 도청에 진입, 유혈사태를 빚고 광주시내에 재투입되어 시위를 진압함으로써 끝났다. 운동기간 동안 시위 군중들은 '계엄령 철폐', '김대중 석방', '전두환 처단' 등의 구호를 외쳤다. 계엄군의 무차별 과잉진압과 27일의 도청 유혈사태로 희생자가 많이 발생했다. 1997년 민주화의 역사발전에 기여한 의미를 높이 평가해 법정기념일로 지정했다.

〉〉 4·19혁명

1960년 이승만정권의 3·15부정선거에 반대하여 일어난 반정부혁명을 뜻한다. 자유당정권의 독재와 부정부패의 심화, 미국의 원조에 의존하던 경제가 파국으로 치닫던 상황 속에서 정·부통령선거의 부정에 반대하여 학생들을 중심으로 시위가 일어났다. 그 과정에서 김주열이 최루탄이 눈에 박힌 채 시체로 발견되면서 시위는 전국적인 규모로 확산되기에 이르렀다. 이로써 이승만 전 대통령은 4월 26일 하야성명을 발표했다.

〉〉 5·16군사정변

1961년 5월 16일 박정희 육군소장과 김종필 등에 의해 발발한 군사정변이다. 장면 정부의 무능으로 사회의 위기가 만연되었기 때문에 이를 극복하기 위한 것이라는 명분을 내세워 군사적인 폭력수단을 이용, 정권을 탈취한 것이다. 이로부터 한국 현대정치사는 군부체제의 성격을 띠게 되었다.

>> 노변담화(爐邊談話, fireside chat)

1933년 3월 12일부터 미국의 제32대 루스벨트(F. Roosevelt) 대통령이 라디오를 통하여 국민들에게 시작한 담화이다. 뉴딜(new deal)정책에 대한 국민의 지지를 호소하기 위해 시작한 이 담화는 공식적이고 딱딱한 형식이 아니라 난롯가에서 친지들과 정담(情談)을 나누는 듯한 친밀감을 불러일으킨 데서 이러한 이름이 붙여졌다.

>> 레임덕현상(lame duck)

보통 공직자 임기 말 권력누수현상을 말한다. 미국 대통령선거에서 현직 대통령이 선거에서 패배하는 경우 새 대통령이 취임할 때까지 약 3개월 동안 국정공백기간이 생기는데, 이를 기우뚱 걷는 오리에 비유해 이르는 말이다.

>> 게티스버그연설(Gettysburg 演說)

1863년 11월 미국의 제16대 대통령인 링컨(A. Lincoln)이 남북전쟁 희생자의 영령을 위로하기 위해 펜실베니아주의 게티스버그를 방문하여 그 곳에서 행한 연설이다. 그 연설 가운데 '국민의, 국민에 의한, 국민을 위한 정치(…government of the people, by the people, for the people)'라는 명언을 남겼는데, 이 말은 민주주의가 무엇인가를 잘 설명해 주고 있으며, 또한 민주정치의 실천이념이 되고 있다.

>> 스윙 보터(swing voter)

선거 등의 투표행위에서 누구에게 투표할지 결정하지 못한 사람을 가리키는 말로 플로팅보터(floating voter)라고도 한다. 스윙보터들은 딱히 지지하는 정당과 정치인이 없기 때문에 그때그때의 정치 상황과 이슈에 따라 투표하게 된다. 우리말로는 '부동층 유권자' 정도로 해석할 수 있다.

>> 리셋 증후군(reset syndrome)

컴퓨터가 제대로 작동하지 않을 때 리셋하는 것처럼 현실도 마음에 들지 않으면 언제든 다시 시작할 수 있다고 믿는 것이다. 최근 청소년들 사이에 확산되어 심각한 사회문제를 일으키고 있다. 리셋 증후군에 걸린 학생이 폭력적인 컴퓨터게임에 몰두하여 가상과 현실세계를 혼동하게 되고 범죄 행위를 해도 이를 단지 게임의 일종으로 착각하거나 또한 죄책감이 들더라도 리셋(reset)해 버리면 그만이라고 생각하는 것이다.

>> 도로명주소

지번주소는 1918년 일제 강점기에 도입되어, 지금까지 거의 100년간 사용해 왔으나 그동안 도시화, 산업화 등 각종 개발로 인하여 지번의 순차성이 훼손되어 위치 찾기가 매우 어려운 상태이다. 이에 2014년 1월 1일부터 기존의 지번명주소를 전면 배제한 채, 도로명주소를 새로운 법정주소로 채택하여 시행하고 있다.

>> 스탠드스틸(Standstill)

스탠드스틸을 말 그대로 해석하면 '정지', '멈춤'이란 뜻이다. 가축 전염병이 발생했을 때 전국으로 바이러스가 확산되지 않도록 발병 지역 가축과 축산 종사자, 축산 차량 등의 이동을 제한하는 정부 조치다. 2014년 1월 조류 인플루엔자(AI) 사태가 12일째로 접어들면서 정부가 특정 지역에 스탠드스틸을 발동했지만 바이러스 확산에 대한 불안감이 사라지지 않고 있어 그 실효성에 대한 논란이 커지고 있다.

스탠드스틸은 2010년 구제역 사태 이후 가축전염병방지법을 개정해 만들어진 제도로서 본래 구제역의 차단을 위해 도입된 제도인데 AI 사태에 적용하고 있다는 데서 논란이 생겨난 것이다. AI의 경우 철새가 오염원으로 지목받고 있기 때문에 구제역과는 달리 이에 대한 실효성이 없을 거라는 것이 전문가들의 분석이다. 또한 스탠드스틸로 얻을 수 있는 이익보다 농가 피해가 더 클 것이라는 지적도 나온다. 자신의 농가가 살처분 대상이 되면 정부에서 보상금을 받을 수 있지만 스탠드스틸에 걸려 출하시기를 놓치면 그에 따른 소득 감소분은 보상받을 길이 없기 때문이다.

전문가들은 근본적인 방역 시스템이 갖춰지지 않으면 스탠드스틸을 해제하는 즉시 감염 취약 상태로 되돌아갈 것으로 보고 있으며 닭 · 오리 사육 농가의 위생관리 소홀이나 지방자치단체의 허술한 방역 노력과 같은 근원적인 문제 해결에 집중하는 게 정부의 올바른 역할이라고 지적했다.

≫ 효과별 분류

구분	내용
베르테르효과 (werther effect)	유명인이나 자신이 롤 모델로 삼고 있던 사람이 자살할 경우, 자신과 동일 시 해서 자살을 시도하는 현상. 독일의 문호 괴테가 1774년에 출간한 「젊은 베르테르의 슬픔」에서 유래했는데, 이 작품에선 남주인공 베르테르가 여주인공 로테를 사랑하지만 그녀에게 약혼자가 있다는 것을 알고 실의에 빠져 권총자살을 하게 된다. 시대와의 단절로 고민하던 젊은 세대의 공감으로 자살이 급증하자 이를 연구한 미국의 사회학자 필립스(D. Phillips)가 이름을 붙였다.
루핑효과 (looping effect)	사람들이 이전에 관심이 없다가 새로운 사실을 인식하게 되면 이러한 사실들이 상호작용하게 되어 새로운 사실에 영향을 받은 다른 종류의 사람이 만들어지는 현상. 예를 들어 유명인의 자살을 언론보도를 통해 접하고 관심을 갖게 돼 개개인의 불안심리가 조성되면서 우울감이나 단절감이 자살로 이어지게 된다.
나비효과 (butterfly effect)	브라질에 있는 나비의 날갯짓이 미국 텍사스에 토네이도를 발생시킬 수도 있다는 과학이론. 기상 관측한 데이터를 통해 처음 이야기된 효과로, 어떤 일이 시작될 때 있었던 아주 미묘한 양의 차이가 결과에서는 매우 큰 차이를 만들 수 있다는 이론이다. 이는 후에 카오스 이론의 토대가 되었다.
낭떠러지효과	자신이 정통한 분야에 대해서는 임무수행능력이 탁월하지만 조금이라도 그 분야를 벗어나면 낭떠러지에서 떨어지듯이 일시에 모든 문제해결능력이 붕괴되는 현상을 말한다. 낭떠러지효과는 기계문명에 대한 맹신에서 벗어날 것을 인류에게 촉구하는 미래학자들의 경고이기도 하다.
넛지효과 (nudge effect)	어떠한 금지나 인텐시브 없이도 인간 행동에 대한 적절한 이해를 바탕으로 타인의 행동을 유도하는 부드러운 개입을 뜻하는 말. 행동경제학자인 선스타인(C.R. Sunstein)과 리처드 탈러(R.H. Thaler)가 공저한 「넛지」에 의하면, 팔을 잡아끄는 것처럼 강제에 의한 억압보다 팔꿈치로 툭 치는 부드러운 개입으로 특정 행동을 유도하는 것이 더 효과적이라고 한다.
디드로효과 (diderot effect)	하나의 제품을 구입하면 그 제품과 연관된 제품을 연속적으로 구입하게 되는 현상. 소비자는 단순히 기능적인 연관성뿐만 아니라 제품과 제품사이에 정서적 동질성을 느껴서 구입하게 된다.
피그말리온효과 (pygmalion effect)	타인의 관심이나 기대로 인해 능률이 오르거나 결과가 좋아지는 현상. 그리스신화에 나오는 조각가 피그말리온의 이름에서 유래한 심리학 용어로 '로젠탈효과'라고도 한다.
스티그마효과 (stigma effect)	타인에게 무시당하거나 부정적인 낙인이 찍히면 행태가 나빠지는 현상. 스티그마효과가 부정적 행태를 보인다면 피그말리온효과는 긍정적 행태를 보인다. '낙인효과'라고도 한다.
래칫효과 (ratchet effect)	소득수준이 높았을 때의 소비성향이 소득수준이 낮아져도 낮아진 만큼 줄어들지 않게 하는 저지 작용을 말한다.

》 프로파일러(profiler)

일반적 수사 기법을 통해 해결되기 어려운 연쇄살인사건 수사나 범행동기가 불분명하여 상식적이지 않은 범죄사건 등에 투입, 범죄사건의 정황·단서를 분석하여 용의자의 성별·연령·직업·성격·행동유형·콤플렉스 등을 추론해 범위를 좁혀 수사방향을 설정하는 범죄심리분석관을 말하며, 이러한 수사기법을 프로파일링(profiling)이라 한다. 1956년 '미친 폭파범' 조지 메트스키 사건에서 미국 정신과의사 A. 브뤼셀의 심리적 추정에 의한 사건해결로 등장하여, 1972년 미국연방수사국 (FBI)에서 프로파일링 기법을 공식 도입했다. 우리나라는 2000년부터 도입해 프로파일러가 활동 중이다.

》 소시오패스(Sociopath)

반(反)사회적 인격 장애의 일종으로 사회를 의미하는 '소시오(socio)'와 병리 상태를 뜻하는 '패시 (pathy)'의 합성어이다. 반사회적인 범죄를 저지르고 자신의 행동에 대한 죄책감이 없다는 점에서 사이코패스(Psychopath)와 비슷하지만, 유전적·생물학적 요인에 의해 다른 사람의 고통에 대한 개념 자체가 부족한 사이코패스와 달리 잘못된 행동이란 것을 알면서도 반사회적인 행위를 한다는 특징이 있다.

》 프로보노(pro bono)

'공익을 위하여'라는 의미의 라틴어 'pro bono publico'의 줄임말로, 전문적인 서비스를 공익 차원에서 무료로 제공하는 것을 말한다. 변호사의 무료 법률자문 사회공헌에서 비롯한 것으로 최근에는 IT, 마케팅, 디자인 등 다양한 분야의 전문가들이 자신의 재능을 기부하는 것을 포괄적으로 일컫는 용어로 사용된다. 프로보노는 봉사자가 자신이 전문적인 분야에서 도움을 준다는 점에서 일반적인 자원봉사와는 다르다.

》 도넛현상(doughnut)

대도시의 거주지역과 업무의 일부가 외곽지역으로 집중되고 도심에는 상업기관·공공기관만 남게 되어 도심은 도넛모양으로 텅 비어버리는 현상이다. 이는 도시 내의 지가상승·생활환경의 악화·교통혼잡 등이 원인이 되어 발생하는 현상으로 도심 공동화현상이라고도 한다.

〉〉 스프롤현상(sprawl)

도시의 급격한 팽창에 따라 대도시의 교외가 무질서·무계획적으로 주택화되는 현상을 말한다. 교외의 도시계획과는 무관하게 땅값이 싼 지역을 찾아 교외로 주택이 침식해 들어가는 현상으로 토지이용면에서나 도시시설정비면에서 극히 비경제적이다.

〉〉 U턴현상

대도시에 취직한 시골 출신자가 고향으로 되돌아가는 노동력 이동을 말한다. 대도시의 과밀·공해로 인한 공장의 지방 진출로 고향에서의 고용기회가 확대되고 임금이 높아지면서 노동력의 이동현상이 나타나고 있다.

〉〉 J턴현상

대도시에 취직한 시골출신자가 고향으로 돌아가지 않고 지방도시로 직장을 옮기는 형태의 노동력 이동을 말한다. U턴현상에 비해 이 현상은 출신지에서의 고용기회가 적을 경우 나타나는 현상이다.

〉〉 무리별 분류

구분	내용
여피족(yuppie)	young urban, professional. 도시에서 자란 젊고 세련된 전문직업인
더피족(duppie)	depressed urban professional. 우울한 도시 전문직 종사자들
이피족(yiffie)	young(젊은), individualistic(개인주의적인), freeminded(자유분방한), few(사람 수가 적은). 1990년대 여피에 이어 등장, 여유있는 삶, 가족관계, 다양한 체험 등 자신의 목적을 위해 직장을 마다하고 자신의 행복과 만족을 추구하는 청년들
예티족(yettie)	young(젊고), entrepreneurial(기업가적인), tech-based(기술에 바탕을 둔), internet elite. 신경제에 발맞춰 일에 대한 열정으로 패션에 신경을 쓰지 않는 20~30대의 신세대 인간형
댄디족(dandy)	자신이 벌어서 규모 있는 소비생활을 즐기는 젊은 남자들. 방송·광고·사진작가·컴퓨터 프로그래머 등의 전문직에 종사
시피족(cipie)	character(개성), intelligence(지성), professional(전문성). 오렌지족의 소비 지향적·감각적 문화행태에 반발, 지적 개성을 강조하고 검소한 생활을 추구하는 젊은 이
슬로비족(slobbie)	slower but better working people. 성실하고 안정적인 생활에 삶의 가치를 더 부여하는 사람들
니트족(neet)	not in education, employment or training. 교육이나 훈련을 받지 않고 일도 하지 않으며 일할 의지도 없는 청년 무직자
좀비족(zombie)	대기업·방대한 조직체에 묻혀 무사안일에 빠져있는 비정상적인 사람

딩크족(dink)	double income, no kids. 정상적인 부부생활을 영위하면서 의도적으로 자녀를 갖지 않는 젊은 맞벌이 부부
딘스족(dins)	dual income, no sex couples. 성생활이 거의 없는 맞벌이 부부
듀크족(dewks)	dual employed with kids. 아이가 있는 맞벌이 부부
딘트족(dint)	double income no time. 경제적으로 풍족하지만 바쁜 업무로 소비생활을 할 시간이 없는 신세대 맞벌이
네스팅족(nesting)	단란한 가정을 가장 중시하고 집안을 가꾸는 신가정주의자들
싱커즈족(thinkers)	젊은 남녀가 결혼 후 맞벌이를 하면서 아이를 낳지 않고 일찍 정년퇴직해 노후생활을 즐기는 신계층
통크족(tonk)	two only no kids. 자식은 있되 자식뒷바라지에 의존하지 않고 취미·운동·여행 등으로 부부만의 생활을 즐기는 계층
우피족(woopie)	well of older people. 자식에게 의지하지 않고 경제적인 여유로 풍요롭게 사는 노년세대
유미족(yummy)	young upwardly mobile mummy. 상향 지향적이고 활동적인, 특히 자녀에 대해 정열을 쏟는 젊은 어머니들
나오미족	not old image. 안정된 결혼생활을 누리며 신세대 감각과 생활을 보여주는 30대 중반 여성들
루비족(ruby)	refresh(신선함), uncommon(비범함), beautiful(아름다움), young(젊음). 평범·전통적인 아줌마를 거부해 자신을 꾸미는 40~50대 여성들
나우족(now)	new old women. 40~50대에도 젊고 건강하며 경제력이 있는 여성들
노무족(nomu)	no more uncle. 나이와 상관없이 자유로운 사고와 생활을 추구하고 꾸준히 자기개발을 하는 40~50대 남자들

〉〉 쿼터리즘(quarterism)

　4분의 1을 뜻하는 영어 쿼터(quarter)에서 나온 말로, 인내심을 잃어버린 요즘 청소년의 사고·행동양식을 지칭한다. 최근의 10대들은 자극에는 즉각 반응을 하지만 금세 관심이 바뀌는 감각적 찰나주의가 한 특징으로, 이는 순간적 적응력을 요구하는 고속정보통신과 영상매체의 급격한 팽창이 한 가지 일에 진지하게 접근하고 집중하는 능력을 점차 잃게 한 원인으로 지적되고 있다. 그러나 직관적 사고나 감각적이고 순발력이 필요한 아이디어를 창안해 내는 데는 천재적이라는 긍정적 결과도 있다.

>> 증후군의 분류

구분	내용
빈 둥지 증후군 (empty nest syndrome)	공소증후군. 중년의 가정주부가 어느 날 갑자기 빈 둥지를 지키고 있는 듯 허전함을 느끼며 자신의 정체성에 대해 회의를 품게 되는 심리적 현상
모라토리엄 증후군 (moratorium syndrome)	지식 수준이나 육체적으로 한 사람의 몫을 충분히 할 수 있음에도 불구하고 사회인으로서 책무를 기피하는 현상. 대개 고학력 청년들로 대학 졸업 후 사회로 나가기 두려워 취직하지 않고 빈둥거리는 것을 말한다.
파랑새 증후군 (bluebird syndrome)	현재의 일에 만족이나 정열을 느끼지 못하고 미래의 행복만을 꿈꾸는 증후군
피터팬 증후군 (peter pan syndrome)	무기력증을 보이는 남성들의 심적 증후군. 어른이면서도 어린이 같은 언행을 일삼는 현상을 말한다.
슈퍼우먼 증후군 (superwoman syndrome)	직장여성 중 엘리트를 지향하는 여성들에게서 보이는 스트레스 증후군. 모든 일에 완벽하려고 지나친 신경을 써서 지쳐버리게 되는 증상을 말한다.
신데렐라콤플렉스 (cinderella complex)	자신의 능력으로 자립할 자신이 없는 여성이 일시에 자신의 일생을 변화시켜 줄 존재의 출현만을 기다리는 심리로, 남자의 인생에 의지하여 마음의 안정을 찾고 보호받기를 원하는 여성의 심리적 의존을 말한다.
LID 증후군 (loss isolation depression syndrom)	핵가족화로 인해 노인들에게 발생할 수 있는 고독병의 일종. 자녀들은 분가해서 떠나고 주변의 의지할 사람들이 세상을 떠나면 그 손실에 의해 고독감과 소외감을 느낀다. 이런 상태가 지속되면 우울증에 빠지게 되는데 이를 고독고(孤獨苦)라 한다. ※ 노인의 4고(苦) : 빈고(貧苦), 고독고(孤獨苦), 병고(病苦), 무위고(武威苦)

>> 세대별 분류

구분	내용
A세대	aspirations(욕구)의 첫 글자에서 따온, 아시아·라틴아메리카 등의 신흥경제국가의 도시에 살고, 연간 2천만 파운드를 벌며 계속 소득이 늘어 소비욕구가 강해 세계경제의 메가트렌드를 주도하는 30~40대 중산층
C세대	컴퓨터 보급의 일반화로 탄생하여 반도체칩과 카드, 케이블 속에 사는 컴퓨터 세대. 또는 자신이 직접 콘텐츠를 생산·인터넷 상에서 타인과 자유롭게 공유하며 능동적으로 소비에 참여하는 콘텐츠 세대.
E세대	enterpriser(기업가)의 첫 글자에서 따온, 스스로가 사업체를 세워 경영인이 되고 싶어 하는 사람들
G세대	green과 global의 첫 글자에서 따온, 건강하고 적극적이며 세계화한 젊은 세대
L세대	luxury(사치)의 첫 글자에서 따온, 세계적으로 유명한 고가의 고급 브랜드를 일상적으로 소비하는 명품족
M세대	휴대전화를 통화 이외의 다양한 용도로 사용하는 나홀로족인 모바일세대 또는 1980년대 초반 이후 출생한 덜 반항적, 더 실질적, 팀·의무·명예·행동을 중시하는 밀레니엄세대
N세대	1977~1997년 사이에 태어나 디지털 기술과 함께 성장, 기기를 능숙하게 다룰 줄 아는 자율성·능동성·자기혁신·개발을 추구하는 디지털 문명세대
P세대	passion(열정)·potential power(힘)·participation(참여)·paradigm-shifter(패러다임의 변화를 일으키는 세대)의 첫 글자에서 따온, 열정과 힘을 바탕으로 사회 전반에 적극적으로 참여해 사회 패러다임의 변화를 일으키는 세대. 자유로운 정치체제 하에서 성장하여 긍정적인 가치관을 가지며, 386세대의 사회의식·X세대의 소비문화·N세대의 생활양식·W세대의 공동체의식 등이 모두 포괄해서 나타난다.
Y세대	컴퓨터를 자유자재로 다루고 다른 나라 문화나 인종에 대한 거부감이 없는, 전후 베이비붐 세대가 낳은 2세들인 10대 전후의 어린이
X세대	50% 정도가 이혼·별거한 맞벌이 부모 사이에서 자라 가정에 대한 동경과 반발 심리를 가지며 개인적인 삶에 큰 의미를 두는 1961~1984년 사이에 출생한 세대
IDI세대 (I Deserve Its generation)	내 몫 챙기기에 철저한 미국의 젊은 세대. 산업화·현대화 이후 개인주의적 태도와 함께 드러나기 시작한 이기적인 사고가 매우 심해진 형태로 개인적인 요구와 욕망, 자기 권리만 내세운다.
부메랑세대	사회에 진출했다가 곧 독립을 포기하고 부모의 보호 아래로 돌아가는 젊은이들. 실패한 성인, 훈련 중인 성인으로 불린다.
캥거루세대	경제적·정신적으로 부모에 의존해 생활을 즐기는 젊은 세대. 자라증후군
미 제너레이션 (me generation)	자기주장이 강하고 자기중심적으로 생각하고 행동하는 요즘의 젊은층

〉〉 숍제도의 분류

노동조합이 사용자와 체결하는 노동협약에 조합원 자격과 종업원 자격의 관계를 규정한 조항 (shop clause)을 넣어 조합의 유지와 발전을 도모하는 제도를 숍제도(shop system)라 한다.

구분	내용
오픈숍 (open shop)	조합가입 여부에 관계없이 고용이나 해고에 차별대우를 하지 않는 제도로, 사용자는 노동자를 자유로 채용할 수 있고 노동자의 조합가입 여부도 자유의사인 것
유니언숍 (union shop)	회사와 노동조합의 협정에 의해 일단 채용된 노동자는 일정한 기간 내에 의무적으로 조합에 가입해야 하는 제도로, 미가입자·조합탈퇴자 및 조합에서 제명된 자는 사용자가 해고하도록 하는 것
클로즈드숍 (closed shop)	이해(利害)를 공통으로 하는 모든 노동자를 조합에 가입시키고 조합원임을 고용의 조건으로 삼는 노사 간의 협정제도로, 노동조합의 단결 및 사용자와의 교섭력을 강화하여 유리한 노동조건을 획득하려는 의도에서 나온 것
프레퍼렌셜숍 (preferential shop)	조합원 우선숍 제도로, 조합원은 채용이나 해고 등 단체협약상의 혜택을 유리하게 대우하기로 하고, 비조합원에게는 단체협약상의 혜택을 주지 않는 것
메인터넌스숍 (maintenance of membership shop)	조합원 유지숍 제도로, 조합원이 되면 일정기간 동안 조합원자격을 유지해야 하고, 종업원은 고용계속조건으로 조합원 자격을 유지해야 하는 것
에이전시숍 (agency shop)	조합이 조합원과 비조합원에게도 조합비를 징수하여 단체교섭을 맡는 것

〉〉 근로기준법(勤勞基準法)

노동자의 생활을 보장·향상시키기 위해 기본적 노동조건을 규정한 법률이다. 1952년 6·25전쟁 중 발생한 조선방직쟁의를 직접적 계기로 하여 1953년 5월에 공포, 8월부터 시행되었다. 이 법률의 목적은 근로자의 기본적 생활보장에 있으며 이 법에서 정하는 근로조건은 최저기준임을 명시하고 있다. 즉, 근로조건을 개선하려는 주체적인 요구가 헌법의 정신에 부합되는 합법적인 것임을 간접적으로 뒷받침하고 또한 이 법이 정한 최저기준을 악용하여 노동조건을 악화시켜선 안됨을 못박고 있다. 또한 단체교섭의 뒷받침에 의한 노사간 대등결정의 원칙, 노동자의 국적·신앙·사회적 신분을 이유로 차별대우를 못한다고 규정한 균등대우의 원칙, 남녀간 동일노동 동일임금의 원칙, 중간착취의 배제, 강제노동의 금지, 폭행의 금지도 명시했다.

〉〉 노동자의 분류

구분	내용
골드 칼라 (gold collar)	두뇌와 정보를 황금처럼 여기는 신세대를 상징하는 고도 전문직 종사자. 창의적인 일로 부가가치를 창출하는 인재로서 빌 게이츠와 스티븐 스필버그 감독 등이 있다. ※ 골드회사 : 직원의 창의성을 높이기 위해 근무시간과 복장에 자율성을 보장해주는 회사
다이아몬드 칼라 (diamond collar)	지혜, 봉사심, 체력, 인간관계, 자기관리 능력의 다섯 가지 미덕을 고루 갖춘 인간형으로 성공할 가능성이 큰 경영인 또는 관리자
화이트 칼라 (white collar)	육체적 노력이 요구되더라도 생산과 전혀 무관한 일을 하는 샐러리맨이나 사무직 노동자. 블루칼라와 대비된다.
블루 칼라 (blue collar)	생산, 제조, 건설, 광업 등 생산현장에서 일하는 노동자. 노동자들의 복장이 주로 청색인 점에 착안하여 생겨나 화이트칼라와 대비된다.
그레이 칼라 (gray collar)	화이트 칼라와 블루 칼라의 중간층으로 컴퓨터·전자장비·오토메이션 장치의 감시나 정비에 종사하는 근로자
논 칼라 (non collar)	손에 기름을 묻히는 것도 서류에 매달려 있는 것도 아닌 즉, 블루 칼라도 화이트 칼라도 아닌 무색세대로 컴퓨터 세대
핑크 칼라 (pink collar)	가정의 생계를 위해 사회로 진출하는 주부. 예전에는 점원이나 비서직에 종사하는 여성들을 뜻했으며 자아 성취를 위해 일하는 직장 여성과는 거리가 있다. 남성 노동자인 블루 칼라와 대비된다.
퍼플 칼라 (purple collar)	빨강과 파랑이 섞인 보라색으로 가정과 일의 균형과 조화를 추구하는 근로자
레인보우 칼라 (rainbow collar)	참신한 아이디어와 개성으로 소비자의 욕구를 만족시켜주는 기획관련 업종을 지칭하는 광고디자인, 기획, 패션업계 종사자. 1993년 제일기획(광고회사)에서 '무지개 색깔을 가진 젊은이를 찾는다.'는 신입사원 모집공고에서 유래됐다.
네오블루 칼라 (neo-blue collar)	새로운 감성미학을 표현해내고 개성을 추구하는 등 특유의 신명으로 일하는 영화·CF업계의 감성세대
르네상스 칼라 (renaissance collar)	세계 정치·경제·문화의 다양한 콘텐츠들을 섭렵하여 자신의 꿈을 좇아 변신한 인터넷 사업가
일렉트로 칼라 (electro collar)	컴퓨터의 생활화에 따라 새롭게 등장하고 있는 직종으로 컴퓨터에 대한 이해도와 기술수준이 뛰어난 엘리트
실리콘 칼라 (silicon collar)	창의적인 아이디어와 뛰어난 컴퓨터 실력으로 언제라도 벤처 창업이 가능한 화이트 칼라의 뒤를 잇는 새로운 형태의 고급 노동자
스틸 칼라 (steel collar)	사람이 하기 힘든 일이나 단순 반복 작업을 하는 산업용 로봇. 국내에서 전자와 자동차업종을 중심으로 1만여 로봇이 산업현장에 배치됐다.

〉〉 실업의 종류

노동할 능력과 의욕을 가진 자가 노동의 기회를 얻지 못하고 있는 상태를 실업(失業)이라고 한다. 대표적으로 실업의 원리를 설명하는 이론에는 J.M. 케인스의 유효수요의 이론과 K. 마르크스의 산업예비군 이론이 있다.

구분	내용
자발적 실업 (自發的 失業)	취업할 의사는 있으나, 임금수준이 생각보다 낮다고 판단하여 스스로 실업하고 있는 상태를 말한다. 케인스(J.M. Keynes)가 1930년 전후 대공황기에 발생한 대량실업에 대해 완전고용을 전제로 설명하려 했을 때 분류한 개념의 하나로 비자발적 실업과 대비된다.
비자발적 실업 (非自發的 失業)	자본주의에서 취업할 의사는 있으나 유효수요(有效需要)의 부족으로 취업하지 못하는 상태를 말한다. 수요부족실업 또는 케인스적 실업이라고도 한다. 케인스는 불황기의 대량실업 구제책으로 확장적 금융·재정정책에 의한 유효수요 증가정책을 써야한다고 주장했다.
마찰적 실업 (摩擦的 失業)	일시적인 결여나 산발적인 직업 간의 이동에서 발생하는 시간적 간격 등에 의해 발생하는 실업형태이다. 기업의 부도로 근로자들이 직장을 잃는 경우가 해당되며 케인스가 분류했다.
경기적 실업 (景氣的 失業)	경기변동의 과정에 따라 공황이 발생하면 실업이 급증하고 번영기가 되면 실업이 감소하는 실업형태로, 장기적 성격을 가진다.
계절적 실업 (季節的 失業)	산업의 노동력 투입이 자연적 요인이나 수요의 계절적 편재에 따라 해마다 규칙적으로 변동하는 경우에 생기는 실업형태이다.
구조적 실업 (構造的 失業)	일반적으로 선진국에서 자본주의의 구조가 변화하여 생기거나 자본축적이 부족한 후진국에서 생산설비의 부족과 노동인구의 과잉으로 생기는 실업형태이다. 경제구조의 특질에서 오는 만성적·고정적인 실업이며 경기가 회복되어도 빨리 흡수되지 않는 특징이 있다.
기술적 실업 (技術的 失業)	기술진보에 의한 자본의 유기적 구성의 고도화로 인해 발생하는 실업형태이다. 주로 자본주의적 선진국에서 나타나며 자본수요의 상대적 부족으로 인해 발생한다. 마르크스형 실업이라고도 하며 실물적 생산력의 향상으로 노동수요가 감소한데 기인한다.
잠재적 실업 (潛在的 失業)	원하는 직업에 종사하지 못하여 부득이 조건이 낮은 다른 직업에 종사하는 실업형태로 위장실업이라고도 한다. 노동자가 지닌 생산력을 충분히 발휘하지 못하여 수입이 낮고, 그 결과 완전한 생활을 영위하지 못하는 반(半) 실업상태로, 영세농가나 도시의 소규모 영업층의 과잉인구가 이에 해당한다.
산업예비군 (産業豫備軍)	실업자 및 반실업자를 포함하는 이른바 상대적 과잉인구를 말한다. 자본주의가 발달해 자본의 유기적 구성이 고도화함에 따라 노동을 절약하는 자본집약적인 생산방법이 널리 채용되어 노동력이 실업으로 나타나는 것을 말한다. 마르크스는 이것을 자본주의 발전에 따르는 필연적 산물이라 하였다.

>> 포퓰리즘(populism)

본래의 목적보다는 대중의 인기를 얻는 것을 목적으로 하는 정치의 행태로, 다수의 일반 대중을 정치의 전면에 내세워 집권세력의 권력을 유지하지만 실제로는 소수 집권세력의 권력을 공고히 하는 정치체제다. 포퓰리즘은 정치 지도자들의 정치적 편의주의(便宜主義)·기회주의(機會主義)를 근본으로 하여 개혁을 내세우므로 대중을 위함이 아닌 지나친 인기 영합주의에 빠지기 쉽고, 합리적인 개혁이 아닌 집권세력의 권력유지나 비 집권세력의 권력획득 수단으로서 악용되기도 한다. 엘리트주의와 대립되는 개념이다.

> **Point >>** 엘리트주의(elitism)…소수의 엘리트가 국가, 사회를 지배하고 이끌어가야 한다고 믿는 태도·입장

>> 폴리페서(polifessor)

한국의 정치상황에서 생겨난 신조어로, 정치(politics)와 교수(professor)의 합성어이다. 현실 정치에 적극적으로 활동하여 자신의 학문적 성취를 실현하거나, 정치 활동을 통해 정계에서 고위직을 얻으려는 교수를 가리킨다.

>> 자치경찰제

시·도 단위의 지방경찰기관이 경찰조직의 최고 기관인 경찰청으로부터 독립, 현지 실정에 맞게 자율적으로 범죄수사와 치안질서 확립 등의 업무 전반을 수행하는 제도를 말한다. 우리나라에서는 경찰청이 전국 산하조직의 업무 전반을 총괄 지휘·감독하는 국가경찰제를 운영중이나 현행법상 제주특별자치도는 자치경찰제이며, 일본 등 일부 선진국에서도 자치경찰제를 채택하고 있다.

---

4 과학

>> 시냅스(synapse)

한 뉴런에서 다른 세포로 신호를 전달하는 연결 지점이다. 시냅스(synapse)라는 단어는 찰스 셰링턴이 만든 합성어 "synaptein"에서 온 것이다. "synaptein"는 그리스어 "syn-"(함께)과 "haptein"(결합하다)의 합성어이다. 시냅스는 뉴런이 작동하는데 있어 중요한 역할을 한다. 뉴런이 신호를 각각의 표적 세포로 전달하는 역할을 한다면, 시냅스는 뉴런이 그러한 역할을 할 수 있도록 하는 도구이다.

〉〉 빛의 성질

종류	내용
직진(直進)	빛이 입자이기 때문에 일어나는 현상(일식, 월식, 그림자 등)
반사(反射)	빛이 입자이기 때문에 어떤 매질의 경계면에서 다시 처음 매질 속으로 되돌아가는 현상
굴절(屈折)	한 매질에서 다른 매질로 통과할 때 그 경계면에서 방향이 바뀌는 현상(무지개, 아지랑이, 신기루 등)
간섭(干涉)	빛이 파동성을 갖기 때문에 일어나는 현상(물이나 비누방울 위에 뜬 기름의 얇은 막이 여러 색으로 보이는 것)
회절(回折)	빛이 파동성을 갖기 때문에 일어나는 현상으로, 틈이 좁거나 장애물의 크기가 작을수록 잘 발생
분산(分散)	빛이 복색광이기 때문에 굴절체를 통과하면서 굴절률에 따라(파장의 길이에 따라) 여러 개의 단색광으로 되는 현상(프리즘에 의한 분산 등)
산란(散亂)	빛이 공기 속을 통과할 때 공기 중의 미립자에 부딪쳐서 흩어지는 현상(저녁노을, 하늘이 파랗게 보이는 현상 등)
편광(偏光)	자연광은 여러 방향의 진동면을 갖지만, 전기석과 같은 결정축을 가진 편광판을 통과시키면 결정축에 나란한 방향으로 진동하는 빛만 통과(입체영화, 광통신 등)

〉〉 쿼크(quark)

소립자의 기본 구성자로 업·다운·스트레인지·참·보텀·톱의 6종(種)과 3류(類)가 있다. 종(種) 은 향(flavor)을 류(類)는 색(color)을 말하며, 하나의 향은 세 가지의 색을 가지고 있다. 업과 다운, 스트레인지와 참, 보텀과 톱은 각각 쌍을 이뤄 존재한다.

〉〉 방사성원소(放射性元素)

원자핵으로부터 방사선(α선, β선, γ선)을 방출하고 붕괴하는 방사능을 가진 원소의 총칭이다. 천연방사성원소와 인공방사성원소로 나뉘며 좁은 뜻에서의 천연방사성원소만을 가리키거나 그 중에서 안정동위원소가 없는 라듐이나 우라늄의 원소를 지칭하기도 한다. 1896년 베크렐은 최초로 우라늄 (u)을 발견하였으며, 1898년 퀴리부부는 광석 속에서 우라늄보다 강한 방사능을 가진 라듐(Ra)을 발견하였다. 원소가 처음 만들어졌을 때는 방사성원소와 비방사성원소가 존재했을 것으로 추정하는데, 이 중에서 반감기가 짧은 것은 모두 붕괴하고 반감기가 긴 원소만이 남아 존재한다고 추정한다.

> Point 〉〉 반감기(半減期) … 방사성원소가 붕괴하여 처음 질량의 반으로 줄어드는데 걸리는 시간을 말한다. 온도·압력 등의 외부조건에 영향을 받지 않고, 방사성원소의 종류에 따라 일정하므로 그 물질 고유의 성질이 없어짐을 파악하는 척도가 된다.

>> 동위원소(同位元素)

원자번호는 같으나 질량수가 다른 원소로 일반적인 화학반응에 화학적 성질은 같지만 물리적 성질이 다르다. 1906년 방사성원소의 붕괴과정에서 처음 발견되었으며 방사성 동위원소, 안정 동위원소가 있다. 예를 들면 수소의 동위원소로는 경수소(1H1)·중수소(1H2)·3중수소(1H3) 등이 있다.

>> 임계실험(臨界實驗)

원자로 속에서 최소의 연료를 사용하여 '원자의 불'을 점화하는 것이다. 핵연료를 원자로 안에 조금씩 넣어가면 그 양이 어느 일정한 값을 넘었을 때 핵분열의 연쇄반응이 일어나기 시작한다. 즉, '원자의 불'이 점화된다. 이와 같이 핵분열이 지속적으로 진행되기 시작하는 경계를 '임계(critical)', 이 핵연료의 일정량을 '점화한계량', 즉 '임계량'이라 부른다.

⁺PLUS ⟮TIP⟯

- 냉각재(冷却材) … 원자로에서 발생한 열을 적당한 온도로 냉각시켜 외부로 끌어내어 사용하게 하는 재료로, 원자력발전소에서는 이 열로 증기를 만들어 터빈을 돌린다. 천연우라늄원자로에는 탄산가스나 중수, 농축우라늄원자로에는 경수·중수·금속나트륨 등을 사용하고 있다.
- 감속재(減速材) … 원자로의 노심(爐心)에서 발생하는 고속 중성자의 속도를 줄여서 열중성자로 바꾸기 위해 쓰이는 물질이다. 중성자는 원자핵반응에 중요한 역할을 맡고 있는데, 속도가 빠른 중성자는 원자핵에 포착되기 어려워 원자핵 반응을 효율적으로 할 수 없다. 따라서 중성자의 속도를 줄이기 위해 적당한 원소의 원자핵과 충돌시켜야 하는데, 이때 쓰여지는 것이 중수나 흑연 등의 감속재이다.

>> pH(hydrogenion exponent, 수소이온농도)

어떤 용액 속에 함유되어 있는 수소이온의 농도를 말하는 것으로 $pH = 7$일 때 중성, $pH > 7$일 때 알칼리성, $pH < 7$일 때 산성이라고 한다. 물고기가 살 수 있는 담수의 pH는 보통 6.7~8.6이며, pH는 폐수를 중화 또는 응집시켜 화학적으로 처리할 때 그 기준이 된다.

>> 마하(mach)

비행기, 로켓 등 고속으로 움직이는 물체의 속도를 음속으로 나타낸 단위이다. 마하 1이란 소리가 1시간에 도달할 수 있는 거리를 말하며, 15℃일 때 소리의 속도가 초속 340m이므로 시속 1,224km를 말한다.

〉〉 나노(n : nano)

10억분의 1을 의미하는 접두어이다. 나노 테크놀로지는 분자나 원자 하나하나의 현상을 이해하고 이를 직접 조작하려는 기술이다. 1나노미터에는 보통 원자 3~4개가 들어 있다. 나노미터는 $10-9m$, 나노초(nano 秒)는 $10-9$초가 된다.

> **Point 〉〉** 기타 단위
> • 기가(Giga) … 미터계 단위 10^9(10억배)을 나타내는 접두어이다. 보통 단위명 앞에 붙여 10^9배를 나타낸다.
> • 테라(tera) … 기가(giga)의 1,000배, 즉 1조를 나타낸다.

〉〉 제5의 힘

우주에 있는 중력, 전자기력, 약력, 강력 등 기본 4력 외에 또 하나의 새로운 힘으로, 과부하(過負荷)라고 불린다. 이 힘은 중력과 반대방향으로 작용하며 물체의 질량 및 원자 구성상태에 좌우되는 것이기 때문에 깃털보다는 동전에 더 강하게 작용하여 진공상태에서 깃털이 동전보다 더 빨리 떨어진다는 것이다.

제4의 힘
- 통일장이론 … 자연계에 존재하는 네 가지의 힘, 즉 강력 · 약력 · 중력 · 기력의 관계를 한 가지로 설명하려는 이론이다.
- 핵력 … 강력과 약력을 합해 이르는 말이다.

〉〉 조명도(照明度)

어떤 물체의 단위면적이 일정한 시간에 받는 빛의 양으로, 조도라고도 한다. 단위는 럭스(lux)로 표시하며 이는 1촉광의 광원에서 1m만큼 떨어진 거리에서 직각이 되는 면의 조명도를 말한다. 독서나 일반사무실은 75~150lux, 응접실 · 안방 · 부엌 · 실험실은 50~100lux, 공부방 또는 제도 · 타이핑 · 재봉 등을 하는 데는 150~300lux의 밝기가 적당하다.

〉〉 상대성이론(theory of relativity)

미국 물리학자 아인슈타인(A. Einstein)에 의하여 전개된 물리학의 이론체계이다. 그는 1905년 기존의 뉴턴역학에 의하여 알려졌던 상대성이론을 시간 · 공간의 개념을 근본적으로 변경하여 물리학의 여러 법칙에 적용한 특수상대성이론과, 1915년 뉴턴의 만유인력 대신 특수상대성이론을 일반화하여 중력현상을 설명한 일반상대성이론을 완성하였다.

>> 소셜 커머스(social commerce)

소셜 네트워크 서비스(SNS)를 이용한 전자상거래로, 일정 수 이상의 상품 구매자가 모이면 정해진 할인가로 상품을 제공·판매하는 방식이다. 2005년 야후의 장바구니 공유서비스인 쇼퍼스피어 사이트를 통해 소개되어, 2008년 미국 시카고에서 설립된 온라인 할인쿠폰 업체인 그루폰(Groupon)이 소셜 커머스의 비즈니스 모델을 처음 만들어 성공을 거둔 바 있다. 일반적인 상품 판매는 광고의 의존도가 높지만 소셜 커머스의 경우발적인 참여로 홍보와 동시에 구매자를 모아 마케팅에 들어가는 비용이 최소화되므로, 판매자는 소셜 커머스 자체를 마케팅의 수단으로 보고 있다. 국내에 티켓 몬스터, 쿠팡 등의 업체가 있으며 최근 스마트폰 이용과 소셜 네트워크 서비스 이용이 대중화되면서 새로운 소비 형태로 주목받고 있다.

> **Point >>** 소셜 네트워크 서비스(SNS : social network service) ⋯ 웹에서 이용자들이 개인의 정보공유나 의사소통의 장을 만들어 폭넓은 인간관계를 형성할 수 있게 해주는 서비스로 싸이월드, 트위터, 페이스북 등이 있다.

>> GPS(global positioning system)

자동차·비행기·선박뿐만 아니라 세계 어느 곳에 있더라도 인공위성을 이용하여 자신의 위치를 정확히 파악할 수 있는 시스템으로 위성항법장치라고 한다. GPS수신기로 3개 이상의 위성으로부터 정확한 거리와 시간을 측정, 삼각 방법에 따라 3개의 각각 다른 거리를 계산해 현재의 위치를 나타낸다. 현재 3개의 위성으로부터 거리와 시간 정보를 얻어 1개 위성으로 오차를 수정하는 방법이 널리 쓰이고 있다. GPS는 처음 미국 국방성의 주도로 개발이 시작되었으며, 위성그룹과 위성을 감시·제어하는 지상관제그룹, 사용자그룹의 세 부분으로 구성돼 있다. 이는 단순한 위치정보 뿐만 아니라 항공기·선박의 자동항법 및 교통관제, 유조선의 충돌방지, 대형 토목공사의 정밀 측량 등 다양한 분야에 응용되고 있다.

> **Point >>** 위치기반서비스(location based service) ⋯ 위성항법장치나 이동통신망 등을 통해 얻은 위치정보를 기반으로 이용자에게 여러 가지 서비스를 제공하는 서비스 시스템을 말한다.

〉〉 테더링(tethering)

휴대폰의 부가기능 중 하나로, 블루투스(Bluetooth)·와이파이(Wi-Fi) 등을 통해 휴대폰이 모뎀으로 활용되어 노트북·PC·PDA 등의 IT기기들을 연결해 무선인터넷을 사용할 수 있는 기능을 말한다. 이는 와이브로나 무선랜에 비해 휴대폰 통화권 내에 있는 곳에서는 어디서나 인터넷 접속이 가능한 장점이 있으나 속도가 느리고, 전력소모가 크며, 가격이 비싸다는 단점이 있다.

〉〉 P2P(peer to peer)

인터넷상에서 개인과 개인이 직접 연결되어 파일을 공유하는 것을 말한다. 기존의 서버와 클라이언트 개념이나 공급자와 소비자의 개념에서 벗어난 형태로 각각의 개인 컴퓨터끼리 직접 연결·검색하여 모든 참여자가 공급자이며 수요자인 형태가 된다. P2P에는 어느 정도 서버의 도움을 받아 개인 간 접속을 실현하는 방식과 클라이언트 상호간에 미리 개인 정보를 공유하여 서버 없이 직접 연결하는 두 가지 방식이 있다. 한국의 소리바다가 전자의 방식이고, 미국의 그누텔라(Gnutella)가 후자의 방식이다.

> Point 〉〉 PMP(portable multimedia player) … 음악 및 동영상 재생·디지털카메라·인터넷 등의 기능을 모두 갖춘 휴대형 멀티미디어 플레이어를 말한다.

〉〉 클라우드 컴퓨팅(cloud computing)

인터넷상의 서버에 정보를 영구적으로 저장하고, 이 정보를 데스크톱·노트북·스마트폰 등을 이용해 언제 어디서나 사용할 수 있는 컴퓨팅 환경을 말한다. 인터넷을 이용한 IT 자원의 주문형 아웃소싱 서비스로 기업이나 개인이 컴퓨터 시스템의 유지·관리·보수에 들어가는 비용과 시간을 줄일 수 있고, 외부 서버에 자료가 저장되어 자료를 안전하게 보관할 수 있으며 저장공간의 제약도 해결될 수 있다. 그러나 서버가 해킹당할 경우 정보유출의 문제점이 발생하고, 서버 장애가 발생하면 자료 이용이 불가능하다는 단점이 있다. 2000년 대 후반에 들어 새로운 IT 통합관리모델로 등장하여 네이버·다음 등의 포털에서 구축한 클라우드 컴퓨팅 환경을 통해 태블릿PC나 스마트폰 등의 휴대 IT기기로 각종 서비스를 사용할 수 있게 되었다.

>> 빨대효과(Straw Effect)

교통 여건의 개선으로 도시 간 이동이 편해지면서 큰 상권이 작은 상권을 빨대로 빨아들이듯 흡수하는 현상을 의미한다.

>> 크레바스(crevasse)

빙하가 갈라져서 생긴 좁고 깊은 틈새를 말한다. 급경사를 이루는 빙하도랑을 이동할 때에는 빙하를 가로지르는 크레바스가, 넓은 골짜기나 산기슭으로 나가는 곳을 이동할 때에는 빙하가 이동하는 방향에 평행하는 크레바스가 나타난다.

>> 블리자드(blizzard)

남극지방에서 볼 수 있는 차고 거센 바람을 동반한 눈보라 현상으로 우리말로는 폭풍설(暴風雪)이라고도 한다. 이러한 현상이 발생하는 이유는 남극지방의 급격한 기온변화 때문이라고 볼 수 있는데, 몇 시간 사이에 영하 10도에서 영하 20도로 기온이 급강하하면서 동시에 초속 40~80m의 강풍이 불며 눈이 몰아친다.

>> 블로킹(blocking)현상

저지현상(沮止現象) 혹은 블로킹 고기압이라고도 하며 중위도 지역의 대류권에서 우세한 고기압이 이동하지 않고 장기간 한 지역에 머물러 동쪽으로 움직이는 저기압의 진행이 멈추거나 역행되는 현상을 말한다.

>> 북대서양진동(NAO : North Atlantic Oscillation)

북대서양진동은 아이슬란드 근처의 기압과 아조레스(azores) 근처의 기압이 서로 대비되는 변동으로 구성된다. 평균적으로 아이슬란드의 저기압 지역과 아조레스의 고기압 지역 사이에 부는 편서풍은 유럽 쪽으로 전선시스템을 동반한 저기압을 이동시키는 역할을 한다. 그러나 아이슬란드와 아조레스 사이의 기압차는 수일에서 수십년의 시간 규모상에서 섭동(攝動)을 하는 현상을 보이므로 때때로 역전될 수도 있다.

〉〉 싱크홀(sink hole)

지하 암석이 용해되거나 기존에 있던 동굴이 붕괴되면서 생긴 움푹 파인 웅덩이를 말한다. 장기간의 가뭄이나 과도한 지하수 개발로 지하수의 수면이 내려가 지반의 무게를 견디지 못해 붕괴되기 때문에 생기는 것으로 추정되며, 주로 깔때기 모양이나 원통 모양을 이룬다. 석회암과 같이 용해도가 높은 암석이 분포하는 지역에서 볼 수 있다.

> Point 〉〉 블루홀(blue hole) ⋯ 바닷속에 위치한 동굴 또는 수중의 싱크홀을 일컫는다.

〉〉 유엔환경계획(UNEP : United Nations Environment Program)

유엔인간환경회의(UNCHE)의 결의에 따라 1973년 케냐의 나이로비에 사무국을 설치한 유엔의 환경관련활동 종합조정기관이다. 환경 관련 지식을 증진하고, 지구환경 상태의 점검을 위해 국제적인 협력을 촉진하는 것을 목적으로 한다. 선진국의 공해와 개발도상국의 빈곤 등 인간거주문제가 환경문제의 최우선이라 보고 환경관리가 곧 인간관리라고 규정하며, 인구와 도시화, 환경과 자원, 환경생태에 관한 연례보고서를 작성하고 5년마다 지구 전체의 환경 추세에 대한 종합보고서를 발간하는 등의 활동을 전개하고 있다. 1987년 오존층 파괴 물질에 대한 '몬트리올의정서'를 채택하여 오존층 보호를 위한 국제협력체계를 확립하였으며, 지구환경감시시스템 및 국제환경정보조회시스템을 구축하였고 '글로벌 500'을 제정하는 등 다양한 활동을 전개하고 있다. 우리나라는 1972년에 가입했다.

〉〉 몬트리올의정서(Montreal protocol)

지구 오존층 파괴 방지를 위하여 염화불화탄소(CFC, 프레온가스)·할론(halon) 등 오존층 파괴 물질 사용에 대해 규정한 국제환경협약이다. 1974년 미국 과학자들의 CFC 사용 규제에 대한 논의로부터 시작되었으며, 1985년 '비엔나협약'에 근거를 두고 1987년 캐나다 몬트리올에서 정식 채택되었다. CFC의 사용 및 생산금지, 대체물질 개발 등을 주요 골자로 하고 있으며 1992년 코펜하겐에서 열린 제4차 회의에서 '코펜하겐의정서'를 채택하였다. 우리나라는 1992년에 가입하였다.

〉〉 녹색기후기금(Green Climate Fund : GCF)

개발도상국의 온실가스 감축과 기후변화 적응을 지원하기 위한 세계 첫 기후 변화 특화 기금으로 유엔(UN) 산하의 국제기구이다. 2010년 11월 멕시코 칸쿤에서 개도국 기후변화를 지원하기 위해 2020년까지 연간 1,000억 달러 재원을 장기조성하기로 하였으며, 2012년 10월 인천 송도가 GCF 사무국으로 최종 결정되었다. 그 해 12월 9일 카타르에서 열린 제18차 유엔기후변화협약 당사국 총회에서 최종 인준을 마치고 2013년 공식 출범하였다.

》》 글로벌(global) 500

1978년 당시 유엔환경계획(UNEP)의 사무총장이었던 모스타파톨바 박사의 제안으로 제정된 환경 분야의 가장 권위 있는 상으로, 노벨환경상으로도 불린다. 환경보호에 특별한 공로가 있는 개인 또는 단체를 선정하게 되는데, 1992년까지 모두 500명의 수상자가 선정되었고, 2단계로 1993년부터 새로운 500명 선정이 시작됐다.

》》 기후변화협약(氣候變化協約)

지구온난화를 방지하기 위해 이산화탄소·메탄 등의 발생량 감축을 목표로 한 국제협약으로, 1992년 유엔환경개발회의(UNCED)에서 정식으로 채택되었다. 우리나라는 1993년에 가입했다. 가입 국이 되면 온실가스를 줄이는 노력과 함께 관련정보를 공개해야 한다. 1997년 합의된 교토의정서에 따라 이산화탄소(CO_2), 메탄(CH_4), 아산화탄소(N_2O) 등의 온실가스 배출량을 2008~2012년까지 1990년 대비 평균 5.2%를 감축하고 대체 프레온가스 3종은 1995년 기준으로 삭감해야 한다. 단 개 발도상국은 감축의무가 없으며 현재 특별의무가 부여된 선진국은 38개국이다. 우리나라는 개발도상 국으로 분류돼 있지만 경제협력개발기구(OECD) 가입 당시부터 선진국 그룹에 합류해야 한다는 국 제적 압력을 받고 있다.

》》 세계보건기구(WHO : World Health Organization)

보건·위생 분야의 국제적인 협력을 위하여 설립한 UN(국제연합) 전문기구이다. 세계의 모든 사 람들이 가능한 한 최고의 건강 수준에 도달하는 것을 목표로, 1946년 61개국의 세계보건기구헌장 서명 후 1948년 26개 회원국의 비준을 거쳐 정식으로 발족하였다. 본부는 스위스 제네바에 있으며 총회·이사회·사무국으로 구성되어 있고 재정은 회원국 정부의 기부금으로 충당한다. 중앙검역소 업무와 연구 자료의 제공, 유행성 질병 및 전염병 대책 후원, 회원국의 공중보건 관련 행정 강화와 확장 지원 등을 주요활동으로 한다. 한국은 1949년 제2차 로마총회에서 가입하였다.

〉〉 에이즈(AIDS : Acquired Immune Deficiency Syndrome)

면역결핍바이러스인 에이즈바이러스(HIV)에 감염되어 면역기능이 저하되는 질환으로 '후천성면역 결핍증'이라고도 한다. 증상은 감기와 비슷한 증세인 발열, 체중 감소, 설사, 심한 피로감, 악성 종양, 호흡 곤란 등이며 면역력이 크게 떨어지기 때문에 세균 감염이 용이해지고, 이들을 방어할 수 없게 되어 결국 사망하게 된다. 에이즈바이러스가 전파되는 경로는 성관계, 혈액을 통한 전파, 감염된 여성의 출산의 3가지이며 음식이나 물, 공기, 단순한 접촉만으로는 전염되지 않는다. 수혈이나 출산에 의한 감염이 아닐 경우 감염력이 0.03~0.5% 정도로 강하지 않은 편이나 유효한 치료법이 없어 치사율이 높다.

⁺PLUS TIP

HIV(Human Immunodeficiency Virus)

에이즈(AIDS)를 유발하는 바이러스로서 '에이즈바이러스' 혹은 '인간면역결핍바이러스'라고 한다. 1930년 대 초 양성 바이러스인 유인원 면역결핍바이러스(SIV)가 사람에게 감염되면서 살인 바이러스로 진화하였다. RNA(리보핵산)와 몇 가지 효소가 결합된 단순한 형태를 띠고 있는데 이중 RNA와 단백질이 사람의 세포 안으로 침투해 수백, 수천 배까지 증식하면서 혈관을 돌아다니며 면역을 담당하는 림프구를 급속히 파괴시킨다. HIV 자체가 사람을 죽이지는 않지만, 많은 다른 감염을 가능하게 하여 에이즈를 야기한다.

〉〉 광우병(狂牛病)

의학적 명칭은 우해면양뇌증(牛海綿樣腦症, BSE : Bovine Spongiform Encephalopathy)으로 소의 뇌에 생기는 신경성 질환이다. 소가 이 병에 걸리면 방향감각을 잃고 미친 듯이 난폭해지기 때문에 일명 광우병(mad cow disease)이라고 하며 결국에는 전신마비와 시력상실을 일으키며 죽게 된다. 소의 뇌 조직에 미세한 구멍이 뚫리면서 마치 스펀지처럼 흐물흐물해지는 병으로, 사람을 포함한 모든 동물에서 정상적으로 발견되는 '프리온(prion)'이란 단백질이 변형됨에 따른 것으로 추정된다. 이 변형된 프리온이 뇌 조직에 침투, 작은 구멍들을 만들면서 뇌 기능을 마비시키고 변형된 형태의 프리온을 기하급수적으로 만들어 내는 것이다. 소에 생기는 변형 프리온은 양에게 양고기 사료를 먹여 발생한 '스크래피병'이 소에 옮겨 온 것으로 생각되며 새끼에게 유전되지는 않는다. 광우병에 걸린 소의 고기를 사람이 먹을 경우 인간광우병(변종 크로이츠펠트-야콥병)에 걸리는 것으로 알려져 있다. 1986년 영국 과학자들에 의해 처음 확인 됐으며 1996년과 2001년 초 유럽에서 대규모로 발생, 전 세계를 공포로 몰아넣었다. 정확한 발병 원인, 감염 경로, 구체적 위험성 등이 밝혀지지 않은 상태이다.

›› HACCP(Hhazard Analysis & Critical Control Point, 위해요소 중점관리기준)

식품의 원료부터 제조, 가공 및 유통 단계를 거쳐 소비자에게 도달하기까지 모든 과정에서 위해 물질이 해당 식품에 혼입되거나 오염되는 것을 사전에 방지하기 위한 식품관리 제도로, 식품의 안전성을 확보를 목적으로 한다. 이를 위해 단계별 세부 위해 요소(HA)를 사전에 제거하기 위한 중점관리 점검 항목(CCP)을 설정하고, 이를 바탕으로 종사자가 매일 또는 주기적으로 각 중점관리 항목을 점검해 위해 요인을 제거한다. HACCP의 개념은 1960년대 초 미국 우주계획의 식품 개발에 처음 적용된 이후 1993년 FAO, WHO의 국제식품규격위원회에서도 식품 위생관리 지침으로 택한 바 있다.

›› 이력추적제

먹을거리 안전에 대한 국민들의 관심이 높아짐에 따라 각종 농산물로부터 국민의 안전을 보호 할 목적으로 도입하여 2005년부터 모든 농산물에 적용하였다. 농산물 생산에 사용한 종자와 재배방법, 원산지, 농약 사용량, 유통 과정 등이 제품의 바코드에 기록되기 때문에 소비자들도 농산물의 생산에서 유통에 이르기까지 모든 이력을 쉽게 알 수 있다.

›› 파킨슨병(Parkinson's disease)

영국의 의사 파킨슨이 1817년에 처음으로 보고한 질환으로 별칭은 진전마비(振顫麻痺)이다. 중뇌 흑질 부위의 신경전달 물질인 도파민의 분비가 감소, 뇌세포가 점점 괴사하는 질병이다. 주로 50세 전후에 발병, 처음에는 근경직, 운동 감소, 진전(무의식적으로 일어나는 근육의 불규칙한 운동) 등의 증세로 나타난다. 떨리는 것은 대개 손발부터 시작되어 점차 전신의 수의(隨意)운동이 불가능해진다.

›› 단백뇨 증상

소변에 단백질이 섞여 나오는 것을 단백뇨라고 하는데, 정상 소변에도 어느 정도 단백이 포함될 수 있으므로, 성인인 경우 하루 500mg 이상, 소아는 1시간 동안 체표면적 $1m^2$당 4mg 이상의 단백이 배설될 때 명백한 단백뇨라고 한다. 그러나 이보다 적은 양(하루 30~300mg)의 단백이 배설되는 경우에도 미세 단백뇨라고 하여 당뇨병이나 고혈압, 사구체 신염에 의한 신장 질환의 초기 증세인 경우가 있다. 또한 신장에 심각한 병이 없어도 간혹 소량의 단백뇨가 나올 수 있고 이러한 경우를 기능성 단백뇨라고 부른다. 기능성 단백뇨의 경우 일시적으로 발생했다가 없어지는 것으로 신장 기능에 특별한 문제를 일으키지는 않는다.

〉〉 감염병(感染病)

원충, 진균, 세균, 스피로헤타(spirochaeta), 리케차(rickettsia), 바이러스 등의 미생물이 인간이나 동물에 침입하여 증식함으로써 일어나는 병을 통틀어 이르는 말이다.

⁺PLUS TIP ―――――――――――――――――――――――――――――――――――

감염병의 구분

구분	특성	질환
제1군감염병	마시는 물 또는 식품을 매개로 발생하고 집단 발생의 우려가 커서 발생 또는 유행 즉시 방역대책을 수립하여야 하는 감염병	콜레라, 장티푸스, 파라티푸스, 세균성이질, 장출혈성대장균감염증, A형간염
제2군감염병	예방접종을 통하여 예방 및 관리가 가능하여 국가예방접종사업의 대상이 되는 감염병	디프테리아, 백일해(百日咳), 파상풍(破傷風), 홍역(紅疫), 유행성이하선염(流行性耳下腺炎), 풍진(風疹), 폴리오, B형간염, 일본뇌염, 수두(水痘), b형헤모필루스인플루엔자, 폐렴구균
제3군감염병	간헐적으로 유행할 가능성이 있어 계속 그 발생을 감시하고 방역대책의 수립이 필요한 감염병	말라리아, 결핵(結核), 한센병, 성홍열(猩紅熱), 수막구균성수막염(腦膜球菌性腦膜炎), 레지오넬라증, 비브리오패혈증, 발진티푸스, 발진열(發疹熱), 쯔쯔가무시증, 렙토스피라증, 브루셀라증, 탄저(炭疽), 공수병(恐水病), 신증후군출혈열(腎症候群出血熱), 인플루엔자, 후천성면역결핍증(AIDS), 매독(梅毒), 크로이츠펠트-야콥병(CJD) 및 변종크로이츠펠트-야콥병(vCJD), C형간염, 반코마이신내성황색포도알균(VRSA)감염증, 카바페넴내성장내세균속종(CRE)감염증
제4군감염병	국내에서 새롭게 발생하였거나 발생할 우려가 있는 감염병 또는 국내 유입이 우려되는 해외유행 감염병	
제5군감염병	기생충에 감염되어 발생하는 감염병으로서 정기적인 조사를 통한 감시가 필요하여 보건복지부령으로 정하는 감염병	
지정감염병	제1군감염병부터 제5군감염병까지의 감염병 외에 유행 여부를 조사하기 위하여 감시활동이 필요하여 보건복지부장관이 지정하는 감염병	
세계보건기구 감시대상 감염병	세계보건기구가 국제공중보건의 비상사태에 대비하기 위하여 감시대상으로 정한 질환으로서 보건복지부장관이 고시하는 감염병	
생물테러감염병	고의 또는 테러 등을 목적으로 이용된 병원체에 의하여 발생된 감염병 중 보건복지부장관이 고시하는 감염병	
성매개감염병	성 접촉을 통하여 전파되는 감염병 중 보건복지부장관이 고시하는 감염병	
인수공통감염병	동물과 사람 간에 서로 전파되는 병원체에 의하여 발생되는 감염병 중 보건복지부장관이 고시하는 감염병	
의료관련감염병	환자나 임산부 등이 의료행위를 적용받는 과정에서 발생한 감염병으로서 감시활동이 필요하여 보건복지부장관이 고시하는 감염병	

>> 교육행정정보시스템(NEIS : National Education Information System)

1만여 개 초 · 중 · 고 · 특수학교, 178개 교육지원청, 16개 시 · 도교육청 및 교육과학기술부가 모든 교육행정 정보를 전자적으로 연계 처리하며, 국민 편의 증진을 위해 행정안전부(G4C), 대법원 등 유관기관의 행정정보를 이용하는 종합 교육행정정보시스템이다.

>> 에듀넷(edunet)

컴퓨터를 통해 각종 교육관련 정보를 제공하는 국내 최초의 교육정보 종합서비스시스템이다. 1996년 9월 11일 개통되었으며 교사 · 학부모 · 학생들이 컴퓨터통신망을 통해 국내외의 학습 · 학술 자료와 교육 · 행정 등 모든 교육 관련 정보를 한눈에 알 수 있는 '교육정보고속도로'라 할 수 있다. 에듀넷 운영을 담당하는 국가 멀티미디어 교육지원센터는 각종 교육 데이터베이스의 정보를 공급하는 한편 인터넷 · 인공위성 등 첨단 통신망으로 받아들인 국내외 교육기관의 정보도 서비스한다.

>> CAI(Computer Assisted Instruction)

컴퓨터를 응용하는 자동교육시스템을 의미한다. 컴퓨터로 많은 사람을 가르치면서, 동시에 개인의 적성이나 이해력에 즉응(卽應)하는 개별교육까지 실시하는 프로그램학습이다. 교사는 학생에게 교재나 문제를 제시하여 그에 대한 학생의 반응을 살피고 이를 평가해서 다음 교육활동을 하게 되는데, 그와 같은 교사의 활동을 컴퓨터가 가지고 있는 대량정보처리능력을 이용하여 대행시키는 것이다.

>> GDLN(Global Development Learning Network)

세계은행이 구축한 세계개발교육네트워크이다. 세계적인 인적자원개발과 지식격차 해소를 통해 인류 공동번영을 실현하기 위해 2002년에 시작한 세계 최대 교육지식정보 네트워크 구축사업으로, 원격교육은 물론 영상회의 시스템을 구축하고 있어 각 국가 간의 지식교류가 가능해졌다.

›› 국제연합교육과학문화기구(UNESCO : United Nations Educational Scientific and Cultural Organization)

유네스코라고도 하며 교육, 과학, 문화의 보급 및 교류를 통하여 국가 간의 협력증진을 목적으로 설립된 국제연합전문기구이다. 1945년 영국과 프랑스의 공동주최로 런던에서 열린 유네스코 창설준비위원회에서 44개국 정부대표에 의해 유네스코헌장이 채택되었으며, 1946년 20개 서명국가들이 헌장비준서를 영국 정부에 기탁함으로써 최초의 국제연합전문기구로 발족했다. 인종이나 성별, 정교에 차별 없이 모든 사람을 위한 평생교육 및 인류에 기여하는 과학·세계유산보호, 창의성을 바탕으로 하는 문화발전, 정보·정보학의 기반구축을 활동의 주목표로 한다. 본부 소재지는 프랑스 파리에 있고 우리나라는 1950년 파리총회에서 가입하였다.

›› 전인교육(全人敎育)

인간의 전면적인 발달을 목적으로 하는 교육으로, 조기교육이나 영재교육에 반대되는 개념이다. 현대사회에 있어서 전인교육은 사회로부터 고립된 개인이 아니라 사회인으로서의 기능을 수행할 수 있는 측면도 포함해야 한다. 대표적 사상가로는 페스탈로치와 로크(J. Locke)가 있다.

> Point ›› 페스탈로치의 3H 조화 … 'Head(知)', 'Heart(情)', 'Hand(技)'가 조화롭게 인간을 양성하는 것이 교육의 목표라고 하였다.

+PLUS TIP

다양한 교육

- **평생교육(平生敎育)** … 한 개인의 생존기간 전체에 걸쳐서 이루어지는 교육과정의 수직적 통합과 가정·학교·사회에서 이루어지는 교육체계의 수평적 연결을 강조한 개념이다. 1965년 UNESCO에서 채택되었다.
- **생활교육(生活敎育)** … 아동들로 하여금 그들의 실생활에서 흥미를 느끼게 하고 이를 발전시키려는 교육방법을 말한다. 스위스의 유명한 교육자 페스탈로치(J. H. Pestalozzi)가 최초로 주장한 것으로, '생활에 의한, 생활을 위한 교육'을 슬로건으로 한다.
- **보상교육(報償敎育)** … 가정의 문화결손으로 인한 유아의 지적·사회적·정서적 발달의 손실을 보다 조기에 보상해 주려는 교육계획으로서, 취학 전 아동의 문화적 피해를 극소화시키기 위한 미국의 헤드스타트 계획(headstart project)이 대표적이다.

>> 대안학교

기존의 학교교육에 반기를 들고 나타난 새로운 형태의 학교를 말한다. 교사가 일일이 신경을 쓰기 힘들 정도로 많은 학생수, 암기 위주의 주입식 교과과정, 성적지상주의 등 학교교육이 맞닥뜨린 현실을 넘어 서려는 시도다. 미국과 유럽 각국에서 최근 활발한 움직임을 보이고 있다. 우리나라도 여러 형태의 대안학교들이 나타나고 있다. 대안학교의 교육장은 교실에만 머무르지 않는다. 들판을 뛰어다니며 곤충이나 물고기도 잡고 밭에서 농사도 직접 지어본다. 일정한 틀에 얽매이지 않고 하고 싶은 것을 마음대로 하며 공부한다. 지식보다는 인간성과 창의성 등을 강조한다. 집에서 부모가 직접 아이들을 가르치는 홈스쿨링(home schooling)도 대안학교의 일종이다.

>> 자율형사립고(自律形私立高)

자사고(自私高)라고도 하며 학생의 학교선택권을 다양화하기 위해 도입한 고등학교의 한 형태이다. 자율형사립고의 도입취지는 고교 교육의 다양화와 특성화로, 정부 규정을 벗어난 교육과정, 교원 인사, 학생 선발 등 학사운영의 자율성을 최대한 보장한다. 그러나 지나친 입시 위주의 교육과 상위권 학생 독식현상으로 인해 고교서열화 등의 문제가 제기되기도 한다.

>> 국제고등학교(國際高等學校)

국제화, 정보화 시대를 선도할 인문·사회계열의 유능한 인재 양성을 위해 설립된 특수 목적 고등학교의 한 형태로, 1998년 부산국제고등학교부터 시작되었으며 청심국제고등학교, 서울국제고등학교, 인천국제고등학교, 동탄국제고등학교, 고양국제고등학교 등이 있다.

>> 학생부종합전형

대학이 대입전형 전문가인 입학사정관을 육성·채용·활용함으로써 대학이나 모집단위별 특성에 따라 보다 자유로운 방법으로 학생을 선발하는 제도이다. 입학사정관(admissions officer)은 고교 및 대학의 교육과정을 분석하여 관련 정보·자료를 축적·관리하고, 효과적 전형방법을 연구·개발하며, 다양한 전형자료를 심사·평가하여 개별 지원자의 입학 여부를 결정하여 입학생 및 재학생의 학업과 학교 적응을 지원한다. 2013년 대입전형 간소화 방안에 따라 입학사정관제도에서 학생부종합전형으로 명칭이 변경되었다.

〉〉 실증주의(實證主義, Positivism)

일체의 초경험적·관념적인 실재를 부정하고, 모든 지식의 근원을 경험적인 사실에 한정한다는 근대철학의 한 사조이다. 프랑스의 콩트(A. Comte)의 저서 「실증철학강의」에서 처음 사용되었으며, 경험론과 계몽주의에 근원을 두고 있다.

〉〉 실존주의(實存主義, Positivism)

19세기 후반에 관념론·유물론 등의 반동으로 일어난 철학사상으로, 실존하는 것이 가치가 있으며 비본래적인 자기에 대하여 본래적인 자기의 존재방식을 탐구하려는 사상이다. 여기에는 키에르케고르, 야스퍼스 등의 유신론적 실존주의와 니체, 하이데거, 사르트르 등의 무신론적 실존주의가 있다.

8　매스컴

〉〉 세계신문협회(WAN : World Association of Newspapers)

1948년 유럽 언론사가 중심이 되어 국제신문발행인협회(FIEJ)로 발족하였으며 1996년 5월 총회에서 WAN으로 개칭하였다. 세계 언론의 자유보장 및 회원 간 교류를 통한 언론의 발전을 추구하며 국제연합과 유네스코의 자문기관이기도 하다. 본부는 프랑스 파리에 있으며, 우리나라는 1971년에 가입하였고, 회원국은 93개국, 1만 7천 여 개의 신문·통신사가 회원으로 가입되어 있다.

〉〉 국제기자기구(IOJ : International Organization of Journalists)

1946년 덴마크 코펜하겐에서 결성된 조직으로 미국을 중심으로 한 보수적인 국제기자연맹(IFJ)과는 달리 진보적이며, 민주적인 저널리즘을 추구하는 동유럽과 제3세계 국가까지 포괄하는 세계 최대의 국제언론인기구이다. 본부는 에스파냐 마드리드에 위치하며 120개국 250만 명이 회원으로 가입되어 있다.

〉〉 매스컴의 효과이론

매스미디어를 통해 전달되는 정보는 사회구성원들에게 긍정적 또는 부정적으로 영향을 미친다. 매스미디어의 효과는 시대에 따라 대효과·소효과·중효과 이론으로 변천했다. 대효과이론은 영화나 라디오가 대중화되기 시작한 1920~40년대에 이르기까지 주장되었던 이론으로 매스미디어가 사람들의 태도나 의견을 쉽게 변화시킬 정도로 힘이 막강하다는 의견이다. 소효과이론은 1940~60년대에 유행한 이론으로 매스미디어의 영향이 수용자의 태도를 변화시킬 만큼 강하지 않다는 제한적 효과 이론이다. 그리고 1970~80년대에는 매스미디어의 효과가 제한적이지 않으며 장기간에 걸쳐 대중의 의식 형성에 상당한 영향을 미칠 수 있다고 보는 중효과이론이 주류를 이뤘다.

+PLUS (TIP)

① 대효과이론

탄환이론 (bullet theory)	매스커뮤니케이션에 약한 일반대중은 총에서 발사되는 탄환이 목표물에 명중되는 것과 같이 대중매체가 수용자에게 메시지를 주입하면 효과가 강력하고 직접적으로 나타난다는 이론이다. 피하주사식이론, 언론매체의 강효과이론 혹은 기계적 자극반응이론이라고도 한다.
의존효과이론 (dependency theory)	일반적으로 대중들의 미디어에 대한 의존성의 정도는 다양하게 나타난다. 대중매체의 효과는 대중매체를 신뢰하며 의존성이 높을 때, 대중매체가 정보기능을 성공적으로 수행할 때, 사회의 갈등 폭이 클 때 효과가 커진다.
침묵의 나선형이론	노엘레 노이만이 주장한 것으로 일반적인 사람은 타인으로부터 고립되는 것을 두려워하므로, 특정 문제에 대한 여론을 세심하게 관찰하여 자신과 다수의 의견이 일치하면 의견을 말하나 소수의 의견에 해당할 경우 침묵하게 된다는 이론이다. 이러한 소수의견의 침묵은 계속 이어지게 되어 결국 침묵의 나선효과는 가속화된다는 것이다.
문화적 규범이론 (문화계발 효과이론)	언론매체가 현실세계에 대한 정보를 수용자에게 전달하여 강력하고 직접적인 영향력을 행사한다는 이론이다. 현실세계에 대한 수용자의 이미지는 대중매체를 통해 전달받은 것으로 이에 의하면 지속적으로 대중매체에 노출된 결과이다.

② 소효과이론

선별효과이론	매스미디어의 효과는 강력하지 않고 획일적이지 않으며, 직접적이지도 않아 그 효과가 수용자 개인들의 사회 계층적 영향, 심리적 차이, 사회적 관계 등에 의해 제한을 받아서 단지 선별적이고 한정적으로 나타난다는 이론이다.
2단계 유통이론	의견지도자를 거쳐 정보나 영향력이 궁극적인 수용자들에게 전달된다는 이론이다. 라자스펠트의 '국민의 선택'이라는 연구보고서에서 처음으로 제시된 것으로 매스미디어가 유권자의 투표행위에 지배적인 영향을 미치지 않는다고 밝혀냈다.

③ 중효과이론

이용과 충족이론	능동적인 수용자들은 자신의 동기나 욕구를 충족시키기 위하여 매스미디어를 활용한다는 이론이다.
의제설정이론	매스미디어는 특정 주제를 선택하고 반복함으로써 이를 강조하여 수용자가 중요한 의제로 인식하게 한다는 이론으로 이에 의하면 대중매체가 강조하는 정도에 따라 수용자가 인식하는 정도가 달라질 수 있다.

〉〉 국제기자연맹(IFJ : International Federation of Journalists)

IOJ에서 탈퇴한 미국과 영국 등 14개국 서방 자본주의 언론단체들이 중심이 되어 1952년에 결성하였다. 언론의 자유와 언론인들의 권익을 옹호하고 직업상의 윤리규정 확보를 목적으로 일선기자들로 구성되었다. 본부는 벨기에 브뤼셀에 있으며, 우리나라는 관훈 클럽이 준회원으로(1964), 한국기자협회가 정회원으로(1966) 가입하였다.

〉〉 관훈클럽

1957년 언론인들의 친목과 언론의 향상을 위해 설립된 현존하는 우리나라 최고(最古)의 언론단체이다. 1977년부터 각계의 지도자를 초빙하여 의견을 듣는 관훈토론회를 개최하였으며, 해마다 가장 뛰어난 언론인에게 관훈언론상도 시상한다.

〉〉 내셔널프레스클럽(NPC : National Press Club)

1908년에 설립된 워싱턴 주재의 세계 각국 언론사 특파원의 단체로 기자 상호 간의 친목도모와 취재 시 편의를 제공하기 위해 결성되었다. 방미한 외국수뇌를 초청하여 연설을 듣고 질의·응답하는 것을 중요한 행사로 하며, 윌슨 대통령 이후 미국의 대통령들은 NPC의 명예회원으로 가입하는 것을 불문율로 여긴다.

〉〉 맥루한의 미디어결정론

맥루한은 저서 「미디어의 이해(Understanding Media)」에서 '미디어는 메시지이다(media is message).'라고 강조하였다. 미디어가 전달하는 것은 그 내용과 전혀 다른, 즉 미디어 그 자체의 특질 내지 형태라고 주장하였다. 또한 미디어의 커뮤니케이션 과정상 다른 모든 요소에 영향을 끼치는 것을 강조하고, 메시지와 채널의 결합으로 발생하는 결과적 영향을 '미디어는 마사지(massage)이다.'라고 표현했다. 매체발달단계에서 텔레비전의 출현으로 시작되는 제3단계는 개별적 국가 단위에서 벗어난 전체적인 특성을 지닌다.

〉〉 세계 4대 통신사

① AP(Associated Press) ··· 1848년 헤일(D. Hale)의 제안으로 결성된 미국 연합통신사이다. 신문사·방송국을 가맹사로 하는 협동조직의 비영리법인 UPI와 함께 세계최대통신사이다.

② UPI(United Press International) ··· 1958년에 UP가 경영난에 빠진 INS(International News Service)통신사를 병합하여 설립한 영리법인이다.

③ AFP(Agence France Press) … 아바스(C. Havas)가 만든 외국신문 번역통신사의 후신으로 전 세계에 100여개의 지국을 설치하고 서유럽적 입장에서 논평과 보도를 한다.

④ 로이터(Reuters) … 1851년 독일인 로이터가 영국에 귀화하여 런던에 설립한 영국의 국제 통신 사로 전 세계적인 통신망을 구축하여 국제 신문계의 중심을 이루고 있으며 특히 경제·외교기 사 통신으로 유명하다.

〉〉 팟캐스팅(podcasting)

영화, 드라마, 음원 등의 콘텐츠를 인터넷을 통해 MP3 플레이어나 PMP 등으로 다운받아 감상할 수 있도록 만들어진 서비스를 말한다. 미국 애플사의 MP3 플레이어인 아이팟(iPod)과 방송 (broadcasting)이 결합된 신조어로 초기에는 음악이나 뮤직비디오가 주를 이루었지만 최근에는 영화 나 드라마까지를 포함하는 서비스가 제공되고 있다.

〉〉 인포데믹스(Infodemics)

정보(information)와 전염병(epidemics)의 합성어로 부정확한 정보가 확산되어 발생하는 각종 부 작용을 일컫는 말이다. IT기술이 발전하면서 잘못된 정보나 소문이 미디어와 인터넷, SNS를 통해 확 산되면서 정치, 경제, 사회, 안보 등에 치명적인 위기를 초래하게 되는 경우가 종종 발생하게 된다.

〉〉 데이터방송

지상파나 위성방송의 텔레비전 전송주파수 중 빈 공간을 이용하여 시청자에게 다양한 정보를 제 공하는 서비스를 말한다. 즉, 라디오방송이나 텔레비전방송에 코드신호를 다중시켜 수신측의 라디오 나 텔레비전 수신기를 제어하거나 각종 데이터를 전송하는 것으로, 코드데이터방송이라고도 한다. 인터넷망을 통해 실시간 방송프로그램에 참여할 수도 있어 정보뿐 아니라 쇼핑이나 선거 등에도 활 용이 가능하다. 데이터방송은 방송망을 이용하고 프로그램과 함께 정보를 보내준다는 점에서 인터넷 방송이나 인터넷TV(웹TV)와 다른 개념이다. 인터넷방송은 통신망을 이용해 영상과 음성 위주의 인 터넷 콘텐츠를 제공하는 서비스이며, 인터넷TV는 TV를 시청할 경우 통신망을 이용하는 서비스이다. 데이터방송은 불특정 다수를 대상으로 방송프로그램과 함께 정보를 보내기 때문에 시청자들이 공통 으로 원하는 내용이 주가 된다. 또 많은 데이터를 한꺼번에 보내야 하기 때문에 디지털방송시스템에 서 가능하다. 디지털방송이 일반화되면 통신회선의 사용효율이 현저히 향상되고 통신코드를 절감할 수 있으며, 아울러 잡음에 강한 고품질의 통신이 가능해진다.

〉〉 국보(國寶) · 보물(寶物)

국가가 지정하는 문화재는 국보, 보물, 중요민속자료, 사적 및 명승, 천연기념물, 중요무형문화재로 분류할 수 있다. 이 중 보물은 건조물, 전적, 서적, 고문서, 회화, 조각, 공예품, 고고자료, 무구 등의 유형문화재 중 중요도가 높은 것을 선정하는 것으로 문화재청장과 문화재위원회의 심의를 거친다. 보물에 해당하는 문화재 중 인류문화의 관점에서 볼 때 역사적, 학술적, 예술적 가치가 크고 그 시대를 대표하거나 제작기술이 특히 우수하여 그 유래가 드문 것을 국보로 정한다.

구분	내용
국보	1호 : 숭례문(남대문), 2호 : 원각사지 10층 석탑, 3호 : 진흥왕 순수비
보물	1호 : 흥인지문(동대문), 2호 : 보신각종, 3호 : 대원각사비
사적	1호 : 포석정지, 2호 : 김해 봉황동 유적, 3호 : 수원화성
무형문화재	1호 : 종묘제례악, 2호 : 양주 별산대놀이, 3호 : 남사당놀이
천연기념물	1호 : 달성의 측백수림, 2호 : 합천 백조 도래지, 3호 : 맹산의 만주 흑송수림

〉〉 세계지적재산기구(WIPO : World Intellectual Property Organization)

지적재산권의 국제적 보호 촉진과 국제협력을 위해 설립한 국제기구로 세계지적소유권기구라도고 한다. 세계지적재산권기구설립조약(1970년 발효)을 근거로, 저작권을 다루는 베른조약(1886년 발효)과 산업재산권을 다루는 파리조약(1883년 발효)의 관리와 사무기구상의 문제를 통일적으로 처리할 목적으로 설립하였으며 1974년 유엔전문기구가 되었다.

〉〉 세계문화유산목록(世界文化遺産目錄)

국제연합 교육과학문화기구(유네스코)가 보존활동을 벌이는 문화유산과 자연유산의 목록이다. 세계유산목록이 만들어지게 된 것은 1960년 이집트의 아스완댐 건설로 누비아유적이 수몰위기에 빠지자 세계적으로 인류유산보호에 대한 여론이 제기되면서부터이다. 유네스코는 1972년 세계유산협약을 채택, 세계의 문화유산과 자연유산을 보호하기 시작했다. 이 협약에 근거해 설립된 정부간 기구인 세계유산위원회는 세계유산목록을 만들어 이들 유산보존활동을 활발히 벌이고 있다.

PLUS TIP

- 세계기록유산 ··· 유네스코가 세계적인 가치가 있다고 지정한 귀중한 기록유산으로, 1995년 선정기준 등을 마련하여 1997년부터 2년마다 국제자문위원회(IAC : International Advisory Committee)의 심의 · 추천을 받아 유네스코 사무총장이 선정한다. 기록유산은 단독 기록 또는 기록 모음일 수도 있으며, 기록을 담고 있는 정보나 그 기록을 전하는 매개물일 수도 있다. 세계유산 및 세계무형유산과는 구별되어 별도로 관리한다.

- 세계무형유산 ··· 2001년 인류 문화의 다양성과 창의성을 존중하기 위해 유네스코에서 제정한 제도로, 전 세계의 전통 춤, 연극, 음악, 놀이, 의식 등 구전(口傳)되는 문화재나 무형문화재 가운데 보존 가치가 있는 것을 선정한다. 정식명칭은 인류무형문화유산이다.

- 우리나라의 유산 등록현황

구분		내용
세계문화유산	문화유산	종묘(1995), 해인사 장경판전(1995), 불국사 · 석굴암(1995), 창덕궁(1997), 수원화성(1997), 경주역사유적지구(2000), 고창 · 화순 · 강화 고인돌유적(2000), 조선 왕릉 40기(2009), 하회 · 양동마을(2010), 남한산성(2014), 백제역사유적지구(2015), 산사 : 한국의 산지 승원(2018), 한국의 서원(2019)
	자연유산	제주도 화산섬 및 용암동굴(2007)
세계기록유산		훈민정음 · 조선왕조실록(1997), 직지심체요절 · 승정원일기(2001), 팔만대장경판 · 조선왕조의궤(2007), 동의보감(2009), 5 · 18 광주민주화운동 관련 기록물 · 일성록(2011), 난중일기 · 새마을운동 기록물(2013), 유교책판(2015), KBS특별생방송 '이산가족을 찾습니다' 기록물(2015), 국채보상운동기록물(2017), 조선통신사에 관한 기록(2017), 조선왕실어보와 어책(2017)
세계무형유산		종묘제례 및 종묘제례악(2001), 판소리(2003), 강릉단오제(2005), 강강술래 · 남사당놀이 · 영산재 · 제주칠머리당영등굿 · 처용무(2009), 가곡 · 대목장 · 매사냥(2010), 택견 · 줄타기 · 한산모시짜기(2011), 아리랑(2012), 김장(2013), 농악(2014), 줄다리기(2015), 제주해녀문화(2016), 씨름(2018)

〉〉 지적소유권(知的所有權)

음반 및 방송, 연출, 예술가의 공연, 발명 · 발견, 공업디자인, 등록상표, 상호 등에 대한 보호 권리와 공업 · 과학 · 문학 또는 예술 분야의 지적활동에서 발생하는 모든 권리(지적재산권)를 말한다. 산업발전을 목적으로 하는 산업재산권과 문화 창달을 목적으로 하는 저작권으로 분류할 수 있는데 인간의 지적 창작물을 보호하는 무형재산권이라는 점과 그 보호기간이 한정되어 있다는 점에서 동일하지만, 저작권은 출판과 동시에 보호되는 것에 비해 산업재산권은 특허청의 심사를 거쳐 등록해야만 보호된다. 보호기간도 저작권은 저작자 사후 30~70년으로 상당히 긴 데 반해 산업재산권은 10~20년으로 짧은 편이다.

>> 베른조약(Berne Convention)

'문학 및 미술 저작물 보호에 관한 조약'으로 1886년 스위스의 수도 베른에서 체결되어 베른조약이라고 부른다. 만국저작권 보호동맹조약이라고도 하며 저작물을 국제적으로 보호할 것을 목적으로 한다. 가맹국은 다른 가맹국 국민들의 저작물을 자국민의 저작물과 동등하게 대우하며 저작권의 효력은 등록 등의 절차를 필요로 하지 않고 저작사실 자체로 효력을 발생하는 발생주의에 따르며, 저작권은 저작자의 생존기간 및 사후 50년 동안 보호하는 것을 원칙으로 한다.

>> 문화다양성협약(Protection of the Diversity of Cultural Contents)

정식 명칭은 '문화콘텐츠와 예술적 표현의 다양성을 위한 협약'으로 세계 각국의 문화적 다양성을 인정하는 국제협약이다. 1999년 유네스코 총회에서 제안된 것으로 프랑스 등 유럽 국가들이 미국 문화의 범람에 맞서 자국의 문화를 지키자는 취지였다. 이후 2001년 11월 프랑스 파리에서 '세계 문화다양성 선언'이 채택되었고 2002년에는 5월 21일을 '세계 문화다양성의 날'로 선포했으며, 2007년 3월부터 발효되었다.

>> 다다이즘(dadaism)

제1차 세계대전 중 1920년대에 걸쳐 유럽의 여러 도시에서 일어난 반예술운동이다. 인간생활에 대한 항의아래 재래 의미의 법칙이나 사회조직 등 일체의 전통적인 것을 부정하고 허무·혼란·무질서한 것 그대로를 표현하려는 과도기의 사상으로, 2차대전 후에는 전후 고조되고 있던 기계문명·인간소외 등의 이유에서 '네오다다'라는 명칭으로 부활되었다.

>> 반달리즘(vandalism)

도시의 문화·예술이나 공공시설을 파괴하는 행위를 말한다. 중세초기 유럽의 민족대이동 때 아프리카에 왕국을 세운 반달족이 지중해 연안에서 로마에 걸쳐 약탈과 파괴를 거듭했던 데서 유래한다.

>> 아방가르드(avant-garde)

원뜻은 전위(前衛)로 제1차 세계대전 때부터 유럽에서 일어난 예술운동이다. 기성관념이나 유파를 부정하고 새로운 것을 이룩하려 했던 입체파·표현주의·다다이즘·초현실주의 등의 혁신예술을 통틀어서 일컫는 말이다. 모호성·불확실성의 역설과 주체의 붕괴, 비인간화 등의 특징은 근대 산업화 과정과 밀접한 관계가 있다.

- 아방게르(avant-guerre) … 전전(戰前)이란 뜻의 프랑스어로, 본래는 제1차 세계대전의 예술운동을 가리 켰는데 나중에 제2차 세계대전 전의 사조·생활태도 또는 그 시대에 산 사람들을 뜻하게 되었다. 인상 주의, 자연주의, 현실주의 등을 가리킨다. 아프레게르와 상대되는 말이다.
- 아프레게르(après-guerre) … 전후(戰後)를 의미하는 프랑스어로, 다다이즘·쉬르리얼리즘 등의 전위적 인 예술로 나타났다. 원래는 제1차 세계대전이 끝난 뒤 프랑스의 젊은 예술가들이 전통적인 모든 가치 체계를 부정하면서 새로운 예술을 창조한 시대사조를 가리키는 말이었는데, 최근에는 '전후문학'이라고 하면 제2차 세계대전 후만을 의미하게 되었다.

〉〉 아우라(aura)

예술작품에서 풍기는 흉내 낼 수 없는 고고한 분위기를 뜻하는 말로 독일의 철학자 발터 벤야민 의 예술 이론이다. 1934년 벤야민은 논문 「기술복제시대의 예술작품」에서 기술복제시대의 예술작품 에 일어난 결정적인 변화를 '아우라의 붕괴'라고 정의하였다. 이는 사진이나 영화와 같이 복제되는 작품에는 아우라가 생겨날 수 없다는 관점으로 기술주의적 사고라는 비판을 받기도 한다.

〉〉 서브컬처(subculture)

하위문화(下位文化) 또는 부차적 문화라고도 하며 어떤 사회의 주가 되는 중심 문화에 대비되는 개념이다. 즉, 한 사회에서 일반적으로 볼 수 있는 행동양식과 가치관을 전체로서의 문화라고 할 때, 그 전체적인 문화 내부에 존재하면서도 독자적인 특징을 보이는 부분적인 문화가 곧 서브컬처라 고 할 수 있다. 상류계층문화, 화이트칼라문화, 농민문화, 도시문화, 청소년문화 등이 그 예이다.

〉〉 오페레타(operetta)

형식은 오페라와 비슷하면서 군데군데 대사의 삽입방법과 목적에 다소 차이가 있는 곡으로, 경쾌 하고 알기 쉬우면서도 유머가 곁들인 줄거리를 통속적이고 대중적인 음악으로 연출하는 음악극이다. 천국과 지옥, 보카치오, 박쥐 등이 유명하다.

>> 인상파음악

19세기 말에 프랑스에서 일어난 음악상의 작풍으로 처음에는 회화세계에서 사용되었으나, 드뷔시의 독창과 오케스트라 봄에 대하여 비판적으로 쓰이고부터 음악세계에서도 쓰이게 되었다. 환상적이며 빛·바람과 같은 끊임없이 변화하는 것이 자아내는 자연의 아름다움에 대한 순간적 인상을 감각적으로 음색에 정착시키려 했고, 각종 병행화음 등을 사용하여 새로운 감각을 나타냈다. 대표적인 작곡가로는 드뷔시, 라벨을 꼽을 수 있다.

>> 구체음악(具體音樂)

제2차 세계대전 후 프랑스에서 일어난 음악의 한 경향이다. 종래의 음처럼 인성(人聲)이나 악기의 구사로 음악을 이루는 것이 아니라 자연음(새·물·바람소리 등)을 혼합·응결시킨 음악이다. 구상음악이라고도 하며, 프랑스의 샤플레(P. Schafler) 등이 제창하였다.

>> 프레올림픽(pre-olympic)

올림픽대회가 열리기 1년 전에 그 경기시설이나 운영 등을 시험하는 의미로 개최되는 비공식경기대회이다. 국제올림픽위원회(IOC)에서는 올림픽이 4년마다 열리는 대회라는 이유로 프레올림픽이라는 명칭의 사용을 금하고 있으나, 국제스포츠계에 잘 알려진 관용명칭이 되어 있다.

>> 패럴림픽(paralympic)

신체장애인들의 국제경기대회를 말한다. 'paraplegia'와 'olympic'의 합성어로, 정식으로는 1948년 휠체어 스포츠를 창시한 영국의 신체장애자의료센터 소재지의 이름을 따 국제 스토크 맨데빌 경기대회(International Stoke Mandeville Games for the Paralysed)라 한다. 1952년부터 국제경기대회로 발전하여 4년마다 올림픽 개최국에서 개최된다.

>> 월드컵(world cup)

FIFA(국제축구연맹)에서 주최하는 세계 축구선수권대회이다. 1930년 우루과이의 몬테비데오에서 제1회 대회가 개최된 이래 4년마다 열리는데, 프로와 아마추어의 구별없이 참가할 수 있다. 2년에 걸쳐 6대륙에서 예선을 실시하여 본선대회에는 개최국과 전(前)대회 우승국을 포함한 24개국이 출전한다. 제1회 대회 때 줄리메가 기증한 줄리메컵은 제9회 멕시코대회에서 사상 최초로 3승팀이 된 브라질이 영구보존하게 되어, 1974년 뮌헨에서 열린 제10회 대회부터는 새로 마련된 FIFA컵을 놓고 경기를 벌인다.

• 역대 월드컵 개최지와 우승국

개최연도	개최지	우승국	개최연도	개최지	우승국
제1회(1930)	우루과이	우루과이	제12회(1982)	스페인	이탈리아
제2회(1934)	이탈리아	이탈리아	제13회(1986)	멕시코	아르헨티나
제3회(1938)	프랑스	이탈리아	제14회(1990)	이탈리아	서독
제4회(1950)	브라질	우루과이	제15회(1994)	미국	브라질
제5회(1954)	스위스	서독	제16회(1998)	프랑스	프랑스
제6회(1958)	스웨덴	브라질	제17회(2002)	한국 · 일본	브라질
제7회(1962)	칠레	브라질	제18회(2006)	독일	이탈리아
제8회(1966)	잉글랜드	잉글랜드	제19회(2010)	남아프리카공화국	스페인
제9회(1970)	멕시코	브라질	제20회(2014)	브라질	독일
제10회(1974)	서독	서독	제21회(2018)	러시아	프랑스
제11회(1978)	아르헨티나	아르헨티나	제22회(2022)	카타르	

• 우리나라의 월드컵 참가 역사 … 우리나라는 1954년 제5회 스위스 월드컵에 처음으로 참가했고 이후 제13회 멕시코 월드컵부터 제19회 남아프리카공화국 월드컵까지 7회 연속 진출로 아시아 처음 통산 8회 월드컵 진출이라는 기록을 세웠다. 2002년 제17회 한국 · 일본 월드컵에서 4위의 성적을 거두었고, 2010년 제19회 남아프리카공화국 월드컵에서 원정 첫 16강에 진출하였다.

>> FIFA(Federation Internationale de Football Association)

국제축구연맹으로 세계 축구경기를 통합하는 국제단체이다. 국제올림픽위원회(IOC), 국제육상경기연맹(IAAF)과 더불어 세계 3대 체육기구로 불리며 각종 국제 축구대회를 주관한다. 즉, 각 대륙별 연맹이 원활하게 국제 경기 등을 운영할 수 있도록 지원 · 관리하는 세계축구의 중심체인 것이다. 1904년 프랑스의 단체 설립 제창으로 프랑스, 네덜란드, 덴마크, 벨기에, 스위스, 스웨덴, 스페인의 7개국이 프랑스 파리에서 모여 국제 관리기구로서 국제축구연맹(FIFA)을 탄생시켰다.

> Point >> 세계청소년축구선수권대회 … FIFA(국제축구연맹)에서 주관하는 청소년축구경기로 만 나이 기준 20세 이하의 선수들만 참가하는 U-20대회와 17세 이하 선수들만 참가하는 U-17대회의 2종류다.

>> F1 그랑프리

월드컵, 올림픽에 이어 전세계에서 인기를 끌고 있는 3대 국제스포츠행사의 하나인 세계 최고의 자동차경주대회를 의미한다. 1년간 세계대회를 순회하며 라운드별 득점을 환산하여 챔피언을 결정한다.

>> 4대 메이저 대회

골프나 테니스 분야에서 세계적으로 권위를 인정받고 있으며 상금액수도 큰 4개의 국제대회를 일컫는 용어이다. 골프의 4대 메이저 대회는 마스터골프대회, US오픈골프선수권대회, 브리티시오픈, 미국PGA선수권대회를 말하며 여자골프 4대 메이저 대회는 크래프트나비스코챔피언십, 맥도날드 LPGA챔피언십, US여자오픈, 브리티시여자오픈이 해당한다. 4대 메이저 테니스 대회는 호주오픈, 프랑스오픈, 윔블던, US오픈을 포함한다.

>> 보스톤 마라톤대회

미국 독립전쟁 당시 보스톤 교외의 콘크드에서 미국민병이 영국군에게 승리한 것을 기념하기 위하여 1897년 이래 보스톤시에서 매년 4월 19일에 거행하는 대회로, 아메리칸 마라톤이라고도 한다.

>> 세계피겨스케이팅 선수권대회(World Figure Skating Championships)

국제빙상경기연맹(ISU : International Skating Union)이 주관하는 피겨스케이팅의 국제대회이다. 이 대회는 피겨스케이팅에서 올림픽과 더불어 ISU가 주최하는 국제대회 중 가장 비중이 높은 대회이며 종목은 남녀 싱글, 페어, 아이스댄싱의 네 가지로 구성되어 있다. 매년 시즌이 마무리되는 3~4월경에 열리며 2020년 대회는 캐나다 몬트리올에서 개최된다.

>> 메이저리그(MLB : Major League Baseball)

미국 프로야구의 아메리칸리그(American League)와 내셔널리그(National League)를 합쳐서 부르는 말로, '빅 리그'라고도 한다. 아메리칸리그 소속 14개 팀과 내셔널리그 소속 16개 팀이 각각 동부·중부·서구지구로 나뉘어 정규 시즌을 치른다.

>> 윔블던 테니스대회

테니스계에서 가장 오랜 역사를 가지고 있는 대회로, 1877년 영국 국내선수권대회로 개최되었으며 1883년부터 국제대회가 되었다. 정식명칭은 전영오픈 테니스선수권대회로 매년 영국 런던 교외의 윔블던에서 열린다. 1968년부터 프로선수의 참가가 허용되었다.

데이비스컵(Davis Cup)·페더레이션컵 테니스대회

데이비스컵 테니스대회는 1900년 미국의 테니스선수였던 데이비스가 기증한 순은제컵을 놓고 영·미대 항으로 개최되던 테니스시합이 1904년부터 국제대회로 발전한 것이다. 페더레이션컵 테니스대회는 여자들만 참가하는 대회로, 남자들만이 펼치는 데이비스컵 대회에 자극받아 오스트레일리아의 호프만 부인이 1963년 세계 테니스연맹에 컵을 기증하여 창설되었다.

〉〉 수퍼볼(super bowl)대회

미국 프로미식축구의 양대 리그인 AFC(아메리칸 풋볼 콘퍼런스)와 NFC(내셔널 풋볼 콘퍼런스)의 우승팀 간에 그 해 최정상을 가리는 대회로, 1966년 창설되었다.

〉〉 샐러리캡(salary-cup)

스포츠스타 선수들의 몸값을 제한하기 위한 팀연봉상한제를 말한다. 샐러리캡은 물가인상 등을 고려해 매 시즌마다 바뀔 수 있다.

> Point 〉〉 스토브리그(stove league) … 겨울철에 벌어지는 스포츠팀들의 불꽃튀는 스카우트 열전 및 팀과 선수들 간의 연봉협상을 말한다.

〉〉 프리에이전트(Free Agent)

자신이 속한 팀에서 일정기간 동안 활동한 뒤 자유롭게 다른 팀과 계약을 맺어 이적할 수 있는 자유계약선수 또는 그 제도를 일컫는 말이다. 자유계약선수 제도 하에서는 특정 팀과의 계약이 만료되는 선수는 자신을 원하는 여러 팀 가운데에서 선택하여 아무런 제약조건 없이 팀을 이적할 수 있다. 이와 반대로 선수가 먼저 구단에 계약해지를 신청한 임의탈퇴선수는 다른 구단과 자유롭게 계약할 권한이 없다.

02 출제예상문제

1 다음에서 설명하고 있는 제도는?

> 이 제도는 1092년(선종 9) 오복친제에 바탕을 두고, 송나라의 제도를 참작하여 실시하였다. 관료체계의 원활한 운영과 권력의 집중·전횡을 막기 위하여 일정범위 내의 친족 간에는 같은 관청 또는 통속관계에 있는 관청에서 근무할 수 없게 하거나, 연고가 있는 관직에 제수할 수 없게 한 제도를 말한다.

① 상평창   ② 상피제
③ 대동법   ④ 진관체제

  ① 풍년에 곡가가 떨어지면 시가보다 비싼값으로 사들여 저축했다가 흉년이 들어 곡가가 오르면 시가보다 싼값으로 내다팔아 가격을 조절함으로써 백성의 생활을 안정시키기 위해 마련한 제도
  ③ 조선 중기 이후 국가 재정 보충과 농민의 부담 감소를 위해 공물(특산물)을 쌀로 대신 납부하게 한 조세 제도
  ④ 전국 행정단위의 하나인 읍을 군사 조직 단위인 진(鎭)으로 편성해 그 크기에 따라 주진(主鎭), 거진(巨鎭), 제진(諸鎭)으로 나누고 각 읍의 수령이 군사 지휘권을 겸하게 하는 것

2 다음 중 '라마단'에 관한 설명으로 옳지 않은 것은?

① 라마단은 해마다 조금씩 느려진다.
② 아랍어(語)로 '더운 달'을 뜻한다.
③ 이슬람교도는 이 기간 일출에서 일몰까지 의무적으로 금식한다.
④ 라마단의 마지막 10일간 이슬람교도들은 사원 안에서 머물게 된다.

  ① 윤달이 없는 이슬람역은 12개의 태음력으로 이루어져 있어 태양력보다 11~12일이 적기 때문에 라마단은 해마다 조금씩 빨라진다.

3 다음에서 설명하고 있는 개념은 무엇인가?

> 미국의 격주간 경제지 '포춘'이 2006년까지 세계를 바꿀 10대 기술 가운데 하나로 선정한 미래기술이다. 1990년대 후반 미국 캘리포니아대학교 버클리캠퍼스에서 처음 제시하였다. 공항·군사시설·발전소 등 국가중요시설은 물론, 지하철·사무실·빌딩 등 일상 시설 주위에 뿌리면, 최첨단 무선 네트워크를 통해 온도·빛·진동뿐 아니라 주변 물질의 성분까지 감지하고 분석할 수 있는 초소형 센서를 말한다.

① 스마트 시티
② 스마트 소싱
③ 스마트 더스트
④ 스마트 팩토리

① 컴퓨터 기술의 발달로 도시 구성원들간 네트워크가 완벽하게 갖춰진 새로운 도시 유형
② 기업이 핵심 역량에만 집중하기 위해 비핵심 부문을 과감히 아웃소싱하는 경영전략
④ 설계·개발, 제조 및 유통·물류 등 생산과정에 디지털 자동화 솔루션이 결합된 정보통신기술(ICT)을 적용하여 생산성, 품질, 고객만족도를 향상시키는 지능형 생산공장

4 다음 중 P2P에 관한 설명으로 옳지 않은 것은?

① 매장에서 고객에게 전달하고자 하는 내용을 보여주기 위한 광고 형식을 말한다.
② 미국의 냅스터(Napster)와 그누텔라(Gnutella)가 대표적인 예이다.
③ 정보 누출 방지를 위한 보안 시스템의 개발과 다양한 콘텐츠 포맷 지원, 적정한 수익 모델 창출 등의 과제가 있다.
④ 개인 컴퓨터끼리 직접 연결하고 검색함으로써 모든 참여자가 공급자인 동시에 수요자가 되는 형태이다.

① POP에 대한 설명이다.

Answer↪ 1.② 2.① 3.③ 4.①

5 다음에서 설명하고 있는 용어로 적절한 것은?

> 온라인(online)과 오프라인(offline)이 결합하는 현상을 의미하는 말이며, 최근에는 주로 전자상거래 혹은 마케팅 분야에서 온라인과 오프라인이 연결되는 현상을 말하는 데 사용된다.
>
> 이 트렌드가 본격적으로 활성화되기 시작한 것은 소셜커머스의 영향이 컸다. '공동구매'로 유명해진 소셜커머스는 사실 전자상거래와 마케팅이 교묘하게 결합한 비즈니스 모델이다. 즉, 소비자들에게는 저렴하게 상품이나 서비스를 구매할 기회를 주면서, 동시에 해당 제품이나 매장을 홍보하는 수단이 되기도 했다.
>
> 이러한 경향은 스마트폰이 본격적으로 보급되면서 더욱 빠른 속도로 퍼지고 있다. 이제는 컴퓨터보다는 스마트폰에서의 구매 행위가 더 많은 비중을 차지하고 있으며, 그런 연유로 M2O(mobile-to-offline)이라고 말하기도 한다.

① A2A   ② B2B

③ N2N   ④ O2O

 O2O … 단어 그대로 온라인이 오프라인으로 옮겨온다는 뜻이다. 정보 유통 비용이 저렴한 온라인과 실제 소비가 일어나는 오프라인의 장점을 접목해 새로운 시장을 만들어 보자는 데서 나왔다.

6 다음 중 블록체인에 대한 설명으로 옳지 않은 것은?

① 거래 때마다 모든 거래 참여자들이 정보를 공유하고 이를 대조해 데이터 위조나 변조를 할 수 없도록 돼 있다.

② 암호문을 만들기 위해 암호 키와 알고리즘이 데이터 블록 단위로 적용되는 암호화 방법이다.

③ 중앙 집중형 서버에 거래 기록을 보관하지 않고 거래에 참여하는 모든 사용자에게 거래 내역을 보내 준다.

④ 누구나 열람할 수 있는 장부에 거래 내역을 투명하게 기록하고, 여러 대의 컴퓨터에 이를 복제해 저장하는 분산형 데이터 저장기술이다.

 ②는 블록 암호에 관한 설명이다.

7 다음 중 구획증후군에 관한 설명으로 적절한 것은?

① 상염색체 이상에 의한 질환 중 가장 흔한 질환이다.

② 1866년 John Langdon Down이라는 영국 의사에 의해서 처음 보고되었다.

③ 폐쇄된 구획 안의 압력에 이상이 생겨 그 주머니의 근육 및 신경이 손상을 받아 생기는 병적인 현상이다.

④ 이 병을 앓고 있는 사람은 특징적인 얼굴 모습과 신체 구조를 가지고 있으며, 인지장애를 동반한다.

 ①②④ 다운증후군에 관한 설명이다.

8 다음에서 설명하고 있는 개념은 무엇인가?

> 반려동물과 관련한 시장 또는 산업을 일컫는 신조어로 반려동물을 뜻하는 영단어 펫(Pet)과 경제(Economy)를 결합한 것이다.
> 이와 관련된 시장으로 펫 택시, 유치원, 장례서비스, IT 결합상품 등 기존에 없던 새로운 서비스가 출시되고 있다. 또 반려동물의 병원비 부담을 줄이기 위한 펫보험이 각광받고 있으며, 주인이 사후에 홀로 남겨질 반려동물을 위한 신탁상품까지 나왔다.
> 농림축산식품부와 산업연구원에 따르면, 국내 반려동물 관련 시장규모도 2012년 9,000억 원에서 2015년에는 두 배 증가한 1조 8,000억 원을 기록했으며, 2020년에는 5조 8,000억으로 시장규모가 빠르게 확대될 것으로 예상된다.

① 펫코노미   ② 일코노미

③ 스몹비   ④ 스테이케이션

Tip ② 1인과 경제를 뜻하는 이코노미(economy)의 합성어
③ 스마트폰(smart phone)과 좀비(zombie)의 합성어
④ 머물다(stay)와 휴가(vacation)의 합성어

Answer 5.④ 6.② 7.③ 8.①

9 다음에서 제시된 마케팅 기법이 아닌 것은?

> • 계단을 밟을 때마다 소리가 나게 하였더니 에스컬레이터 대신 계단을 이용하는 사람이 많아졌다.
> • 영화가 개봉하기 전에 영화의 노출장면이 이슈가 되어 결과적으로 영화가 흥행하였다.
> • 제품과 관련된 흥미로운 동영상을 공개하였더니 SNS상에서 이슈화되어 매출이 증가하였다.
> • 전자제품의 디자인에 명화를 접목시켜 고급화 하였더니, 매출이 증가하였다.

① 니치마케팅   ② 넛지마케팅

③ 데카르트마케팅   ④ 바이럴마케팅

 ① 특정한 성격을 가진 소규모의 소비자를 대상으로 판매목표를 설정하여 틈새시장을 공략하는 마케팅 기법
② 사람들을 원하는 방향으로 유도하되 직접적인 지시는 하지 않으며, 선택의 자유는 여전히 개인에게 주는 마케팅 기법
③ 제품에 예술적 디자인을 접목시킴으로써 소비자의 감성에 호소하고 브랜드 이미지와 품격을 높이는 마케팅 기법
④ 누리꾼이 이메일이나 다른 전파 가능한 매체를 통해 자발적으로 어떤 기업이나 제품을 홍보하기 위해 널리 퍼뜨리는 마케팅 기법

10 다음에서 설명하고 있는 독립운동단체는 무엇인가?

> <u>이</u> 단체의 목적은 한국의 부패한 사상과 습관을 혁신하여 국민을 유신케 하며, 쇠퇴한 발육과 산업을 개량하여 사업을 유신케 하며, 유신한 국민이 통일 연합하여 유신한 자유 문명국을 성립케 한다고 말하는 것으로, 그 깊은 뜻은 열국 보호하에 공화 정체 독립국으로 함에 목적이 있다고 함.

① 의열단   ② 신민회

③ 신간회   ④ 신한청년당

 신민회
ⓐ 비밀결사 조작
ⓑ 국권 회복과 공화정체 국민국가 건설 목표
ⓒ 만주·연해주에 독립군 기지 건설
ⓓ 105인 사건으로 와해

11 은혜는 자유이용권을 구입하여 놀이공원에서 4시간 동안 놀이기구를 타려고 한다. (자유이용권은 24,000원이다.) 하지만, 놀이공원에 가면 시급 6,000원짜리 아르바이트를 할 수 없다. 은혜가 놀이공원에 가서 4시간 동안 놀이기구를 탄다면 은혜의 기회비용은 얼마인가?

① 6,000원 ② 12,000원
③ 24,000원 ④ 48,000원

 4시간 동안 놀이기구를 타면 아르바이트를 할 수 없기 때문에 6,000원 × 4시간 = 24,000원의 명시적 기회비용과 놀이공원 자유이용권의 가격인 24,000원의 암묵적 기회비용이 발생하므로 답은 24,000 + 24,000 = 48,000원이다.

12 면적과 인구 면으로 봤을 때 세계에서 가장 작은 독립국은 어디인가?

① 타이완 ② 벨기에
③ 바티칸 시국 ④ 스위스

 바티칸 시국 ··· 이탈리아의 수도인 로마 시내에 있으며 벽으로 둘러싸인 영토로 이루어져 있는 내륙국이자 독립 도시국가이다. 전체 면적 $0.44km^2$에 약 900명 정도의 인구가 사는 곳으로 면적과 인구 면에서 봤을 때 세계에서 가장 작은 독립국이다. 사실상 공식적인 나라로 국제연합에는 옵서버 국가로 활동하고 있다. 국제관계에서의 정식 명칭은 성좌(聖座)이다.

13 병인양요 당시 프랑스에 약탈된 후 2011년에 5년 단위 임대 형식으로 국내로 돌아온 우리나라 약탈문화재는 무엇인가?

① 수월관음도 ② 몽유도원도
③ 조선왕실의궤 ④ 청자상감포도동자문표형수주

 ① 수월관음도 : 고려시대 불화로 현재 일본 성중내영사에 소장되어 있다.
② 몽유도원도 : 조선 초 안견이 그린 그림으로 현재 일본 덴리대학 중앙도서관에 소장되어 있다.
④ 청자상감포도동자문표형수주 : 고려시대 때 만들어진 청자 중 하나로 현재 일본 대판시립 동양도자미술관에 소장되어 있다.

Answer♪ 9.① 10.② 11.④ 12.③ 13.③

14 다음 중 한미연합훈련으로 옳은 것은?

① 태극 연습   ② 호국 훈련

③ 화랑 훈련   ④ 독수리 연습

 한미연합훈련으로는 키리졸브 연습과 독수리 연습, 을지프리덤가디언(UFG) 연습이 있고 한국군 독자적으로는 태극연습, 호국훈련, 화랑훈련 등을 하고 있다.

15 2014년 11월 17일 시행된 것으로 상하이 증권거래소와 홍콩 증권거래소 간의 교차 매매를 허용하는 정책은 무엇인가?

① QFII   ② 후강퉁

③ EIS   ④ DSS

 후강퉁 … 2014년 11월 17일 시행되었으며 상하이 증권거래소와 홍콩 증권거래소 간의 교차 매매를 허용하는 정책으로 이것이 시작되면 본토 50만 위안 잔고를 보유한 개인투자자와 일반 기관투자가 등도 홍콩을 거쳐 상하이 A주주식을 살 수 있게 되며 일반 개인 외국인 투자자들도 홍콩을 통해 개별 본토 A주 투자가 가능해진다. 또한 중국 투자자 역시 홍콩 주식을 자유롭게 살 수 있다.

16 다음 중 공무원의 종류가 다른 하나는 무엇인가?

① 감사원 원장   ② 법관

③ 국정원 직원   ④ 검사

 ① 정무직 공무원에 속한다.
②③④ 특정직 공무원에 속한다.
※ **특정직 공무원** … 법관·검사·국가정보원 직원 이 외에도 외무공무원·소방공무원·교육공무원·경찰공무원·군무원·군인·특수 분야의 업무를 담당하는 공무원이 있다.

17 다음 중 민법상 성년에 해당하는 나이는 몇 살인가?

① 18세   ② 19세

③ 20세   ④ 21세

 사람은 19세로 성년에 이르게 된다〈민법 제4조〉.

18 다음에서 설명하고 있는 개념은 무엇인가?

> 2인 이상이 이익을 목적으로 상호 출자하여 공동으로 하나의 특정한 사업을 실현하기로 하는 계약을 의미한다. 예컨대 서로 다른 두 회사가 스케줄·마케팅·손익분담 등을 포함해 하나의 회사처럼 협력관계를 맺고 상호 간의 이익을 위해 제품을 개발하는 것을 뜻한다.

① 소셜벤처(Social venture)   ② 사내벤처(Corporate venture)
③ 그리핀벤처(Griffin venture)   ④ 조인트벤처(Joint venture)

 ① 사회문제를 해결하기위해 사회적 기업가가 설립한 기업 또는 조직
② 기업이 본래의 사업과 다른 시장으로 진출하거나 새로운 제품의 개발을 목적으로 하여 기업내부에 독립된 태스크포스, 사업팀 혹은 부서의 형태로 설치하는 것
③ 바다 속 깊은 곳에서 채취된 석유를 정유하고 저장했다가 셔틀탱커가 오면 이것을 옮겨 싣는 선박으로 국내에서 처음 건조된 부유식 석유생산저장기지 선박

19 1982년 4월 2일부터 약 2개월여 동안 포클랜드 섬(혹은 말비나스 섬)에서 일어난 전쟁은 어느 나라와 어느 나라 간의 전쟁인가?

① 영국과 페루   ② 칠레과 아르헨티나
③ 칠레와 페루   ④ 영국과 아르헨티나

 포클랜드 전쟁 … 1982년 4월 2일 아르헨티나가 자국과 가까운 포클랜드(아르헨티나명 말비나스)섬을 '회복'한다는 명분으로 침공한 전쟁이다. 이 전쟁은 이후 약 2개월여 동안 진행되었으며 아르헨티나 군의 항복으로 종료되었다. 이 전쟁으로 영국의 대처 수상은 1983년 재집권에 성공하게 되며 아르헨티나 군부는 실각하여 민간인에게 정권을 이양하게 된다.

Answer ☞ 14.④ 15.② 16.① 17.② 18.④ 19.④

20 다음에서 설명하고 있는 사건은 무엇인가?

> 1498년(연산군 4) 김일손(金馹孫) 등 신진사류가 유자광(柳子光) 중심의 훈구파(勳舊派)에게 화를 입은 사건이다. 사초(史草)가 발단이 되어 일어난 사화(士禍)로 조선시대 4대사화 가운데 첫 번째 사화이다.

① 갑자사화   ② 기묘사화

③ 무오사화   ④ 을사사화

 ① **갑자사화** : 궁중파인 임사홍이 연산군의 생모인 윤씨 폐출 사건을 들추어 왕을 충동, 훈구파와 잔여 사림파를 제거하였다.
　② **기묘사화** : 신진사류인 조광조 일파의 급진적 개혁정치 추진에 대한 반정공신의 반발과 모략이 발단이 되어 신진사류들이 화를 입었다.
　③ **무오사화** : 김일손이 김종직의 조의제문을 사초에 실어 훈구파의 반감을 산 것이 발단이 되어 사림파가 화를 입었다.
　④ **을사사화** : 왕실의 외척인 대윤과 소윤이 정권다툼을 벌이다 대윤과 신진사류가 화를 입었다.

21 다음 중 10구체 향가가 아닌 것은?

① 제망매가   ② 모죽지랑가

③ 혜성가   ④ 원가

 ② **모죽지랑가** : 8구체 향가이다.
　※ 향가(鄕歌)
　• 4구체 : 서동요, 풍요, 헌화가, 도솔가
　• 8구체 : 모죽지랑가, 처용가
　• 10구체 : 혜성가, 원왕생가, 원가, 제망매가, 찬기파랑가, 안민가, 도천수대비가(도천수관음가), 우적가(이상 삼국유사 수록 14수)
　• 보현십원가 11수
　• 이 외 고려 예종이 지은 '도이장가와 정서가 지은 '정과정곡을 향가의 범위에 넣기도 함.

22 공급 중심이 아니라 수요가 모든 것을 결정하는 시스템이나 전략 등을 총칭하는 말로 고객의 요구에 따라 즉각적으로 반응하는 방식을 말하는 것은?

① 옴니채널   ② O2O

③ 온디맨드   ④ 유비쿼터스

① 소비자가 온라인, 오프라인, 모바일 등 다양한 경로를 넘나들며 상품을 검색하고 구매할 수 있도록 한 서비스를 말한다.
② 온라인과 오프라인을 연결한 마케팅을 말하는 것으로, 특정한 곳에 위치하게 되면 실시간으로 쿠폰 등을 보내주는 서비스가 대표적이다.
④ 언제 어디서나 컴퓨터 자원을 활용할 수 있도록 현실 세계와 가상 세계를 결합시킨 것을 말한다.

23 다음에서 설명하는 개념으로 옳은 것은?

> 소득이 증가함에도 불구하고 수요가 감소하는 재화를 말하며, 연탄이나 라면 등이 있다.

① 대체재   ② 열등재
③ 정상재   ④ 보완재

 ① 동일한 효용을 얻을 수 있는 재화의 관계를 말하며, 하나의 수요가 증가하면 다른 하나의 수요가 감소한다.
③ 소득이 증가함에 따라 수요가 늘어나는 재화를 말한다.
④ 따로 소비했을 때 효용의 합보다 함께 소비했을 때의 효용이 증가하는 재화의 관계를 말하며, 하나의 수요가 증가하면 다른 하나의 수요도 증가한다.

24 다음 중 경기침체와 물가상승이 동시에 발생하고 있는 상태를 나타내는 용어는?

① 택스플레이션   ② 스태그플레이션
③ 인플레이션   ④ 디플레이션

 ① 택스플레이션(taxflation) : 높은 세율이 인플레이션을 일으키는 경우
② 스태그플레이션(stagflation) : 인플레이션과 디플레이션이 동시에 일어나는 경우
③ 인플레이션(inflation) : 물가상승현상
④ 디플레이션(deflation) : 경기침체현상

25 다음 중 김영란 법에 대한 설명으로 옳지 않은 것은?

① 정식 법률 명칭은 부정청탁 및 금품 등 수수의 금지에 관한 법률이다.

② 공직자 본인의 경우에만 한정하여 적용한다.

③ 부정한 청탁을 받고 직무를 수행한 공직자는 형사처벌을 받는다.

④ 3만원 이하 식사, 5만원 이하 선물, 10만원 이하 경조사비의 경우에는 처벌받지 않는다.

 ② 공직자의 배우자에게도 적용한다.

26 선거의 4대 원칙이 아닌 것은?

① 보통선거　　　　　　　　　② 비밀선거

③ 평등선거　　　　　　　　　④ 자유선거

 선거의 4대 원칙 … 보통 · 평등 · 직접 · 비밀의 4대 원칙에 자유선거의 원칙을 덧붙여 선거의 5 원칙이라 하기도 한다.

27 건국 헌법에 규정된 국민의 기본 의무가 아닌 것은?

① 납세의 의무　　　　　　　　② 교육의 의무

③ 환경의 의무　　　　　　　　④ 근로의 의무

 ③ 1948년 건국 「헌법」에서는 교육의 의무, 근로의 의무, 납세의 의무, 국방의 의무를 국민의 기본 의무로 규정하였다. 이후 제5공화국 「헌법」에서 국민의 4대 의무 이외에 재산권 행사의 공공 복리 적합 의무와 환경 보전의 의무를 규정하였다.

28 2016년 9월부터 공정거래위원회의 대기업집단 지정 기준이 변경됨에 따라 나타나는 변화가 아닌 것은 무엇인가?

① 대기업집단 수의 감소

② 대기업 집단 중 공기업 비중 증가

③ 대기업집단 지정 기준 10조원으로 상향

④ 3년마다 대기업집단 지정기준 검토

 ② 대기업집단 지정 기준의 변화에 따라 공기업은 자산의 규모와 관계없이 대기업 집단에서 제외된다.

29 다음 보기에서 빈칸에 들어갈 단어로 적절한 것은?

> 노년층이 선거를 좌우하는 경향을 말하는 것으로, 우리나라의 경우에도 2016년 4월 13일 총선의 경우 60대 이상 유권자가 전체 유권자 4명 중 1명을 차지하면서 노년층이 주도하는 첫 선거가 되어 (   )가 될 것이라고 보았다.

① 블랙보트   ② 그레이보트

③ 화이트보트   ④ 레드보트

 그레이보트(Grey vote) … 노년층이 선거를 좌우하는 경향을 일컫는 말로, 고령화가 심화됨에 따라 노년층이 점차 증가하고 있어 그들이 선거에서 중요한 역할을 하게 되었다는 것을 의미한다.

30 다음이 설명하는 것은 무엇인가?

> 과열 경쟁과 과도한 업무에 시달리는 직장인들에게 주로 나타나는 증상으로 반복되는 업무와 스트레스 속에서 몸과 마음이 힘들어지고 극도의 피로가 쌓이면 찾아오는 질병이다. 이는 우울증이나 자기혐오, 심리적 회피와 같은 증상을 동반하며 심할 경우 수면장애를 유발해 건강에 치명적인 영향을 줄 수 있다.

① 심열(心熱)   ② 번아웃증후군

③ 일반 적응 증후군   ④ 대사증후군

 번아웃 증후군 … 지나치게 업무에 집중하던 사람이 어느 순간 연료가 다 타버린 듯 무기력해지며 심신이 탈진하는 상태를 의미한다. 과도한 피로와 스트레스 누적으로 인해 발생하는 것으로 'burn out'의 어원 그대로 '타버리다, 소진되다'는 뜻을 내포한다. 이에 대한 가장 간단한 해결책으로 숙면을 권장한다. 적당한 휴식은 과로, 스트레스, 심리적 부담을 줄이는데 매우 효과적이다.
> ① 심열(心熱) : 상초(上焦)에 있는 열증(熱症)의 하나이다. 열은 곧 화(火)이므로 심열은 심화(心火)라 할 수 있다. 지속적인 스트레스, 정서적 불안정과 장기 기능의 균형이 무너지게 되면 심열이 생기게 된다. 심열로 인해 건선, 소화불량 등의 질병이 발생된다.
> ③ 일반 적응 증후군 : 신체가 스트레스를 받는 상황에서 자신을 방어하려는 일반적인 시도가 나타난다는 것을 뜻하는 용어이다.
> ④ 대사증후군 : 고혈당, 고혈압, 고지혈증, 비만, 죽상경화증 등의 여러 질환이 한 개인에게서 한꺼번에 나타나는 상태를 말한다.

Answer → 25.②   26.④   27.③   28.②   29.②   30.②

31 한국인 최초로 세계 3대 문학상의 하나인 맨부커상을 수상한 작가의 이름은?

① 고은

② 한강

③ 황석영

④ 이문열

 한강은 2005년에 '몽고반점'으로 이상문학상 대상을 수상하였으며, 2016년에는 '채식주의자'로 한국인 최초 맨부커 국제상을 수상하였다.

32 다음 중 헌법의 개정절차로 옳은 것을 고르면?

① 공고 → 제안 → 국회의결 → 국민투표 → 공포

② 제안 → 국회의결 → 국민투표 → 공고 → 공포

③ 제안 → 공고 → 국회의결 → 국민투표 → 공포

④ 공고 → 제안 → 국회의결 → 공포 → 국민투표

 헌법의 개정절차

㉠ 제안 : 국회재적의원 과반수 또는 대통령의 발의로 헌법개정안은 제안된다〈헌법 제128조 제1항〉.

㉡ 공고 : 제안된 개정안은 대통령이 20일 이상의 기간 이를 공고하여야 한다〈헌법 제129조〉.

㉢ 국회의 의결 : 국회는 개정안이 공고된 날부터 60일 이내에 의결하여야 하며, 의결은 재적의원 3분의 2 이상의 찬성을 얻어야 한다〈헌법 제130조 제1항〉.

㉣ 국민투표 : 국회를 통과한 개정안은 30일 이내에 국민투표에 붙여 국회의원 선거권자 과반수의 투표와 투표자 과반수의 찬성을 얻은 때에 헌법 개정이 확정된다〈헌법 제130조 제2·3항〉. 이것은 국민이 최종적인 헌법개정권자임을 선언한 것으로서의 의의가 있다.

㉤ 공포 : 헌법 개정이 확정되면 대통령은 즉시 이를 공포하여야 한다〈헌법 제130조 제3항〉.

33 2010년 12월 18일 튀니지에서 시작된 대규모 반정부시위로 물가폭등과 높은 실업률로 국민들의 불만이 팽배한 상태에서 과일노점상인 26살 청년 모하메드 부아지지의 분신자살이 직접적인 원인이 돼 발발한 이 시위는?

① 재스민 혁명

② 이집트 혁명

③ 리비아 혁명

④ 프랑스 혁명

 ② 2011년 1월 25일부터 2월 11일까지 진행되었던 이집트의 장기 집권 대통령인 호스니 무바라크의 퇴진을 요구하며 벌어진 반독재 정부 시위를 말한다.

③ 2011년 리비아에서 발생한 대규모 반정부 시위와 그에 따른 모든 사건을 일컫는 것으로 40년 이상 리비아를 철권 독재한 무아마르 카다피에 대한 퇴진 요구가 높아졌으며, 리비아 반정부 시위는 튀니지에서 일어난 튀니지 혁명의 영향으로 다른 아랍 국가로 파급된 반정부 시위의 물결 가운데 하나로 꼽히고 있다.

④ 1789년 7월 14일부터 1794년 7월 28일에 걸쳐 일어난 프랑스의 시민혁명을 말한다.

34 그리스 신화에서 유래한 말로 자기 생각에 맞추어 남의 생각을 뜯어 고치려는 행위, 남에게 해를 끼치면서까지 자신의 주장을 굽히지 않는 횡포를 말하는 것은?

① 프로크루스테스의 침대

② 테세우스의 침대

③ 페르세우스의 침대

④ 아이게우스의 침대

 프로크루스테스의 침대 … 그리스 신화에서 프로크루스테스는 아테네 교외의 케피소스 강가에 살면서 지나가는 나그네를 집에 초대한다고 데려와 쇠침대에 눕히고는 침대 길이보다 짧으면 다리를 잡아 늘이고 길면 잘라 버렸다고 한다. 여기에서 '프로크루스테스의 침대'라는 말이 유래하였다. 융통성이 없거나 자기가 세운 일방적인 기준에 다른 사람들의 생각을 억지로 맞추려는 아집과 편견을 비유하는 관용구로 쓰인다.

35 다음과 관련된 사건은 무엇인가?

> 지난 5월, 2천여 명의 청군이 충청도 아산만에 상륙하였고, 일본도 톈진 조약을 내세워 8백여 명의 선발대에 이어 8천여 병력을 인천에 상륙시켰다.

① 임오군란   ② 을미사변

③ 3.1 운동   ④ 동학 농민 운동

 동학 농민 운동이 일어나자 정부는 청군을 불러들였고 이에 따라 일본군도 들어왔다. 전주화약 이후 농민군은 집강소를 통해 개혁을 추진하였고, 정부는 교정청을 설치하였다.

Answer 31.② 32.③ 33.① 34.① 35.④

36 공동화현상과 관계없는 것은?

① 도넛현상   ② 직주접근
③ 스프롤현상   ④ 회귀현상

 공동화현상 … 땅 값의 급등 및 공해 등을 이유로 주택들이 도시외곽으로 이동하게 되면서 결국 도시지역 내에는 공공기관이나 상업기관만이 남게 되는 현상으로, 일명 도넛현상이라고도 한다. 이런 현상이 심해지면 출퇴근이 매우 혼잡하고 교통난이 가중되어 다시 도심으로 돌아오는 현상이 나타나게 된다. 이것을 직주접근(職住接近) 또는 회귀현상이라고 한다.
③ 스프롤현상은 도시가 급격하게 팽창하면서 시가지가 도시 교외지역으로 질서 없이 확대되는 현상을 말한다.

37 본래 뜻과는 다르게 경제 분야에서는 작은 위기 요인들이 모여서 세계 경제가 동시에 위기에 빠져 대공황이 초래되는 상황으로 쓰인다. 이 용어는 무엇인가?

① 재정절벽   ② 퍼펙트스톰
③ 스테그네이션   ④ 서브프라임모기지

 퍼펙트스톰 … 세계경제가 미국의 재정위기, 중국의 경제성장 둔화, 유럽의 채무 재조정, 일본의 스테그네이션 등이 결합되어 퍼펙트스톰을 맞게 될 가능성이 크다고 전문가들은 경고하고 있다.
① 재정절벽 : 세금감면 혜택 종료와 정부지출 삭감정책이 동시에 실시되면서 경기가 급격히 위축되는 현상으로 재정절벽이 지속되면 경제 위기를 초래할 수 있다.
③ 스테그네이션(stagnation) : 사전적 의미 그대로 경제적 정체 현상을 말한다. 경제가 성장하지 않고 정체한 상태로 경제성장률 2~3% 이하로 떨어져 있는 상태를 나타낸다.
④ 서브프라임모기지 : 신용등급이 낮은 저소득층에게 주택 자금을 빌려 주는 미국의 주택담보대출 상품으로, 우리말로는 비우량주택담보대출이라 한다.

38 이방인에 대한 혐오현상을 나타내는 심리용어는?

① 호모포비아   ② 제노포비아
③ 노모포비아   ④ 차오포비아

 제노포비아(xenophobia) … 낯선 것 혹은 이방인이라는 의미의 '제노(xeno)'와 싫어한다는 뜻의 '포비아(phobia)'가 합성된 말로, 이방인에 대한 혐오현상을 의미한다.
① 동성애 혹은 동성애자에 대한 무조건적인 혐오와 그로 인한 차별을 일컫는 말이다.
③ no mobile-phone phobia의 줄임말로 휴대전화가 없을 때 공포감을 느끼는 증상을 말한다.
④ '차오'는 朝의 중국 발음으로, 조선족 혐오현상을 말한다.

39 다음 중 한반도에서 시베리아 기단이 활동하는 계절이 들어가는 것을 고르면?

① ( ) 하늘 공활한데 높고 구름 없이
② ( )이 오면 산에 들에 진달래 피네
③ 음악가 슈베르트의 대표 연가곡, ( ) 나그네
④ 문학가 셰익스피어의 희극, 한 ( )밤의 꿈

> **Tip** 한반도에서 시베리아 기단이 활동하는 계절은 겨울이다. 따라서 겨울이 들어가는 '음악가 슈베르트의 대표 연가곡, 겨울 나그네'가 적절하다.
> ① 가을 ② 봄 ④ 여름

40 직장폐쇄와 관련된 것으로 틀린 것은?

① 직장폐쇄기간 동안 임금을 지급하지 않아도 된다.
② 직장폐쇄를 금지하는 단체협약은 무효이다.
③ 사용자의 적극적 권리를 의미한다.
④ 직장폐쇄를 노동쟁의를 사전에 막기 위해 실시하는 경우에(예방)는 사전에 해당관청과 노동위원회에 신고해야 한다.

> **Tip** 노동쟁의 사전이 아니라 사후에 신고해야 한다.

Answer → 36.③ 37.② 38.② 39.③ 40.④

MEMO

MEMO

여러분을
응원합니다

수험서 전문출판사 서원각

목표를 위해 나아가는 수험생 여러분을 성심껏 돕기 위해서 서원각에
서는 최고의 수험서 개발에 심혈을 기울이고 있습 니다. 희망찬 미래
를 위해서 노력하는 모든 수험생 여러분을 응원합니다.

공무원 대비서

취업 대비서

군 관련 시리즈

자격증 시리즈

동영상 강의

서원각과 함께하는
공무원 시험대비

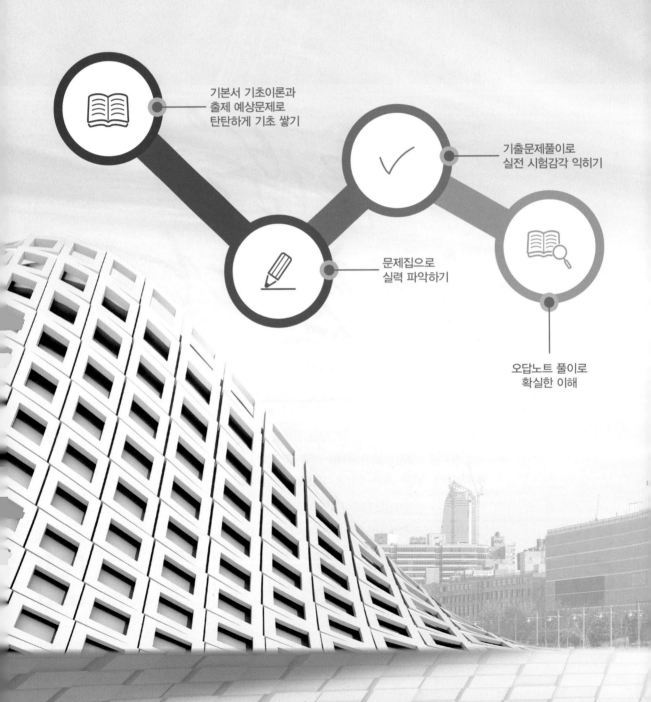

기본서 기초이론과
출제 예상문제로
탄탄하게 기초 쌓기

기출문제풀이로
실전 시험감각 익히기

문제집으로
실력 파악하기

오답노트 풀이로
확실한 이해

서원각 공무원 시리즈

● 기본서
　－파워특강
　－(직렬별)전과목 총정리

● 문제집
　－필통(반드시 시험에 통하는)
　－빅데이터

● 기출문제집
　－최근 10개년 기출문제
　－최근 5개년 기출문제
　－(직렬별)기출문제 정복하기

자격증 BEST SELLER

매경TEST 출제예상문제

TESAT 종합본

청소년상담사 3급

임상심리사 2급 필기

유통관리사 2급 종합기본서

직업상담사 1급 필기·실기

사회조사분석사 사회통계 2급

초보자 30일 완성 기업회계 3급

관광통역안내사 실전모의고사

국내여행안내사 기출문제

손해사정사 1차 시험

건축기사 기출문제 정복하기

건강운동관리사

2급 스포츠지도사

택시운전 자격시험 실전문제

농산물품질관리사